中国城镇化建设案例书系
景德镇陶瓷大学刘士林团队重点规划项目

新型人文城市的景德镇样本

刘士林·主编

刘冰峰　王晓静　刘涛·副主编

上海交通大学出版社
SHANGHAI JIAO TONG UNIVERSITY PRESS

内容提要

本书主要包括三篇,上篇为新型人文城市理论研究,中篇为国家试验区发展研究,下篇为重要文献与资料,在主题上包括与国家试验区有关的基础理论,景德镇战略与发展规划、社会治理与生态文明建设、文化传承与发展等研究成果,在形式上包括理论文章、研究报告、内参咨询报告、重要政策与文献等,助力新型人文城市理论建设,推动国家试验区高质量发展。

本书适合从事城市政策制定、规划编制的管理者和专家,以及对城市史、陶瓷文化、陶瓷艺术和中华美学感兴趣的读者朋友学习参考。

图书在版编目 (CIP) 数据

新型人文城市的景德镇样本 / 刘士林主编. -- 上海：
上海交通大学出版社，2024.9 -- ISBN 978-7-313-30885
-6

Ⅰ. G127.563
中国国家版本馆 CIP 数据核字第 2024QS7486 号

新型人文城市的景德镇样本
XINXING RENWEN CHENGSHI DE JINGDEZHEN YANGBEN

主　　编：刘士林
出版发行：上海交通大学出版社　　　　　　　地　　址：上海市番禺路 951 号
邮政编码：200030　　　　　　　　　　　　　电　　话：021 - 64071208
印　　制：上海万卷印刷股份有限公司　　　　经　　销：全国新华书店
开　　本：710 mm×1000 mm　1/16　　　　　印　　张：18
字　　数：298 千字
版　　次：2024 年 9 月第 1 版　　　　　　　印　　次：2024 年 9 月第 1 次印刷
书　　号：ISBN 978 - 7 - 313 - 30885 - 6
定　　价：68.00 元

中国城镇化建设案例书系编委会

出版说明
IMPRESSUM

2008年，世界城市人口首次超过农村，人类进入城市时代。2011年，中国城市人口首次超过农村，传统中国成为城市中国。改革开放以来，中国这个传统的农业文明国家，以年均超过1‰的城镇化率为表征、以19个国家级城市群和9个国家中心城市为重要载体，书写了人类城市发展史上辉煌壮丽的史诗。

总体上看，新中国的城市，历经"政治型城市化（1949～1978）""经济型城市化（1978～2005）""文化型城市化［以《国家新型城镇化规划（2014—2020年）》提出'人文城市'为标志］"三大发展阶段，构建了包括乡村、小城镇、城市、都市、大都市区、都市圈、城市群、湾区、经济带在内的规划层级体系，统摄了宜居、韧性、创新、智慧、绿色、人文等时代要求，确立了人民城市的发展理想，走出了一条中国特色城市发展道路。

中国的城镇化是人类文明伟大的发展进程之一，丰富了城市科学理论的思想智慧，形成了一系列重要经验和做法，成为未来城市研究、决策、规划、设计、建设、治理的一笔宝贵财富。时至今日，全球城市面临的挑战依然繁巨，中国城镇化建设仍在求索之中。有感于此，中国城镇化促进会、上海交通大学城市科学研究院联袂策划出版《中国城镇化建设案例书系》，专门收录新型城镇化建设中勇于探索、创新求变并可资借鉴的发展样本，希望以此来记录中国伟大的城镇化进程，为世界城市发展提供参考借鉴。

《中国城镇化建设案例书系》编委会

2024 年

人文城市倡导充分挖掘城市文化内涵,将城市建设成为历史底蕴深厚、时代特色鲜明的人文魅力空间。可以说,文化是城市经济社会发展的深厚底蕴,更是人文城市建设的灵魂。景德镇不仅是国务院公布的首批历史文化名城,还是联合国教科文组织评选的"世界手工艺与民间艺术之都"。千年窑火孕育的陶瓷文化,不但是中华优秀传统文化的杰出代表,更是世界艺术文化的瑰宝,也为景德镇人文城市建设奠定了文化沃土。

党中央、国务院高度重视景德镇陶瓷文化传承创新。习近平总书记曾就景德镇御窑厂遗址保护先后两次作出重要批示。在视察江西期间,特别强调"要建好景德镇国家陶瓷文化传承创新试验区,打造对外文化交流新平台""中华优秀传统文化自古至今从未断流,陶瓷是中华瑰宝,是中华文明的重要名片。"为贯彻落实党中央、国务院决策部署,2019 年 7 月,国家发改委报请国务院批复《景德镇国家陶瓷文化传承创新试验区实施方案》(以下简称《实施方案》),明确提出,到 2035 年景德镇要建成全国具有重要示范意义的新型人文城市和具有重要影响力的世界陶瓷文化中心城市。

景德镇市建设国家陶瓷文化传承创新试验区,对于深入贯彻落实习近平总书记重要指示批示精神,对于保护好传承好利用好景德镇优秀陶瓷文化、发挥文化对产业转型升级的积极作用、协调推进区域高质量发展具有重要意义,为景德镇打造新型人文城市样本赋予了重大使命。截至目前,试验区建设成果显著,为打造新型人文城市奠定了坚实基础。

陶瓷文化保护传承创新水平稳步提升。景德镇御窑遗址入选中国"百年百大考古发现",国家工业遗产数量跻身全国前三。景德镇大遗址保护利用片区培育工程纳入国家《大遗址保护利用"十四五"专项规划》,对 160 余处老窑址、108 条老里弄进行了抢救性保护。景德镇不断健全陶瓷非物质文化遗产保护名录体系,在全国率先制定出台《景德镇市陶瓷文化传承创新条例》。陶瓷非物质文化遗产传承创新取得显著成效。设立全球首个古陶瓷基因库。手工制瓷技艺获批联合国教科文组织非遗项目。陶瓷文物保护利用水平大幅提升,积极推动景德镇御窑遗址申遗。陶瓷文化挖掘阐释水平明显提高,景德镇中国陶瓷博物馆成功创建国家一级博物馆,成功推出了《china》《经海山》《上镇》等一批展示景德镇陶瓷文化的艺术精品。

陶瓷文化产业创新发展成效明显。陶瓷特色产业体系不断完善,产业规模质量持续提升,实现工业总量突破3 000亿元,生产总值年均增长达到8.1%。2022年,先进陶瓷企业达到147家,陶瓷产业营业收入突破660亿元。扎实推进"先进陶瓷"和"数字陶瓷"协同发展,积极培育陶瓷类国家高新技术企业,大力推动陶瓷产业数字化转型,打造全国首个陶瓷行业工业互联网平台,创建全国首个国家陶瓷版权交易中心,成为中部地区首个全国版权示范城市。陶瓷文化旅游业实力明显增强,2023年上半年,景德镇接待游客2 800多万人次,同比增长57.9%;旅游总收入达270多亿元。陶瓷行业人才队伍也不断壮大。

陶瓷对外文化交流合作成果颇丰。三年多来,国家试验区积极主动融入国家战略,高水平搭建对外贸易平台,加强对外文化交流合作,提升媒体传播能力,国家陶瓷文化交流合作交易中心建设取得重要进展。大力发展会展经济,积极举办国际陶瓷博览会,努力实现"全天不下线,全年不落幕"。陶瓷文化国际影响力持续提升,深度融入共建"一带一路"倡议,积极深化文明交流互鉴,以景德镇陶瓷文化为载体,推动中华文化更好地走向世界。

总的来看,景德镇国家陶瓷文化创新试验区建设,不断深化首创性、集成化和差别化改革探索,统筹传统文化传承与经济社会协调发展,通过区域性整体保护有效培育城乡陶瓷文化功能,盘活陶瓷文化遗产资源,促进陶瓷文化活态传承,提升文化和旅游消费品质,积累了可推广可复制的人文城市建设丰富经验。

景德镇由瓷而生、伴瓷而兴、因瓷而名。建设新型人文城市的景德镇样本,归根结底,离不开对陶瓷文化的传承创新发展。要坚持守正创新,积极总结推广景德镇国家陶瓷文化传承创新试验区建设取得的好经验、好做法,守护传承好文化"家底",持续擦亮城市文化底色,加快打造新型人文城市名片,向世界传播中华优秀传统文化。景德镇要继续深入推进新型人文城市建设,仍需积极作为。

要以文化自信为支撑,传承弘扬丰富多彩的陶瓷文化。切实加强陶瓷文物和文化遗产保护,做好不可移动文物的保护、研究和修复,进一步加大对陶瓷老字号的搜集整理,完善非遗保护、手工制瓷技艺保护名录体系,加强手工制瓷非遗传承人队伍建设。推进陶瓷文化传承利用，充分利用好丰富的陶瓷文化基因，以陶瓷文化挖掘阐释、活化利用为重点延续陶瓷文脉。创新陶瓷文化传承和宣传方式。加强陶瓷文化研究阐释和理论创新研究，不断挖掘阐释我国陶瓷与中华文明的历史逻辑。深度挖掘陶瓷文化的人文底蕴，彰显传统陶瓷文化魅力和新的时代内涵。

要以创新发展为驱动，着力构建特色优势陶瓷产业体系。深入实施陶瓷品牌发展战略，打响一批具有核心竞争力的自主品牌。大力发展门类齐全的陶瓷及其配套产业集群，打造特色鲜明、优势互补、集约高效的现代陶瓷文化产业体系。加快深化陶瓷业态跨界融合，着力推动"陶瓷＋"产业融合新业态新模式。坚持人才优先发展战略，吸引海内外陶瓷英才向景德镇汇聚，引进好、使用好、保障好高层次人才，让景德镇成为国际手工制瓷人的集聚之地、陶瓷文化爱好者的向往之地。

要以交流互鉴为主张，不断提高陶瓷对外开放水平。进一步创新陶瓷文化对外传播方式，继续深化文化互通互鉴，加快构建以陶瓷为载体的国际文化交流话语体系和文明交流互鉴机制，进一步讲好中国陶瓷故事。积极发展陶瓷服务贸易，提升景德镇国际陶瓷博览交易中心开放度。切实做好优秀陶瓷文化的当代转化，不断挖掘我国陶瓷的美学精神和人文价值。进一步加强陶瓷文化资源开发利用，逐步造就陶瓷文化国际企业，引领世界陶瓷消费潮流，推动优化城市文化空间及功能。

国家发展改革委社会发展司司长　**刘明**

2023 年 7 月

　　景德镇是享誉世界的千年古镇、国际瓷都,是国务院首批 24 个历史文化名城之一,有着 2 000 多年的冶陶史、1 000 多年的官窑史、600 多年的御窑史。千年窑火不仅煅烧出精美无比的瓷器,更孕育了灿烂辉煌的陶瓷文化,迄今仍保留着大规模的、完整的、系统的瓷业体系,囊括原料产地、交通道路、水运码头、作坊窑场、商埠民居、技艺民俗等,涉及经济社会和人文精神方方面面,是人与自然、物质生产与精神生产、科技与艺术完美结合的宝贵财富,也是景德镇城市发展连绵不断的内生动力。

　　党中央、国务院对景德镇的发展特别关心、寄予厚望。早在 2015 年,习近平总书记就对景德镇御窑厂遗址保护工作作出两次重要批示。2019 年 5 月,习近平总书记视察江西时,作出了"要建好景德镇国家陶瓷文化传承创新试验区,打造对外文化交流新平台"的重要指示,为景德镇发展标定了历史方位、擘画了美好蓝图。2019 年 7 月,国务院批复《景德镇国家陶瓷文化传承创新试验区实施方案》,这是全国第一个也是目前唯一一个文化类试验区。方案明确要求,景德镇到 2035 年建成全国具有重要示范意义的新型人文城市和具有重要影响力的世界陶瓷文化中心城市。

　　建设新型人文城市,是历史文化名城保护传承的重要方式,是符合景德镇发展需求的现实选择,也是景德镇近十年发展的生动实践。当前,景德镇人民牢记习近平总书记的殷殷嘱托,深化落实"五新"(新赛道、新产品、新模式、新生态、新政策)战略行动,大踏步走在"建好国家陶瓷文化传承创新试验区,打造国家文化交流客厅、国际文化交流名城,全面建设社会主义现代化国际瓷都"的新征程上。景德镇的发展定位其中一个重要内涵,就是打造新型人文城市新范例,把景德镇塑造成一座彰显高颜值、充满亲近感、洋溢文化风的人文之城,让生活在这座城市的人们共享"有价值、有意义、有梦想"的人文生活方式,让越来越多的人向往景德镇、建设景德镇、热爱景德镇。

人文城市要彰显高颜值，更具人居价值。人文城市，首先就是要展现"外在美"，让城市建筑可观可读、自然可亲可爱、街区可触摸可体验、管理有章有序、生活有温度有品位。2017年，景德镇列入住建部第二批生态修复、城市修补试点城市，迎来了人居环境改善的重要转折点。我们以城市"双修"为契机，既更新空间硬环境，又完善文化软环境，既修生态修城市，又修文化，系统治理影响人居之美的"城市病"。我们做好"治山理水、显山露水"文章，城区51万平方米被破坏山体全面修复，中心城区新增绿地1 226万平方米，建成城区千亩湖泊，改建国家森林公园，打造10个城市公园和30个街心花园，系统修复景观、水系、湿地，使市颜值更高。我们大力提升城市功能品质，针对城中村、村中城交错无序等问题，实施总投资917亿元的268个城市功能品质提升项目，新建改建57条100多公里城市道路、打通26条"断头路"，改造老旧小区7.48万户、棚户区5万多套、背街小巷409条，城市人居环境明显改善。

人文城市要充满亲近感，更有人本意义。人是城市的核心，是城市的根基所在。景德镇从古至今就是一个开放包容的多元化城市，"大器成景，厚德立镇"是这座城市的精神特质。这几年，我们坚持以人为主体，尊重人的价值，不断夯实这座城市的人文之本，努力构建人民精神普遍富足、人与自然和谐共生、人民生活更加美好的城市社会形态。围绕人的全生命周期多层次多样化需求，在成功创建全国文明城市的基础上，常态长效抓好文明城市创建工作，积极创评中国人居环境奖和联合国人居环境奖，全力解决幼有所育、学有所教、劳有所得、病有所医、老有所养、住有所居、弱有所扶等群众急难愁盼的问题，让城市更有温度、更有质感。同时，我们坚持文化立市、工业强市、贸易兴市"三手发力"，贯通工业强市、招商引资、营商环境"三位一体"，做优园区、做强产业、做大企业、做实项目，构建"陶瓷、航空、精细化工和医药"＋文化旅游＋其他优势产业的"3＋1＋X"特色产业体系，让城市"硬实力"与"软实力"相得益彰、两翼齐飞，让老百姓能安心尽心地创业就业、生活生产。

人文城市要洋溢文化风，更显人文梦想。文化是人文城市不可或缺的基本要素、基本功能和基本形态。陶瓷文化作为中华优秀传统文化的杰出代表，是景德镇的"根"与"魂"，深度融入景德镇的城市血脉。近年来，景德镇坚持以最小干预为基本原则，保护好、传承好、利用好文化资源和文化遗产，全面彰显景德镇独特的历史价值、文化价值、品牌价值。保护好千年窑址，以景德镇窑址申报世界文化遗产为龙头，实施大遗址保护工程，整体保护瓷业遗址160处、老里弄

108 条、全国重点文物保护单位 12 处,延续千年陶瓷文脉,让景德镇始终是一部活的陶瓷历史文化教科书。传承好千年技艺,设立全球首个古陶瓷基因库,推动景德镇手工制瓷技艺申报联合国教科文组织非遗项目,全面启动国家文物保护利用示范区创建,让千年技艺世代相传。呵护好千年匠心,加强手工制瓷非遗传承人队伍建设,成立景德镇非遗保护协会,实施代表性传承人制度,着力培育老中青结合、覆盖制瓷全工序的工匠队伍,成功申报景德镇手工制瓷技艺省级代表性传承团体。讲述好千年故事,系统挖掘阐释景德镇陶瓷文化,积极参与"感知中国""今日中国"等国家外事外交活动,成功举办第五届阿拉伯艺术节、陶瓷艺术大展、国际陶瓷艺术双年展等交流活动,办好"永不落幕"的陶瓷文博会,与72 个国家 180 多个城市建立友好关系,吸引了十万多"景漂"、5 000 多"境外景漂"在景德镇创新创业,让景德镇成为更多人的"诗和远方"。

从景德镇打造新型人文城市的实践看,一旦城市的文化资源融入国民经济的广阔天地,不仅有助于文化的创造性转化和创新性发展,也必将成为经济社会发展的强大引擎。未来,如何走出一条"文化赋能经济"与"经济承载文化"的互融共荣新路,还需从以下方面进一步深入探索。

要推动文化影响力转化为现实生产力。景德镇是一座肩负着国家使命的城市,用好独特的文化资源禀赋,既是落实习近平总书记殷殷嘱托的"必答题",也是全面建设社会主义现代化国际瓷都、推进人文城市建设与发展的"必选项"。要做好"文化+"文章,找准文化软实力与经济硬实力的结合点,不断增强陶瓷文化产业竞争力、陶瓷文化交流亲和力、陶瓷文化传播辐射力,把文化影响力转化为经济发展的生产力,转化为城市经济总量和税收财源,转化为城市居民的可观财富和生活品质,让新型人文城市更好地满足人的根本利益、共同利益、长远利益。

要推动文化交流拓展到经贸交流。回首过去,景德镇陶瓷辉煌史就是一部文化贸易繁荣史;展望未来,景德镇应继续当好文化贸易的"出海"先锋,再创"工匠八方来,器成天下走"的繁荣景象。要大力推进贸易兴市,将文化交流与经贸交易有机地连接在一起,畅通文化与经贸的循环,补齐贸易短板、强化贸易支撑,让文化更具有生命力和影响力。

要推动文化胜地成为产业高地。文化和产业就像车之两轮、鸟之两翼,相辅相成。景德镇作为陶瓷文化"圣地",要更加注重传承与创新、保护与利用、文化与产业的融合互促,高效利用各类文化资源,构建全要素、多业态、高质量的"陶瓷经济"生态链,带动产业结构迈向中高端、产业体系更完备、产业平台大提升、产业实力大突破,逐步把文化禀赋和城市品牌转化为产业实力、企业潜力、创新动力,实现文化引领产业高质量发展。

要推动文化品牌延伸到企业品牌。"景德镇"是享誉世界的陶瓷文化品牌,也是陶瓷企业创新发展的金字招牌。我们正大力保护重塑"景德镇制"区域品牌,完善"景德镇制"标准体系的制定、执行、监管机制,推广"标准制定＋检测认证＋溯源系统"认证模式,全面提升"景德镇制"品牌的市场认同和国际认同,真正让"景德镇制"品牌在世界上响当当,成为景德镇陶瓷企业、陶瓷产品走俏国际市场的"通行证"。

总而言之,建设人文城市是探索中国特色城市发展道路的重要实践方式。景德镇作为国家首个也是唯一一个文化类试验区,将聚焦国家陶瓷文化传承创新试验区赋予新型人文城市建设的重大使命,打造国家文化交流客厅、国际文化交流名城,全面建设社会主义现代化国际瓷都,努力走出一条具有世界意义、中国价值、江西元素、新时代特征、景德镇特点的优秀传统文化传承创新发展新路子。

景德镇市委书记　**刘锋**

2023 年 7 月

目 录
CONTENTS

中篇　国家试验区发展研究

下篇　重要文献与资料

绪论
千年瓷都的历史主脉

打开一座城市有很多种方式,而去研究和做规划是其中之一。自 2018 年开始,我和团队先后承担了《景德镇国家陶瓷文化传承创新试验区实施方案》(以下简称"《实施方案》")(2018 年 12 月)、《景德镇市"十四五"规划纲要》(2020 年 7 月)、《景德镇国家陶瓷文化传承创新试验区发展规划》(2020 年 7 月)等项目,因此以研究和规划的方式讲述景德镇的城市故事,我想应该是最合适不过的了。关于景德镇的城市故事,用一句话来说,即 2 000 多年的冶陶史、1 000 多年的官窑史、600 多年的御窑史和 70 余年的国瓷史。前面三个是景德镇人自己归纳的,而最后一个是我添加的,是指自中华人民共和国成立以来,景德镇一直是"国家用瓷与国家礼品瓷"生产基地。从毛泽东主席喜爱的水点桃花,到作为国宴、国礼的各类用瓷,巧夺天工,国色天香,雍容华贵,美轮美奂,不仅把景德镇陶瓷从内容到技艺都提升到新高度,也从侧面展示了新中国的政治、外交、庆典及国家领导人的生活、文化和审美细节,因此在加了国瓷史之后,千年瓷都的历史主脉才更加丰富和完整。

一、2 000 多年的冶陶史

镇因制瓷而立,城因瓷业而兴,是一部景德镇城市史的基本特点。据史书记载:"新平冶陶,始于汉世。"新平又称昌南镇、陶阳镇,公元 323 年东晋置。这非常符合城市科学的基本原理,即"先有产业,再有城镇",陶瓷文化不仅构成了景德镇的城市基因和文脉,陶瓷产业也支撑了这座城市两千多年的繁荣和发展,因此景德镇也是人类历史上产城融合最好的城市之一。新平位于今天景德镇市浮梁县境内。"先有浮梁县,后有景德镇",因此景德镇的陶瓷故事,就需要从浮梁县讲起。浮梁地处赣皖两省之交,四水汇流,八县环绕,有"茶之乡""瓷之源"和

"镇之初"之称。浮梁茶与祁门茶同宗同脉,浮梁至少在唐代就已是茶叶中心,因此才有白居易的"前月浮梁买茶去"。浮梁现有兰田窑、南市街、柳家湾等古瓷(矿)窑址 26 处,被当代人归纳为"世界瓷都之源"。"镇之初"是指今天浮梁县辖的浮梁镇、王港乡、湘湖镇和寿安镇,景德镇以陶瓷业为中心的生产生活方式就发源于此。在景德镇的未来发展中,这 560 平方公里的土地被规划为"国家试验区新平先行区"。

从历史地理上看,景德镇天生就具备成为世界瓷都的优异条件和超凡禀赋。一是"水土宜陶"。景德镇一带的麻仓山、高岭、祁门的瓷石、釉泥、石灰石等藏量丰富,尤其以洁白细腻、具有良好可塑性和耐火性,并因原产于浮梁县高岭村而得名的高岭土(kaolin)闻名天下,再加上周边山地丘陵盛产燃烧温度可达 1 200℃的松材,为古代陶瓷产业发展提供了最好的生产资料和生产环境;二是交通便利。景德镇母亲河昌江穿城而过,与南河、小南河、西河等形成四通八达的水运体系,为陶瓷原料和产品运输、人员往来和货物贸易提供了效率高、成本低的交通物流条件;三是"短处变长处"。地理单元的相对封闭和耕地资源的匮乏,本身是发展农业文明的短板,却由此育成了一座伟大的手工业城市。前者使陶瓷产业较少受到战争的冲击破坏,后者则提供了充足的劳动人口。在中国古代文明中,对城市发展影响最大的是战争。而深藏于黄山、怀玉山余脉与鄱阳湖平原过渡地带的景德镇,则一次次躲过了战争的魔爪,使城市的主导产业延续下来。由于这些原因,唐朝景德镇的白瓷已声名远播。时任饶州刺史元崔向朝廷进贡景德镇瓷器,曾请唐宋八大家之一的柳宗元写过《代人进瓷器状》。尽管此时景德镇瓷器还是以民窑为主,真正奠定领袖地位的官窑尚未出现,但这 1 000 多年的岁月并没有白过,而是为"出身贫寒"的景德镇陶瓷最终成为享誉中华、风靡全球的中华陶瓷的杰出代表打下坚实基础。

二、1 000 多年的官窑史

景德镇作为城市的第一次升华,可以用屈原《离骚》的一句诗——"肇锡余以嘉名"来说明。在宋太祖和宋太宗以前,尽管这一带的制瓷业已经完成了从"体厚而糙"的"陶"向玲珑剔透的"瓷"的飞跃,如唐代烧制出有"假玉器"之称的"白瓷",宋代民窑工匠就掌握了强还原焰技术并创烧出半透明的薄胎青白瓷,其中的精品甚至已成为贡品,但此时还没有景德镇的名字,瓷器的地位也同样不高。

无论是景德镇这个城市的诞生,还是景德镇瓷器地位的确立,都应该感谢宋代的第三位帝王。公元1004年,宋真宗赵恒改年号景德,由于对"素肌玉骨,光致茂美",又称影青瓷的景德镇青白瓷无比喜爱,就像唐代皇帝赐国姓给功臣一样,他把"景德"二字赐给昌江岸边的昌南镇,同时还钦命在瓷器底部写上"景德年制"。"景"的意思是"高、大、仰慕","德"的意思是"品行、恩惠、信念"。这一年号尽管只用了四年,却使景德镇成为中国历史上用皇帝年号命名的城市之一。在此基础上,景德镇迅速发展为与汝、官、哥、钧、定并列的新兴瓷业中心,景德镇陶瓷也由此完成了从"灰姑娘"向"世界公主"的华丽转化。对此后人曾感慨说:"若夫中华四裔驰名猎取者,皆饶郡浮梁景德镇之产也。"于是,在一片天下"咸称景德镇"的熙熙攘攘中,中华大国官窑史的大幕正式拉开。

有宋一代,景德镇不仅极大地丰富了自身的陶瓷产品体系,钵、碗、盘、杯、碟、盏、盏托、注、注碗、执壶、瓶、罐、盖瓶、洗、炉、枕等应有尽有,还初步形成并奠定了以"七十二道工序"为核心的手工分工合作生产体系,把分散的、零散的和不自觉的技术发明和经验,上升到规范化、标准化和普遍化的系统高度。景德镇手工制瓷的"七十二道工序",是明末宋应星在《天工开物》中总结的。在《陶埏》篇中,宋应星将景德镇制瓷工艺流程分成原材料配制、成型、釉上釉下装饰、烧成四大主体工序,在每个工序下再分出多个辅助工序,如打杂、做坯、印坯、利坯、剐坯等,并对每道工序加以详细阐述。以装匣为例,"凡瓷器经画过釉之后,装入匣钵。装时手拿微重,后日烧出即成坳口,不复周正。钵以粗泥造,其中一泥饼托一器,底空处以沙实之。大器一匣装一个,小器十余共一匣钵。钵佳者装烧十余度,劣者一二次即坏。凡匣钵装器入窑,然后举火。"有感于景德镇制瓷工艺的精细和专业化,最后他还不无感慨地说:"共计一坯工力,过手七十二方克成器,其中微细节目尚不能尽也。"而今看来,这种不计成本、精益求精、炉火纯青、尽善尽美的工艺技术和工匠精神,对一般以谋生为第一需要的民窑是不可想象的,而只能发生在景德镇成为官窑之后,是集中了全国最优秀的"人"、最雄厚的"财",并实施了最严苛的"管"的产物。以官窑的平台和"七十二道工序"的实力为基础,宋代以后的景德镇不断创新,在审美标准和艺术风格上成为中华陶瓷的引领者和风向标。宗白华先生在谈到中国古典美学范畴时,曾提出了"芙蓉出水"和"错彩镂金"。到了元代,景德镇陶瓷继续保持了"清水出芙蓉"的本色,以"白如玉、薄如纸、明如镜、声如磬"的美学标准引领着素色瓷的发展,同时在"错彩镂金"方面进一步拓展,以元青花和釉里红等彩瓷为中心,熟练掌控了各种呈色剂的发色规律,推动了陶瓷与文学、书法、绘画、雕塑的融合,奠定了千年瓷都的崇高地位。

三、600多年的御窑史

洪武二年(公元1369年),明太祖朱元璋在景德镇设置"御器厂",也称作"御窑厂"。御窑和官窑,有联系也有区别。官窑作为政府机构,自然兼有为皇帝服务的职能,但不是唯一的。而御窑的设立,则是直接和完全为皇宫制造和供奉瓷器,不仅在设计和生产上更加精益求精,也是严禁在社会上流通和使用的。因此这一字之差,标志着景德镇陶瓷进入到古代最高统治者的生活世界,在能级和地位上已登峰造极、无以复加。为了突出"御用品"的权威性和专一性,从明朝永乐大帝开始,出现了在瓷器底部印制皇帝年号的新发明。在今天故宫博物院收藏的一件青花压手杯底部,就印有"永乐年制"四字,据考证这是第一次将皇帝年号作为落款使用。以后的皇帝在登基时,大都会依样画葫芦,专门设计和烧制一批印有年号的瓷器。景德镇的御窑史贯穿明清两代。清世祖顺治十一年(公元1654年),清代的景德镇御窑厂正式设立,至乾隆初年发展到鼎盛。有清一朝,尽管有过康熙朝创始、雍正朝光大的粉彩,其影响至今不衰。但从中华陶瓷的历史气运上看,可以说已由生气勃勃的"创造年代"进入到逐渐因循保守的"模仿年代",如康熙年间景德镇的郎窑,就是以仿明宣德和成化器而著称,尽管其创制的郎红和又称"美人醉"的豇豆红仍可圈可点,但已给人"这瓷器不是那瓷器"的感念和怀想。无论如何,明清两代御窑厂的设置,加速了优秀工匠与陶瓷客商在城市的集聚,所谓"窑户与铺户当十之七八,土著十之二三",并推动景德镇发展为具有"大都会"性质的古代陶瓷中心城市。饶州通判、署浮梁知县陈淯曾说:"景德一镇,则又县南一大都会也,业陶者在焉,贸陶者在焉,海内受陶之用,殖陶之利,舟车云屯,商贾电骛,五方杂处,百货俱陈,熙熙乎称盛观矣。"他说这话的时间是在康熙二十一年,即公元1682年。

据说,明太祖设置御窑厂的初衷,是因为瓷器比金器、玉器要便宜。但实际上,皇家的东西哪有便宜的呢?与前朝相比,景德镇御窑厂的工艺制造水平可以说发生了质的飞跃。这与御窑在资本投入、工艺标准和组织管理上比官窑又大大推进一步密切相关。作为中国历史上第一家御窑厂,景德镇御窑厂建立了最严苛的组织管理制度,撮其要者如下:一是设立了"督窑官"作为专职管理人员;二是禁止私人从事御窑瓷器的买卖;三是给雇佣的工匠发朝廷俸禄,在保障他们的生活条件的基础上,严禁私自接活;四是将御窑厂周围五十里的范围设为禁区,严禁闲杂人等出入;五是有关瓷样必须经过皇帝认可,才能进入烧造程序;六是建立了一套有关配方和烧制方法的保密制度,严防流入民间。因此,在宋代还可以看到的"官搭民烧"等,到了明清几近绝迹。在御窑厂这个神秘而又庄重的大平台上,当时天下第一流的能工巧匠,使用着世界上最好的瓷土、釉料等生产资料,衣食无忧,心无杂念,目标只有一个,就是烧制出第一流的皇家用瓷。这就是为什么今天看来令人叹为观止的永乐青花和祭红、宣德釉里红和天青釉,成化斗彩、嘉靖青花五彩等,都出自景德镇且只能出自景德镇的根源。正如"一将功成万骨枯"的道理,在那令后人叹为观止的传世之作的背后,其实也是以无数的失败和数不尽的残次作铺垫的。据统计,当时景德镇的陶瓷品种达到三千多种,以装饰为例,有青花、釉里红、古彩、粉彩、斗彩、新彩、釉下五彩、青花玲珑等,以釉色为例,有青、蓝、红、黄、黑等,以红釉系统为例,就有钧红、郎窑红、霁红和玫瑰紫等,正是由于这些大规模、长时间、不惜工本的试验和探索,才推动景德镇走上世界陶瓷中心的巅峰并盘踞达 600 年之久。作为中华古代文明的最高工艺,自然也是当时世界的最高水平。景德镇在成为明清陶瓷中心城市的同时,也顺理成章地成为世界瓷都。中国历史上、人类历史上最好的陶瓷,大都是在这个时期、在这样的背景下生产出来与流传下来的。不仅在当时的欧洲,拥有一件景德镇瓷器是欧洲君主和上流社会的基本标识和象征,直到今天,如果要问有哪种中国产品被世界大大小小的博物馆普遍收藏,答案只有一个,即景德镇瓷器。

四、70 余年的国瓷史

在中国古代历史上,景德镇陶瓷一直是代表中华民族的基本文化符号和重要文明标识。从唐宋开始,景德镇就成为承制宫廷用瓷、答贡和外交用礼品用瓷的重要基地之一。到了元代,除了继续生产宫廷和国家外交用瓷,又开始烧制在中国陶瓷史上大名鼎鼎、以"烧小足印花者,内有枢府字"为标志的枢府釉瓷。"枢府窑"由国家军事机关枢密院和主管朝廷祭祀的禋院联合设置,其产品主要用于在中国有"国之大事"之称的"祀"与"戎",因此有专家认为"枢府窑"不属于官窑,这是不对的。明清历代,景德镇则有了专门烧造皇家用瓷的御窑厂,与国家的密切关系达到顶峰。这个独特的城市传统一脉传承下来。至民国时期,景德镇依然是当时国家和政府的纪念瓷、宴会瓷、国礼瓷的首选生产基地。新中国成立半年后,1950 年 5 月和 6 月,刚成立的景德镇建国瓷业公司就接到"第一单",为中央人民政府制作 400 套加彩茶具和为中央行政办公处制作 180 套加彩餐具。1952 年,时任中央人民政府政务院副总理郭沫若提出:"中国是瓷器之国,新中国成立,就应鲜明表现新中国风貌,应该把历史上好的经验总结,创制新中国的国家用瓷与国家礼品瓷。"对郭沫若关于研发"建国瓷"的建议,周恩来总理亲自批示:"我国作为瓷器发明地的陶瓷大国,应有标示新的历史内涵的新瓷器。"当时的轻工业部迅即成立了以景德镇为主、其他产瓷区参与的生产建国瓷创制领导和设计小组,其中不仅有黄炎培、郑振铎、江丰、徐悲鸿、齐白石、张汀、叶麟趾等文化艺术名人,还有景德镇陶瓷名家王步、段茂发、任庚元、施于人、汪潘、黎浩亭等也都参加了研制。经各方协作和反复试验,在 1954 年新中国成立五周年大庆前夕,中华人民共和国第一代国家庆典用瓷——"建国瓷"横空出世,千年瓷都景德镇浴火重生,再次惊艳世界。这是新中国成立后第一个由国家策划组织实施的陶瓷创新工程,也是拥有 1 000 年官窑史和 600 年御窑史的景德镇第一次与"新中国的国家用瓷与国家礼品瓷"联系在一起。因此可以说,1952 年"建国瓷"小组是新中国国瓷史的开端,在景德镇城市史上具有划时代的意义。

此后,景德镇承担的国家用瓷研制任务不断增多,逐渐成为新中国国瓷的重要和首选生产基地。从景德镇当代城市史的角度,有若干标志性事件需要记住:一是 1956 年 7 月,国家用瓷制作委员会设立,这是在景德镇成立的第一个以国瓷命名的组织机构,在短短几年内先后组织生产了国家定制瓷 125 016 件;二是 1959 年,景德镇市国庆用瓷办公室成立,专门负责承制中华人民共和国十周年庆活动用瓷,同时还制作了 100 多件驻外使领馆用瓷、国家领导人出访礼品瓷;三是 1964 年,经周恩来总理等批准成立江西省瓷业公司,同时成立公司直属的国家用瓷办公室。四是 1972 年,"文化大革命"期间一度撤销的国家用瓷办公室,以江西省陶瓷工业公司革委会生产组管理、陶瓷加工服务部国家订瓷组具体负责的方式再次复出。五是 1979 年 3 月,经中共景德镇市委批准,正式成立独立经营的国家用瓷办公室,并明确将中共中央办公厅、外交部、文化部等列为其服务对象。六是 1984 年,国家用瓷办公室不再独立运营,与景德镇市陶瓷加工服务部、江西省陶瓷工业公司销售科合并组建江西省陶瓷工业公司经销部,即 1989 年 3 月更名为江西省陶瓷工业公司经销公司的前身。七是 1992 年 2 月,以江西省陶瓷工业公司国家用瓷办公室为名,国家用瓷办公室再次从所属公司划出,此后一直延续至今。国家用瓷办公室是新中国设在景德镇的专门机构,"只此一家,别无分号",是在中国陶瓷城市中只有景德镇才具有书写国瓷史资格和资历的证明。70 来年的景德镇国瓷史,经历了生产建国瓷创制领导和设计小组、国家用瓷制作委员会、国家用瓷办公室等名称变化,创造出从新中国成立初期的"建国瓷""外交用瓷"到改革开放以来的"国徽瓷""国宴用瓷"等辉煌业绩,真实记录下新中国 70 年来中华陶瓷传承创新和发展的光辉历程,为当代人类世界创造了两千多万套件炉火纯青、蔚为大观的陶瓷精品。如邓小平同志访泰时赠送给泰国国王的"六鹤同春"瓷雕,访美时赠给卡特总统的青花松鹤大瓷瓶,如江泽民在中日邦交正常化 20 周年访日时赠送的特级高白釉温酒炉,如 1992 年景德镇宇宙瓷厂为外交部生产的代表着中国青花瓷餐具最高水平的 70 套"国徽瓷",如陶瓷股份有限公司 2003 年被人民大会堂管理局首次命名为"国宴用瓷"的"富贵牡丹"系列及 2009 年中华人民共和国成立六十周年庆典用于天安门城楼贵宾招待的"红叶"系列等,都已青史留名并将永远传为佳话。

五、新时代的景德镇故事

陶瓷是中华文明的重要名片之一,是我国优秀传统文化的杰出代表。景德镇瓷器"集天下名窑之大成,汇各地良工之精华",是中华优秀陶瓷文化传承创新的重要载体和中外文明交流互鉴的重要桥梁。但自近现代以来,千年瓷都受到两次重创:一是源自西方的机械制瓷技术残酷碾压了以农业文明为母体的手工制瓷体系,使景德镇传统陶瓷赖以生存发展的社会土壤出现严重的"水土流失";二是 20 世纪 80 年代以来的中国市场经济在探索时期的剧烈震荡,瓦解了在计划经济体制下作为城市经济支柱的"十大国有瓷厂"。所谓"一百年改变了三千年",在经历了此次冲击震荡之后,曾研制过"建国瓷""国徽瓷"的景德镇,在21 世纪初曾陷入一家企业连一套"完整的餐具"都不能出齐的尴尬困境。千年瓷都真的是落后了。

但国家并没有忘记这座拥有光辉历史并为新中国做出重要贡献的城市。为了帮助景德镇走出低谷和困境,2006 年以来,国家发改委累计安排中央预算内投资 2.22 亿元,支持明清窑作营造长廊、中国景德镇陶瓷博物馆、景德镇御窑厂遗址保护等,同时还推动御窑厂遗址保护列入《中华人民共和国国民经济和社会发展第十三个五年规划纲要》(以下简称"《国家'十三五'规划纲要》")的重大工程。文化和旅游部也以各种方式，积极推进景德镇的御窑厂考古遗址公园建设、全域旅游示范区创建和文化生态保护实验区等建设。但真正对景德镇具有脱胎换骨、凤凰涅槃性质的事件则发生在党的十八大以后，并且是从千年瓷都最具标识意义的御窑厂开始的。2015年3月和12月，习近平总书记两次对景德镇御窑遗址保护工作作出重要批示。经国家有关部委、江西省、景德镇市等反复协商和多方协调，最终确定了创建景德镇国家陶瓷文化传承创新试验区。2019年7月，《实施方案》由国务院正式批复。以新中国首个、目前也是唯一的国家文化型试验区设立为标志，这座千年瓷都和丝绸之路重要城市，又一次承担起国家和民族赋予的光辉使命。

新时代的景德镇故事，是以"国家试验区"为名开始的。在实施方案中，明确了在景德镇市全域范围内建设国家陶瓷文化传承创新试验区，规划了建设全国具有重要示范意义的新型人文城市和具有重要影响力的世界陶瓷文化中心城市发展目标，提出了努力走出一条具有世界意义、中国价值、新时代特征、景德镇特点的优秀传统文化传承创新发展新路子的战略要求。我们之所以提出建设"世界陶瓷文化中心城市"，而不是"世界陶瓷中心城市"，这主要有三点考虑：一是基于景德镇陶瓷产业和外贸的现状。目前，我国仍是世界上最大的陶瓷生产国和出口国，但景德镇在总量上仅约占10%，落后于佛山、潮州等城市，昔日的霸主地位已不复存在。二是基于景德镇的比较优势在于艺术瓷和高档日用瓷，再加上生态保护、绿色生产等原因，规划建设世界陶瓷文化中心城市，是最适合景德镇在当今世界格局中的开放发展目标的。三是这个目标和新型人文城市的目标一致，世界陶瓷文化中心城市是新型人文城市的一种类型，即以陶瓷文化交流、陶瓷产品贸易、陶瓷文化旅游为主要职能的世界文化中心城市。未来景德镇的理想城市模样由此确定，对内是树立中国新型人文城市的标杆，对外则是擦亮世界陶瓷文化中心城市的名片。

站在国家试验区新的历史起点上，展望建设现代化国际瓷都的未来，拥有2000年冶陶史、1000年官窑史、600年御窑史和70年国瓷史的景德镇，必将在传承陶瓷文化，深度挖掘千年瓷都人文底蕴，创新陶瓷产业，构建新时代陶瓷产品和话语体系，扩大陶瓷贸易和文化交流，更好地满足世界对中国陶瓷的新需要和对中华人文理想的新期待，创造千年瓷都新风光和建设对外文化交流新平台上取得新的更大辉煌，成为展示中华古老陶瓷文化魅力的名片和阐释当代中国人文城市创新发展的标杆。

第一章
人文城市的理论逻辑与现实发展

文化是城市的灵魂。《国家新型城镇化规划（2014—2020 年）》首次提出"注重人文城市建设"，将人文城市与智慧城市、绿色城市并列为三类新型城市，人文城市由此成为我国新型城镇化重要战略目标之一。2016 年《国家"十三五"规划纲要》将新型城市的范围扩展为绿色城市、智慧城市、创新城市、人文城市和紧凑城市五种，人文城市仍在其列。2021 年，《中华人民共和国国民经济和社会发展第十四个五年规划和 2035 年远景目标纲要》（以下简称"《国家'十四五'规划纲要》"）提出"建设宜居、创新、智慧、绿色、人文、韧性城市"，标志着人文城市正式进入我国城市现代化建设的序列。由上可知，人文城市在国家新型城镇化战略中始终占据着重要和突出位置。结合国内外文化城市、城市文化等理论研究和我国推进人文城市规划建设的实践历史，研究构建具有中国城市科学话语特色的人文城市基本理论与框架体系，对于进一步深化人文城市理论研究和指导人文城市建设具有重要意义。

一、文化引领区域和城市发展新主线的形成与演进

人文城市作为深刻体现了新型城镇化国家战略重大需求，直接联系着国家文化改革发展的"现实桥梁"和"空间载体"，近年来在我国经济社会发展全局中的地位和意义日益突出，既是促进文化和经济社会协调发展的重大战略布局，也是探索中国特色城市发展道路的重要实践方式。具体说来，自 2011 年十七届六中全会《中共中央关于深化文化体制改革推动社会主义文化大发展大繁荣若干重大问题的决定》（以下简称"《决定》"）提出建设社会主义文化强国的战略目标以来，我国文化建设在不断探索中已经形成了两条新发展主线：一是国家宏观经济规划部门把文化建设纳入国民经济总体规划，二是国家文化主管部门借助

文化旅游消费主动参与国民经济建设,这两方面相互结合、相互促进,不仅为理顺经济基础和上层建筑的关系、建构经济和文化良性循环机制作出了重要探索,也为我国人文城市的规划、建设和发展提供了有力的政策供给、创造了良好的社会土壤。

（一）文化引领城市和区域经济高质量发展的形成过程及内涵分析

《决定》提出"把文化建设摆在全局工作重要位置、纳入经济社会发展总体规划",改变了"文化部门管文化、经济部门管经济"的既定框架,对一个时期以来形成的"重经济、轻文化"现象具有重要的纠偏矫正作用,同时也是对物质文明和精神文明"两手抓、两手都要硬"的重大创新实践。以往不是人们不知道文化和经济协调发展的重要性,但由于经济部门和文化部门之间固有的体制机制壁垒,致使在"硬实力"和"软实力"之间很难开展有实质意义的"对话"与"协作"。自"十二五"中期以来,以国家发改委的相关课题研究及规划编制为代表,在宏观经济战略规划上为文化建设纳入经济社会发展大局打开了通道。

一是从战略研究上看,2013年,国家发改委"十三五"规划前期研究重大课题向社会公开选聘,其中的《"十三五"建设社会主义文化强国研究》分外引人注目。与过去五年规划中的文化板块主要取自国家文化部门的相关政策和规划不同,这是国家发改委首次启动直接服务于国家"十三五"规划编制的文化战略研究。从职能分工的角度看,与国家文化部门编制文化规划的出发点和落脚点均在"文化领域"不同,此项研究不仅立足于从宏观经济战略视角研究文化发展问题,同时还落实在构建文化与产业发展、经济建设的新机制上,因此可以看作是对"把文化建设纳入经济社会发展总体规划"的具体实施。把文化建设纳入国民经济发展的"大盘子"中,既有助于规避"就文化论文化"的部门局限,也为在国家总体战略框架下促进文化大发展大繁荣创造了有利条件。

二是从规划编制上看,过去的城市和区域规划也会涉及文化方面,如2012年《中原经济区规划》提出建设"华夏历史文明传承创新区",但由于经济区规划主要关心的是宏观经济战略,所以文化目标不仅内涵不够丰富,在实际上也一直被"束之高阁"。在"十三五"时期,以2019年国家发改委牵头编制的《大运河文化保护传承利用规划纲要》为标志,首次提出了不同于丝绸之路经济带、长江经济带的"大运河文化带",同时反复强调"以文化为引领推动区域高质量发展""以文化为引领促进区域经济高质量发展""社会效益和经济效益实现高度统一""以文化为引领促进支点城市经济社会全面发展""开拓区域经济高质量发展新空间",突破了文化部门把大运河等同于"世界遗产保护"的"小"框架[1],成为国家经济战略规划部门提出并探索"文化引领城市和区域经济高质量发展"新方式的代表。

由此可知,在"十三五"时期的国家宏观战略规划中,初步形成了一条"文化引领城市和区域经济高质量发展"的新发展主线,为我国文化建设和经济建设协调发展作出了新的总体思路设计和新的制度安排。可以预言,各地区各城市丰富的历史文化资源一旦融入国民经济和新型城镇化的广阔天地,不仅有助于实现自身更高层次的创造性转换和创新性发展,也必将为国家经济建设和社会发展作出更具特色的重要贡献。

（二）文化消费引领文化建设进入国民经济主战场的形成过程及内涵分析

由于历史形成的经济部门"挣钱"、文化部门"花钱"的定式和惯性,以及一些地方发展经济时不同程度地损害、破坏了其宝贵的历史文化资源,因此在相当长的时期内,城镇化建设和文化保护传承更多地表现为矛盾对立关系。但在文化和经济联系日益密切的时代背景下,文化部门内部也出现了"公共文化花钱,文化产业挣钱"的分化,后者一直是文化部门介入经济建设的主要方式。在"十三五"时期,随着文化供给侧结构性改革的不断深入,异军突起的文化消费成为文化建设进入国民经济主战场的主力军。与文化产业主要介入生产领域不同,文化消费则直接参与消费经济领域并间接作用于国民经济大循环,因此这条新主线不仅有助于文化领域内部供需关系的平衡、协调和优化,也为国家文化部门全面融入经济建设、促进消费发展打开了战略通道。

一是文化发展对国民经济的支柱作用日益受到重视。《决定》提出到2020年"文化产业成为国民经济支柱性产业"。《文化部"十三五"时期文化产业发展规划》提出到2020年文化产业整体实力和竞争力明显增强,培育形成一批新的增长点、增长极和增长带,全面提升文化产业发展的质量和效益,文化产业成为国民经济支柱性产业。这不仅明确把文化产业纳入现代产业体系之中,也

---

① 刘士林:《河为线 城为珠 线串珠 珠带面:刘士林教授在"交通大学运河讲坛"的演讲》,《解放日报》2020年12月29日。

充分体现了文化建设对经济增长具有的直接作用。需要补充的是,2009 年国务院《关于加快发展旅游业的意见》提出将旅游业"培育"成国民经济的"战略性支柱产业",2012 年《服务业发展"十二五"规划》提出将旅游业"初步发展"成为国民经济的战略性支柱产业。而据联合国世界旅游组织测算,2016 年中国旅游业对国民经济综合贡献达 11%,说明在"十三五"开局之年我国旅游业已成为国民经济支柱产业。在 2018 年 3 月文化部和国家旅游局正式合并组建为文化和旅游部以后,在文化建设领域已实际上形成了一种"双支柱产业"结构,对国民经济的支撑和引领作用正变得更加突出和重要。

二是文化消费拉动消费经济增长的重要枢纽作用。一个时期以来,我国文化产业主要聚焦于"供给侧",而对"需求侧"有所忽视,这是造成文化供需失衡、文化库存不断增大、文化市场缺乏活力的主要原因。"十三五"时期以来,围绕着深化文化供给侧结构性改革,以 2015 年文化部和财政部推出《关于开展引导城乡居民扩大文化消费试点工作的通知》、2016 年两部联合印发《关于开展引导城乡居民扩大文化消费试点工作的通知》为标志,既不同于"只讲投入,不计效果"的公共文化服务,也不同于"只管有没有,不管要不要"的文化产业,文化消费不仅直接推动了文化服务和文化产业的优化升级,同时也很好地发挥了文化部门对国民经济发展的间接拉动作用。如国家文化消费试点城市的主要目标是"带动旅游、住宿、餐饮、交通、电子商务等相关领域消费",这是国家文化部门主动进军国民经济相关领域迈出的一大步①,初步展示了文化消费作为消费经济高质量发展的重要领域,在促进文化建设和经济建设融合发展中具有的重要枢纽地位和综合平台作用。

综上可知,文化部门在生产和消费两方面积极融入国民经济主战场,特别是文化消费在"十三五"时期开拓的新思路和新主线,不仅有效缓解了文化产品"质量不高""库存过大"等长期形成的结构性问题,也通过创造新需求、培育新市场、促进产业优化升级、增加经济总量等方式为国民经济作出了重要贡献。从发展趋势看,党的十九大报告提出新时代我国社会主要矛盾已转变为"人民日益增长的美好生活需要和不平衡不充分的发展之间的矛盾",《国家"十四五"规划纲要》提出"加快发展新型文化企业、文化业态、文化消费模式",因此可以预见,由文化

---

① 刘士林:《45 个城市如何端上文化"香饽饽":刘士林教授在"新中国 70 年文化建设成就与经验"学术研讨会的演讲》,《解放日报》2019 年 9 月 3 日。

消费开启的文化发展新主线,在促进人民群众从"物质文化需要"到"美好生活需要"升级的过程中,必将发挥出更加突出和不可替代的重要作用。

二、人文城市的理论逻辑与现实进程

与我国城市走过的建设历程十分相似,人文城市在当下正呈现出大规模、高速度、集中化的特点,这是由于我国城市文化建设起点低、需求强烈、产品和服务长期供给不足及质量不高等造成的。在推进人文城市高质量发展的新征程中,同样存在着如何树立正确的人文城市发展观念、遵从人文城市建设内在规律、走出一条符合世界文化城市发展普遍规律和中国人文城市建设根本需求的发展道路等重大理论与实践问题。习近平总书记指出:"理念是行动的先导,一定的发展实践都是由一定的发展理念来引领的。发展理念是否对头,从根本上决定着发展成效乃至成败。"[①]对于人文城市也可以说,"'注重人文城市建设',应从'注重人文城市基础理论研究'开始。只有先把人文城市的概念、内涵、模式研究清楚,才能画出一张路线清晰、目标明确的人文城市规划建设总设计图。"[②]在过去的人文城市研究中,我们对此初步进行了较为全面的研究和探讨,具体可以从理论和实践两方面来认识和把握。

(一)人文城市的理论逻辑

在理论逻辑上,人文城市不是无本之木、无源之水,从城市思想史的角度看,可以说主要有三个理论来源。尽管它们在时间、学科归属上有所不同,但却有一个共同的中心和主题思想,即城市的本质在于提供一种"有价值、有意义、有梦想"的文明生活方式,且这种生活方式是由城市的文化功能或文化城市这一空间聚落形态承载和决定的。

首先,人文城市的理论萌芽最早可追溯到亚里士多德《政治学》,即"人们为了活着,聚集于城市;为了活得更好,居留于城市"[③]这句名言。对此芒福德曾认为:"从城市准备阶段的发展与功能到城市现今的目的,经历了一个转变过程,这

---

① 新华社:《习近平在省部级主要领导干部学习贯彻党的十九届五中全会精神专题研讨班开班式上发表重要讲话》,新华网 2021 年 1 月 11 日。
② 刘士林:《关于人文城市的几个基本问题》,《学术界》2014 年第 5 期。
③ 今译为:"城邦的长成出于人类'生活'的发展,而其实际的存在却是为了'优良的生活'。"(亚里士多德:《政治学》.吴寿彭译,商务印书馆 1995 年版,第 7 页。)

一过程的实质,亚里士多德表述得最好不过了",指的就是这句至今广为传颂的名言。在芒福德看来,"城市诚然有其消极的方面,但城市毕竟产生了一种有丰富意义的生活,……因而不论任何特定文化背景下的城市,其实质在一定程度上都代表着当地的以及更大范围内的良好生活条件的性质。"①为什么在城市中可以生活得更好?在深层意义上,这是由城市空间聚落在本质上不同于乡村所决定的。乡村作为人类生产生活的重要空间,自然也有经济活动、社会交往和文化消费,但无论其规模、程度和品质,和城市中的都是不好相提并论的。而最能体现城乡差距的,则是超越了一般实用和功利需求的文化艺术等高级精神活动,因此可以说,正是城市的文化功能或在文化城市中,才把城乡这两种与人类生产生活关系最重要、在形态和功能上完全不同的空间聚落真正区别开,同时也把城市最独特的本质、最重要的特征和最美好的境界揭示出来。

其次,人文城市理论与城市地理学的"文化城市"具有直接的理论亲缘关系。文化城市是"以宗教、艺术、科学、教育、文物古迹等文化机制为主要职能的城市。如以寺院、神社为中心的宗教性城市:印度的瓦拉纳西、日本的宇治山田(今伊势市)、以色列的耶路撒冷、阿拉伯的麦加等;以大学、图书馆及文化机构为中心的艺术教育型城市,如英国的牛津、剑桥等;以古代文明陈迹为标志的城市:中国的北京、西安、洛阳等,日本的奈良、京都,希腊的雅典和意大利的罗马等。"②与其他的工业城市、工商型城市、交通型城市相比,文化城市的"突出特征是文化资源、文化生产、文化功能成为推动城市形态演进与社会发展的重要力量与机制。"③文化城市理论把城市的文化功能提升到城市形态的高度,使文化城市和政治城市、经济城市形成三足鼎立的格局,为当代的、中国的人文城市建设提供了最重要的理论基础。关于人文城市与文化城市的关系,可以简单表述为:前者是借助政策、规划、投资、产业、文化旅游等手段,激活或转化了后者积淀丰富的文化资源,使不同于棉花、铁矿石等物质生产资料的城市历史、城市文化等,成为推动城市经济社会发展的重要生产资料和生产方式。

最后,人文城市理论在西方人本主义城市社会学的"文化艺术论"中达到了现代新高度。在对人类城市发展史进行了全景式研究之后,芒福德对"什么是城

① 刘易斯·芒福德:《城市发展史:起源、演变和前景》,宋俊岭、倪文彦译,中国建筑工业出版社2005年版,第118页。
② 左大康主编:《现代地理学辞典》,商务印书馆1990年版,第731页。
③ 刘士林:《中国都市化及文化审美问题研究》,上海交通大学出版社2018年版,第141页。

市"给出了最符合城市发展规律和城市存在本质的明确答案：一是旗帜鲜明地宣称："我们与人口统计学家们的意见相反，确定城市的因素是艺术、文化和政治目的，而不是居民数目。"二是坚定地指出："城市不只是建筑物的群体，……不单是权力的集中，更是文化的归极"[1]。对此可以简要阐释如下，前者重点强调城市的本质不是集聚了多少人口及其意味的城市繁荣，后者则强调了评价一座城市的标准不是建了多少高楼大厦及其意味的经济繁华、是否可以进行有效管理等，而在于"有没有文化"或者是否提供了一种"有价值、有意义、有梦想"的文明生活方式。进一步说，这既是对亚里士多德"为了生活得更美好而留居于城市"这一理念的传承发扬，同时也为 2010 上海世博会的理念——"城市，让生活更美好"提供了坚实的理论支持。其重要的现代性价值在于帮助我们树立一种正确的城市发展观念，可以有效纠正至今仍不时卷土重来的一些陈旧和有害思维、观念和理论，其中最典型的如以千万人口规模、万亿 GDP 等指标来评价城市。还可以说，今天出现的"文化是城市的灵魂""文化城市是理想城市""人文城市代表着新型城镇化的发展目标"等，在理论上可以说都是以此为逻辑起点的。

（二）人文城市的现实进程

与城市人口学、城市地理学、城市规划学、城市经济学、城市社会学等不同，人文城市以"文化是城市的灵魂"为发展理念，以文化城市为人文城市建设的基础理论，以城市是否提供了一种"有价值、有意义、有梦想"的文明生活方式为评价标准，确立了一个关于城市规划、建设和发展的新理论和新模式。一是区别于城市地理学的传统文化城市理论，重新界定了文化城市的概念及内涵，即"文化城市是一种以文化资源和文化资本为主要生产资料、以服务经济和文化产业为主要生产方式、以人的知识、智慧、想象力、创造力等为主体条件、以提升人的生活质量和推动个体全面发展为社会发展目标的城市理念、形态与模式。"[2]二是立足于中华人民共和国城市发展的历史经验揭示出建设人文城市已是中国特色城市发展的历史必由之路。概言之，中华人民共和国成立后的前 30 年属于"政治型城市化"。这是一种以政治理念和意识形态为中心，根植于国家政治需要与

---

[1] 刘易斯·芒福德：《城市发展史：起源、演变和前景》，宋俊岭、倪文彦译，中国建筑工业出版社 2005 年版，第 91、132 页。

[2] 刘士林主编：《人文城市的中国话语和思想历程：上海交通大学城市科学研究院十周年纪念文集》，上海交通大学出版社 2021 年版，第 48 页。

政治利益、带有一定"逆城市化"色彩的城市化模式。改革开放以来的 30 年属于"经济型城市化"。这是一种以 GDP 为中心,一切服从于解放生产力、建立社会主义市场经济、全面复兴城市商业与服务功能等现实需要的城市发展模式。以《国家新型城镇化规划(2014—2020 年)》首次明确提出"注重人文城市建设"为标志,开启了不同于"政治型城市化"和"经济型城市化"的新型城镇化新阶段和新征程。[①] 由此可知,文化城市理论代表了中国城市科学的先进思想理论,人文城市形态代表着我国未来城市发展的战略主题及发展方向。文化城市理论和人文城市实践相结合,为在我国现代化新征程中深入推进文化引领城市和区域高质量发展创造了思想条件和客观条件。

从古希腊哲人亚里士多德到 20 世纪城市史家芒福德,从作为古代人文城市典范的希腊雅典[②]到当今世界各国众多的文化城市规划建设,充分显示出文化作为城市的基本功能、城市文化作为城市发展的重要动力机制、文化城市作为制约和协调城市经济社会发展的主要力量,不仅不可或缺而且是极其重要的。尽管我国明确提出建设人文城市还不足 10 年,但在走过了 30 年政治型城市化、30 年经济型城市化的发展历程,特别是在城市发展观念上确立了建设人文城市之后,近年来无论是在理论研究上,还是在实践探索上,都可谓是厚积薄发并渐有后来居上的趋势。

人文城市在新时代中国的理论和实践,主要可以从空间形态、根本属性和规划编制三个方面来了解、认识和把握。一是在空间形态上提出了"文化型城市群"的新理念和新理论。"文化型城市群"打破了西方城市地理学主要把文化城市理解为"单体城市"的局限,充分结合了当今世界以城市群为中心的城市化进程和我国新型城镇化规划确定的"把城市群作为主体形态",同时还明确指出,与主要以经济、交通和人口作为测评指标的"经济型城市群"不同,"文化型城市群"的主要评价标准是生态、文化和生活质量,"文化型城市群"代表了城市群发展的更高形态和先进方向[③]。二是在城市性质上提出人文城市是人民城市建设的核心内涵和最高目标。习近平总书记在 2015 年中央城市工作会议上首次提

---

① 刘士林:《城市中国之道:新中国成立 70 年来中国共产党的城市化理论与模式研究》,上海交通大学出版社 2020 年版,第 40—50 页。

② 刘士林主编:《人文城市的中国话语和思想历程:上海交通大学城市科学研究院十周年纪念文集》,上海交通大学出版社 2021 年版,第 49 页。

③ 刘士林:《城市中国之道:新中国成立 70 年来中国共产党的城市化理论与模式研究》,上海交通大学出版社 2020 年版,第 61—63 页。

出"坚持以人民为中心的发展思想,坚持人民城市为人民"。人民城市明确了我国城市建设与社会主义制度的本质联系,正在成为中国特色城市发展道路的基本指引和主旋律。在绿色城市、智慧城市、创新城市等新型城市形态中,人文城市坚持城市的本质在于提供一种"有价值、有意义、有梦想"的文明生活方式,是"文化是城市的灵魂"的空间载体和实践主体,比其他城市形态都更能体现"以人为核心的新型城镇化战略"和"人民城市为人民"的时代要求,直接关乎人民群众的满意不满意和幸福不幸福等深层次问题,因此必然要成为人民城市建设的引领者和验收者。三是编制了一系列具有引领和示范意义的人文城市规划案例。在区域规划上,以 2019 年《大运河文化保护传承利用规划纲要》为代表,在我国"带状"区域规划体系中首次提出了"文化带"新概念,同时建构了"以大运河文化保护传承利用为引领、统筹大运河沿线区域经济社会发展"的新模式和新路径,大运河文化带成为新时代实施"文化引领城市和区域经济高质量发展"的重大制度设计和重大政策供给。在城市规划上,以 2019 年《国务院关于景德镇国家陶瓷文化传承创新试验区实施方案的批复》为代表,其中提出景德镇建设新型人文城市的战略目标。目前,景德镇陶瓷从业人员占到城区人口 36%,陶瓷产业占到城市经济的半壁江山,不仅是全世界保留手工陶瓷技艺最完备的地区,同时拥有以陶瓷工业体系、艺术瓷发展体系、创意瓷体系构成的完备瓷业产业链,完全具备建设新型人文城市的资源禀赋和优越条件,因此当之无愧地成为首个文化类国家试验区。此外,包括粤港澳大湾区建设"人文湾区"、长三角一体化共建"江南文化品牌"、北京建设"全国文化中心城市"等,都可以看作是对 2015 年中央城市工作会议提出"综合考虑城市功能定位、文化特色、建设管理等多种因素来制定规划"①、2017 年中共中央办公厅、国务院办公厅《关于实施中华优秀传统文化传承发展工程的意见》提出"提炼精选一批凸显文化特色的经典性元素和标志性符号,纳入城镇化建设、城市规划设计"②的集群式推进,不仅对我国区域和城市规划建设产生了重大影响,对世界城市规划发展也必然具有重要借鉴意义。

---

① 新华社:《中央城市工作会议举行　习近平李克强作重要讲话》,新华网 2015 年 12 月 22 日。
② 新华社:《中共中央办公厅国务院办公厅印发〈关于实施中华优秀传统文化传承发展工程的意见〉》,新华网 2017 年 1 月 25 日。

三、"十四五"时期推进人文城市高质量发展的若干思考

人文城市是中国城市科学研究的新领域,不仅过去一直是我国新型城镇化战略的重要组成部分,同时在"十四五"城市现代化进程中也将承担起更加重要的责任和使命。长期以来,尽管与城市发展的相关政策、战略和规划都会或多或少地涉及人文城市,但从总体上看,人文城市建设还处在起步和探索阶段,并始终面临着一些亟待解决的突出矛盾和关键问题。这是由于人文城市概念内涵的丰富性和建设治理任务的艰巨性和紧迫性共同决定的。在理论研究上,人文城市主要涉及空间、产业和人文三个部分。与一般城市规划侧重于空间和产业相比,由于人文概念在内涵上的不确定性,人文空间与城市空间在边界上的相互渗透,文化经济与产业经济的关系机制并不明确,人文城市呈现为一种更加复杂的城市形态和功能体系,而一般的城乡规划学、产业经济学等则由于自身学科的局限,很难形成科学、客观、符合人文城市内在规律和发展需要的规划引领和理论指导。这也是在当下亟须研究和建立中国人文城市基本理论的主要原因。从现实实践上看,我国的人文城市建设主要涉及住房和城乡建设、发展改革、自然资源、文化和旅游等部门。由于人文城市规划、建设、评估是一个综合性很强的高度复杂化系统,或是在与本部门职能结合时出现了障碍,或是由于职责范围没有办法全面介入,因此不是哪一个部门从其职能出发就可以解决的。在现实中我们经常看到的是,有关部门在涉及人文城市的政策、规划和实施时,一般多从各自部门管理职能的角度去理解和把握,就很难形成综合性和整体性系统方案,结果往往是"按下葫芦浮起瓢""顾了初一顾不了十五"。因此,在有关部门之间如何形成人文城市的政策共识并构建更加紧密有效的合作机制,也是推进我国人文城市建设能否走上高质量发展之路的关键所在。

基于我国城市化环境与资源条件日趋短缺、历史文化资源存量巨大的现状,中国城市走"人文城市"发展道路是大势所趋。认真研究和总结"十三五"时期我国人文城市规划建设的经验教训,结合"十四五"规划实施和新型城镇化建设进程,我们提出如下发展思路和策略,为进一步探索建立推进经济和文化融合协调发展的体制机制,走出一条"文化引领经济"与"经济支撑文化"良性循环的中国特色社会主义文化发展道路提供参考借鉴。

（一）更加突出社会主义文化的意识形态属性和核心价值功能

党的十九大报告提出"意识形态决定文化前进方向和发展道路"，这是中国特色社会主义文化发展道路的战略定位和总体部署，是推进"十三五"时期文化建设和经济建设以及两条文化主线融合发展的基本原则。在国家文化战略上，从《决定》提出"坚持把社会效益放在首位，坚持社会效益和经济效益有机统一"，到党的十九大报告提出"加快构建把社会效益放在首位、社会效益和经济效益相统一的体制机制"，在加强意识形态对文化建设全局的领导和指导上一以贯之，同时也是当前"深化文化体制改革，完善文化管理体制"的核心工作。在国家宏观经济战略上，2018年6月，国家发改委启动"十四五"规划第一批前期研究，其中唯一一项文化类项目，即"以社会主义核心价值观引领文化软实力提升研究"，主要研究以社会主义核心价值观增强文化自信、繁荣文化经济、凝聚社会共识、提高治理能力等"十四五"时期重大和关键问题。这是国家经济规划部门就"十四五"时期文化建设发出的第一个明确信号。在"十四五"时期，以"更加突出社会主义文化的意识形态属性和核心价值功能"为基本遵循，以"核心价值观引领文化软实力"和"把社会效益放在首位"为重要抓手，编制《"十四五"时期促进经济和文化融合发展战略规划》，探索构建国家宏观经济战略规划部门与国家文化旅游主管部门的新型协调发展机制，需要尽快提到议事日程上来。

（二）把"文化引领区域和城市高质量发展"摆在经济建设更加突出的位置

"十三五"时期由国家宏观经济规划部门初步提出的"文化引领区域和城市高质量发展"，不仅高度符合新时代我国经济高质量发展的基本要求，也深刻契合中国特色社会主义文化建设的内在规律，同时，由于文化建设与社会建设关系密切，以及文化和旅游业发展有助于节省自然资源、节能降耗等，因此在落实"五位一体"的总体布局中，这条由国家宏观经济战略规划部门提出的新文化主线，不仅直接推动了文化供给侧结构性改革和经济高质量发展，对社会建设、生态文明建设也具有重要的引导、支持和优化作用。总结"十三五"时期的主要经验，这条新主线的具体内涵可概括为三点：一是摸索发现妥善处理好文化资源保护与利用关系的新路径。二是探索打造以优秀传统文化助力现代产业转型升级、深化文化供给侧结构性改革的新平台。三是探索形成文化引领区域现代经济体系建设和高质量发展的新模式。在"十四五"时期,以"更加突出社会主义文化的意识形态属性和功能"为基本遵循,把"十三五"时期"文化引领区域和城市高质量发展"进一步提升为"社会主义文化引领中国区域和城市高质量发展",以严防文化建设和经济建设"脱钩"或"自说自话"为重点,研究出台相关政策、编制相关战略规划加以规范引导,探索构建解决长期困扰中国特色社会主义事业的"物质文明"与"精神文明"的不平衡和不协调问题的政策体系和体制机制。

(三)把"文化消费引领文化体制改革和消费经济升级"摆在文化建设中更加重要的地位

"十三五"时期由国家文化主管部门大力推进的"文化消费引领文化体制改革和消费经济升级",不仅在文化供给侧结构性改革方面取得重要进展,也在扩内需、稳消费、促就业、惠民生等方面发挥了重要作用。党的十九大报告提出"满足人民过上美好生活的新期待,必须提供丰富的精神食粮。"随着我国小康社会的全面建成和全面建设社会主义现代化国家进入起步阶段,文化消费作为消费经济的高级形态,将成为满足人民美好生活新期待的主要方式之一。当前,在我国经济增速放缓的情况下,扩大和引导文化消费,激活和释放文化需求,提高文化产品和服务的供给质量和效率,以文化消费促进消费结构升级,培育形成经济发展新动力,引领城市发展方式转型,已被提到更加重要的战略层面上。以2019年文化和旅游部发布的《关于进一步激发文化和旅游消费潜力的意见》为标志,不仅持续从供给侧发力促进"公共文化提效益"和"文化产业提质量",同时还与国家宏观经济规划、新型城镇化战略等进一步融合、对接,提出建设"国际消费中心城市""国家级文化和旅游消费城市群"等。在"十四五"时期,与《国家"十四五"规划纲要》的文化布局相向而行,把"优秀文化消费促使文化建设融入国民经济的主战场"作为战略目标,尽快启动相关政策研究和制度设计,加快构建与国家经济规划部门协调协作的体制机制,为我国全面建设社会主义现代化国家第一个五年规划提供丰富坚实和强有力的精神文化支持。

(四)以"新型人文城市"为桥梁推进经济建设和文化建设全面融合发展

2015年12月,中央城市工作会议明确"城市是我国经济、政治、文化、社会等方面活动的中心",城市也是经济最繁荣、文化最发达、文化和经济交汇最多的空间。尽管《国家新型城镇化规划(2014—2020年)》就提出"注重人文城市建设",但人文城市理论研究的滞后,导致了我们对人文城市的本质、规律、特点、趋势等的了解并不清晰,因此在我国的各类新型城市建设中,只有"人文城市"的推进显得缓慢。在城市建设用地收紧、人口红利逐渐走低、科技创新周期较长的背景和约束下,充分发挥我国城市历史文化资源丰富、利用程度较低、发展空间巨大的普遍优势,"十四五"时期亟须加快布局和推进中国新型人文城市规划建设。在"更加突出社会主义文化的意识形态属性和功能"的总体要求下,以"文化引领区域和城市高质量发展"和"文化消费引领文化体制改革和消费经济升级"为两翼,一方面,以文化和旅游业作为人文城市的"支柱产业",实现以文化和旅游产业"集人口"和"聚人气",解决产城不融合、老城旧城缺乏人气活力等突出矛盾;另一方面,以文化休闲服务功能活化人文城市的"历史文化空间",使城市文化功能培育和城市文化服务建设能获得足够和合适的空间载体,在解决千城一面、历史文化空间闲置等疑难问题上实现新突破。在"十四五"时期,以人文城市为桥梁和纽带,针对目前普遍存在的空间、经济和人文的不平衡、不协调问题,把发改部门的"产业支撑"、住建部门的"历史文化空间传承保护"和文旅部门的"人文空间需求"结合起来,研究制定相关政策体系与跨部门合作机制,为满足人民群众的精神文化需要做出新的政策设计和制度安排,使人文城市成为"推进社会主义文化强国建设"的核心功能区和主平台。

第二章
人文城市建设视域下的文化和旅游消费

2020 年 12 月 25 日,《关于开展文化和旅游消费试点示范工作的通知》要求各地相关部门"督促示范城市、试点城市加强对文化和旅游消费工作的组织领导,认真落实工作方案,因地制宜、改革创新、特色发展,积极培育壮大文化和旅游消费新业态新模式,全面提升文化和旅游消费质量和水平,推动文化产业和旅游产业高质量发展"。[①] 然而,由于文化和旅游的融合属于新鲜事件,文化和旅游消费的真正内涵,是文化和旅游的简单叠加,还是"1+1>2"的协同效应,文化和旅游消费对于当前新型人文城市建设具有怎样的价值和意义,亟须进行科学研究。

一、文化和旅游消费理论

(一)研究现状

文化消费和旅游消费是两个独立的概念。在以往的研究中,文化消费研究主要关注现状及问题、特征和结构、影响因素、影响效果及相关指标体系的构建等内容;旅游消费研究主要从经济模式的角度展开,如研究消费者行为、消费结构、消费市场、消费模式、消费趋势及影响力等内容。学界较少将文化与旅游消费作为一个整体进行研究,对二者之间的关系以及二者与城市发展之间的关系的研究则更少,特别是没有结合文旅融合这一国家战略进行系统深入研究。

同时,在新时代高质量发展的背景下,"人民群众对文化和旅游消费在消费规模、消费质量、消费理念、消费形式、消费广度、消费深度等方面都发生了明显

[①] 文化和旅游部:《文化和旅游部　国家发改委　财政部关于公布第一批国家文化和旅游消费示范城市、国家文化和旅游消费试点城市名单的通知》,http://www.gov.cn/zhengce/zhengceku/2020-12/30/content_5575120.htm,2020 年 12 月 25 日。

的变化,呈现出新的发展趋势和特点",①但目前关于文化和旅游消费的概念使用较为随意和混乱,既影响了相关政策的制定和实施,也不利于企业了解市场现状和制定发展战略,因而亟须加强文化和旅游消费基础理论研究,以概念界定为中心,明确文化和旅游消费的内涵和外延、形态和功能等基本问题,并对文化和旅游消费在促进城市转型发展、人文城市建设等方面的作用与意义展开研究,为政策制定与决策咨询提供参考。

(二)文化和旅游消费的逻辑关系

党的十八大以来,习近平总书记对如何认识和开展文化与旅游工作发表了一系列重要讲话,科学解答了关于文化和旅游建设的方向性、原则性、全局性等问题。其中有三句话分别从三个侧面点明了文化和旅游消费的现实逻辑关系:一是"旅游集物质消费与精神享受于一体,旅游与文化密不可分";二是"生态资源和人文资源是发展旅游的基础";三是"旅游业是综合性产业,是拉动经济发展的重要动力……旅游是发展经济、增加就业的有效手段,也是提高人民生活水平的重要产业"。②

第一,文化和旅游具有共同属性。文化和旅游都是为人们提供精神消费服务的,这一共同属性,使两者具有天然的耦合性。旅游具有经济外壳和文化内涵的双重结构,其本质是消遣和审美,具有鲜明的消费、休闲和社交等功能和作用。旅游产业所涉及的景、物、人等,都是文化的组成要素,可以构成独特的文化环境和氛围。文化是旅游的灵魂,文化内涵始终贯穿旅游活动的吃、住、行、游、购、娱各个环节,通过提升旅游产品的品位及附加值,实现可持续发展,同时也通过旅游产品被市场认可而实现文化本身的价值。

第二,文化资源是旅游业的基础。在丰富的旅游资源中,无论是人文资源还是自然资源,都有深厚的文化底蕴。许多旅游资源中的自然景观,都能与历史上的著名事件或历史名人联系在一起,为自然景观增添了浓厚的文化气息,而许多人文景观本身就是历史文化的结晶。由于旅游资源特有的民族特点和文化内涵,旅游活动不仅适应现代人调节身心的需求,而且是未来满足人们精神享受高

---

①　史广峰、李晓:《文化和旅游消费需求趋势研究:基于京津冀区域的市场调研》,《经济论坛》2020年第8期,第5—16页。

②　苏丹丹、于帆:《从新思想中寻策　做好文旅融合大文章:文化和旅游部认真贯彻落实习近平总书记关于文化和旅游工作重要论述精神》,《中国文化报》2019年3月4日。

级需求的方式。

文化资源对于消费者具有知识教化的作用。有学者指出:"当今社会,博物馆、美术馆等文化文物单位已经成为一座城市的文化符号。发掘当地历史文化资源,建设特色博物馆,也成为吸引游客、促进当地旅游业发展的重要途径。"①尽管由于现代信息技术的发展,各种知识和信息的获取变得异常便捷,但旅游活动中个体通过身临其境的体验获得的感受和知识是无法用"云旅游"代替的。提供参与感是加深印象、争取共鸣的最有效方法。因此,旅游产品的竞争力最终表现为文化资源的市场转化力。

第三,消费促进文化和旅游融合。消费从本质上是"联结经济与文化的社会活动",消费不仅具有经济意义,而且具有重要的文化和社会意义。从国际视角来看,在联合国教科文组织于 1986 年公布的文化统计框架中,文化遗产、社会文化活动、环境与自然三个要素与旅游产业核心业务联系紧密。从国内的观点来看,蔡武曾表示:"从某种意义上讲,旅游在很大程度上是一种文化活动,是一种文化消费,是一种文化鉴赏。"②这一观点直接点明了旅游消费的核心是文化符号的本质,因此也可以说,旅游产品和服务的消费就是对文化符号的消费。

2009 年 12 月,国务院通过《关于加快发展旅游业的意见》,提出"把旅游业培育成国民经济的战略性支柱产业和人民群众更加满意的现代服务业"。2010 年 3 月,《关于金融支持文化产业振兴和发展繁荣的指导意见》出台,要求相关部门从信贷、证券、保险等多方面支持文化产业发展。这说明我国文化产业和旅游产业的融合发展正在形成一个有效机制。③而真正体现产业融合效果的是消费融合。在资源、产品、服务和渠道融合的基础上,第一步先实现市场融合,即文化与旅游产品的消费市场共享,有力拓宽原先单一产业下的市场范围,无疑将有力促进文化和旅游消费的规模升级与品质提升。

二、文化和旅游消费的界定与阐释

迄今为止,人们对文化和旅游消费的基础理论研究还相当薄弱,甚至还没有

① 石锡:《专家学者为"壮族三月三"文旅融合发展"把脉开方"》,https://www.ddgx.cn/show/24409.html,2019 年 4 月 2 日。
② 陈柳钦:《文化与旅游的必然耦合》,《中国社会科学报》2011 年 12 月 5 日。
③ 陈柳钦:《文化与旅游融合:产业提升的新模式》,《学习论坛》2011 年第 9 期,第 62—66 页。

一个具有权威性和形成广泛共识的概念。借鉴文化消费研究、旅游消费研究的理论成果和实践经验，对文化和旅游消费的内涵、边界、形态、功能等进行界定和阐释，对于扩大和引导文化旅游消费、推动文化和旅游消费更好地进入国民经济主战场具有重要的基础性作用。

（一）文化和旅游消费的概念界定

1. 文化消费、旅游消费

西方文化消费理论主要从社会学、经济学和心理学三个角度展开，并形成了一系列结论。我国对文化消费的研究始于 20 世纪 80 年代中后期，并深受西方文化研究、消费文化研究的影响。1985 年，在全国消费经济研讨会上，文化消费作为学术术语在国内第一次被明确提出。在 20 世纪八九十年代，文化消费已成为文化经济学、消费经济学等领域的一个重要命题。国内学者在早期较多使用"精神文化消费"[①]这一表述。对于文化消费的对象和范围，在学术界则有不同的观点，从以文学艺术为主体的文化产品和文化服务的消费[②]，到为了满足自身的精神文化生活而采取不同方式来消费文化产品和文化服务的行为[③]，以及对文化类产品及文化性劳务的消费[④]，存在着一个不断扩展和丰富的过程。

旅游消费包括"食、住、行、游、购、娱"六要素，涉及旅馆业、交通运输业、餐饮业、游览娱乐业、旅游用品和纪念品销售业等。在布尔迪厄的观点中，欣赏美术馆或歌剧院中的内容，需要一定的文化素养。[⑤] 与文化消费对消费者有基本的文化水平要求一样，除了满足人们享受和发展的需要以外，高质量的旅游消费，也能提高消费质量和层次，促进人的全面发展。

2. 文化和旅游消费

欧洲旅游与休闲教育协会将"文化旅游"定义为人们为了获得和满足文化需求而离开自身日常居住地，前往文化景观所在地或文化吸引物所在地的非营利性活动。[⑥] 这类研究侧重于界定旅游动机及其关联现象。国内学者对"文化旅

---

① 尹世杰：《提高精神消费力与繁荣精神文化消费》，《湖南师范大学社会科学学报》1994 年第 6 期，第 20—24 页。

② 施涛：《文化消费的特点和规律探析》，《广西社会科学》1993 年第 3 期，第 95—98＋101 页。

③ 曹俊文：《精神文化消费统计指标体系的探讨》，《上海统计》2002 年第 4 期，第 42—43 页。

④ 中国人民大学创意产业技术研究院：《中国文化消费指数报告》，人民出版社 2017 年版。

⑤ 戴维·莫利：《电视、受众与文化研究》，史安斌译，新华出版社 2005 年版。

⑥ Munsters W. "Cultural Tourism in Belgium", *Culture Tourism in Europe* 1996.

游"这一概念的界定主要形成了四种观点：其一，旅游等同于文化旅游。[①] 其二，文化旅游是一种商品或一种意识。[②] 其三，文化旅游是游客对当地的历史文化遗产和特色生活方式的体验。[③] 其四，文化旅游相当于民俗旅游。[④] 这些认识都忽略了文化和旅游融合后产生的新特征、新现象，也导致了目前在操作层面普遍依靠以文化融入旅游，在旅游消费中加入更多文化元素这种单一操作手段，而旅游融入文化的方法历来欠缺。

文化消费和旅游消费各自为战，既有悖于"旅游与文化密不可分"的内在规律，也直接影响到"用文化内涵提升旅游品位"的发展需要。从系统论的角度看，文化和旅游消费包含了文化消费和旅游消费，但显然不是两者简单相加之和。事实上，文化旅游不止有文化融入旅游，也有将旅游消费加入文化消费的内容。文化消费和旅游消费相辅相成，共同促进，文化资源的利用、文化创意的引入能够提升旅游品位和质量，拓展旅游产业的发展空间，而旅游产业的转型升级也能进一步丰富文化产品的供给方式，促进文化市场的繁荣和社会主义文化建设，因而在对文化和旅游消费进行理论界定和阐释时，既要充分考虑文化消费和旅游消费各自的规律和特点，也要体现出在文化和旅游融合发展背景下两者出现的新趋势和新要求。

紧扣文化和旅游融合发展的政策要求和时代趋势，我们通过梳理国内外相关研究，在把握文化和旅游消费内在规律和独特性质的基础上，将"文化和旅游消费"界定为：人们为满足精神文化或休闲娱乐的需求，而采取的购买文化和旅游产品或服务的行为，既包括直接的文化和旅游产品或服务，也包括在使用文化和旅游产品或享受文化和旅游服务过程中产生的关联消费。这个界定充分考虑了文化和旅游消费的复杂性和综合性，尤其是直接体现了"国家文化消费试点城市"的立意和出发点，即"推动我国文化消费总体规模持续增长，消费结构不断升级，带动旅游、住宿、餐饮、交通、电子商务等相关领域消费"，因此，除了关注文化消费、旅游消费的直接领域，还特别把文化和旅游消费对餐饮、交通、零售业等相关行业的带动作用纳入研究范围，因此，我们的文化和旅游消费概念具有覆盖面

① 李顺：《对我国文化旅游开发的几点思考》，《天津市职工现代企业管理学院学报》2004 年第 4 期，第 5—6 页。
② 蒙吉军、崔凤军：《北京市文化旅游开发研究》，《北京联合大学学报》2001 年第 1 期，第 139—143 页。
③ 张国洪：《中国文化旅游：理论、战略、实践》，南开大学出版社 2001 年版。
④ 骆高远：《中国文化旅游概论》，浙江大学出版社 2017 年版。

更广、综合性更强的特点。

（二）文化和旅游消费的范围、分类及重点要素

文化和旅游消费在内涵上主要包括四类：第一类主要指对实物形态的文化产品和旅游产品的消费，如购买报纸杂志、景点门票等；第二类主要指对文化服务和旅游服务的消费，如观看展览演出、购买导游服务等；第三类主要指对文化消费、旅游消费所需设备、用品的消费，如购买广播电视设备、旅游纪念品等；第四类主要指因文化消费、旅游而产生的相关消费，如交通、餐饮、住宿、购物等。其中，第一类与第二类属于文化和旅游消费的核心内容，分别是物质形态的文化和旅游消费及非物质形态的文化和旅游消费；第三类与第四类属于文化和旅游消费的相关内容，属于对文化和旅游产品及服务进行消费而伴随产生的消费行为。

我们从文化和旅游消费市场构成元素出发，遵从分类完备性原则，同时结合国家战略需要研究建构了具有自主知识产权的"文化和旅游消费分类体系"。参考国家统计局把文化产业分为"核心层""外围层"及"相关层"，我们把"文化和旅游消费"分为"直接的文化和旅游消费"及"间接的文化和旅游消费"两大类，同时在每个大类下面又设置若干小类，即"文化消费""旅游消费""文化旅游消费"和"间接文化消费""间接旅游消费""间接文化旅游消费"。

直接的文化和旅游消费是指消费者在购买文化和旅游产品或服务时产生的直接消费，主要包括文化消费、旅游消费和文化旅游消费。

具体说来，文化消费是指对文化产品、文化服务及文化设备等的消费行为。其中，文化产品主要包括报纸图书等内容产品，笔墨文具等辅助产品，古董、字画、瓷器、珠宝首饰等艺术品。文化服务主要包括观看电影、话剧、歌舞剧等演出，参观博物馆、图书馆、美术馆及各类展览，订阅电视节目、有线电视付费及网络付费，出于个人发展或兴趣参加的培训班、补习班、兴趣班及在游乐场、网吧、游戏厅、棋牌室、歌舞厅等场所产生的休闲娱乐消费。文化设备主要是指为使用文化产品或体验文化服务而需要的辅助设备，如电视机、电子阅读器、专业音像设备、乐器等。需要说明的是，虽然电脑、手机、平板电脑等也是目前消费者进行休闲娱乐的重要媒介，但由于其用途过于宽泛，不属于专门的文化消费设备，因而不计入文化设备消费的范畴内。旅游消费主要包括消费者在旅游过程中产生的景区门票消费、酒店住宿消费及向商家、旅行社等购买的旅游产品或服务消费。

文化旅游消费是一种在文化和旅游相互渗透、深度融合的大背景下,以文化消费和旅游消费一体化发展的项目、载体、平台为基础,并以满足人的精神生活及文化和旅游需求为目的的消费行为。主要包括两类:一是旅游演艺类消费,即游客在景区游玩过程中因观看文艺演出而产生的消费;二是文化类景区旅游消费,即游客为了体验文化场景而在文化类景区产生的消费。

间接的文化和旅游消费是指消费者在使用文化和旅游产品或体验文化和旅游服务过程中产生的关联消费,如游客观看文艺演出或在景点旅游时带动附近商圈的餐饮和购物消费,外地人到演出地点观看文艺演出或过夜而产生的交通和住宿消费等。

这一分类体系的构建主要依据的是文化和旅游消费行为涉及的市场行业及领域,具有与产业密切结合、直接和较为精准反映市场现状的特点,便于对文化和旅游消费行为从理论向实践进行实证研究。

三、文化和旅游消费与人文城市建设的关系

(一)当前我国文化和旅游消费的现状

2019年8月,《关于进一步激发文化和旅游消费潜力的意见》出台,提出"提升文化和旅游消费质量水平"。这是我国消费体制机制改革在文化和旅游领域的具体实践,也是通过激活和释放文化和旅游消费需求,培育形成经济发展新动力,促进我国消费升级和结构优化的重大举措。随着我国全面建成小康社会目标的实现,城乡居民消费能力进一步增强,我国在扩大文化和旅游消费规模、提升文化和旅游消费水平、改善文化和旅游消费结构等方面取得显著成绩。据相关统计,自2018年文化部和国家旅游局合并以来,我国文化和旅游行业的总体产业规模有了较大的增长,除2020年受疫情影响而有所回落外,自2016年至2019年,文化产业和旅游产业无论在产值还是规模上都呈现出向上的趋势,其已经成为国内经济增长的重要引擎。

在马克思主义观点中,生产决定消费,消费能反作用于生产。无疑,文化和旅游产业的壮大也有利于促进文化和旅游消费。除了财政投入的连年递增,相关部门在政策措施上也给予了很多倾斜政策,尤其是2019年,相关部门合力实施了一系列措施,有力推进了文化和旅游产业发展,促进了文化和旅游消费。如:在文化产业促进法立法方面,司法部公布了《中华人民共和国文化产业促进

法（草案送审稿）》；在国家文化与金融合作示范区创建方面，文旅部批复同意北京市东城区、浙江省宁波市创建国家文化与金融合作示范区；在数字文化国际标准建设方面，数字化艺术品显示系统的应用场景、框架和元数据标准的确立，使美术馆、博物馆中的油画、国画等艺术品实现高清显示；在投融资方面，国家发展和改革委员会核准发行的文化和旅游企业债券规模达 777 亿元，同比增长5.34 倍；①在园区建设方面，实施了国家级文化产业园区服务能力提升计划，并开展了一系列高质量文化和旅游产业人才培养扶持工作，等等。这些措施不仅有力地提升了文化公共服务水平，也为文化和旅游产业提供了诸多指导，给文旅行业注入了信心。

（二）文化和旅游消费推动城市转型升级

2021 年 7 月 19 日，国务院批准确定了首批 5 个"国际消费中心城市"。根据商务部等 14 部门对"国际消费中心城市"的功能界定，从文化和旅游消费融合的角度出发，其引领和带动作用具体体现在"推动消费融合创新"，即"推动实体商业转型升级，打造一批商旅文体联动示范项目；促进传统百货店、大型体育场馆、闲置工业厂区向消费体验中心、休闲娱乐中心、文化时尚中心等新型发展载体转变"。② 这也是推动城市转型升级的重要手段。

《国家"十三五"规划纲要》将"人文城市"列为新型城市的五大类型之一，人文城市对推动城市发展从规模扩张转向内涵建设，提升城镇建设质量和水平具有重大现实意义。如何实现人文城市建设成为一个核心问题。我国已进入由投资驱动、资源驱动逐渐转型为消费驱动、科技创新和产业驱动的新阶段，其中文化和旅游消费是"引领消费经济品质升级，引领人文城市优雅前行"的重要发力点。

2015 年，文化部与财政部联合启动"拉动城乡居民文化消费试点项目"。2016 年，文化部与财政部联合发布《关于开展引导城乡居民扩大文化消费试点工作的通知》，并陆续公布了第一批 45 个试点项目名单。经过几年的探索和培育，文化消费工作取得重大进展。一方面，文化消费作为文化供给侧结构性改革的重要桥梁，和文化产业、公共文化并列为带动文化繁荣发展的"三驾马车"，极

---

① 经济参考报：《文化产业促进法将出数字文旅新政或加快落地》2019 年 12 月 25 日。
② 商务部：商务部等 14 部门印发《关于培育建设国际消费中心城市的指导意见》，http://www.gov.cn/xinwen/2019 - 10/25/content_5444727. htm,2019 年 10 月 25 日。

大地促进了社会主义"文化生态圈"的优化升级；另一方面，文化消费迅速发展为消费经济的重要板块，为进一步促进消费经济和城市高质量发展作出重要贡献，为文化建设融入国民经济主战场打下了良好基础。

文化和旅游部成立后，国家出台了一系列举措推动文化与旅游的融合发展。如 2019 年 8 月 12 日国务院办公厅提出推进消费试点示范城市建设；2020 年 10 月 23 日，60 个城市获批入选"国家文化和旅游消费试点城市"等。这表明，经过有关部门对文化消费试点城市的培育和指导，大部分城市都意识到文化消费的重要作用，积极参与申报和评选文化和旅游消费示范、试点城市。入选文化和旅游消费示范城市的 15 个城市，无一不是当年获批的文化消费试点城市，且以东中部地区的省会城市或区域中心城市居多。这说明文化和旅游消费与当地的经济、文化水平关系密切，与城市文明程度和开放程度也有一定的关系。

从入选的城市分布来看，有些具有悠久历史文化底蕴、以旅游产业见长的省份却没有城市入选，这说明文化资源、自然环境并不是文化和旅游消费水平高低的最重要的标准，这与以往认为旅游产业发展的要素在于资源条件不同，也表现出当地政府对文化和旅游消费工作的不重视、不积极。在以国内大循环为主体，国内国际双循环相互促进的经济大背景下，只有灵活跟进党和国家的最新思路，认清国家新型城镇化战略布局，认识到文化和旅游消费试点城市、国际消费中心城市的价值和地位，及时调整城市发展方向，才能得到更好的发展。

（三）文旅消费城市是人文城市的重要类型

城市天生是最活跃的经济体，现代城市则把城市的消费属性极端放大。马克斯·韦伯曾把城市分为"消费者城市""生产者城市"与"商人城市"，并强调"城市或多或少都是消费者城市"。[①] 同时，在后工业社会和消费文明背景下，与传统的城市消费相比，"人口、财富、文化资源在都市空间的高度集聚与迅速膨胀，不仅直接刺激了都市化地区现代服务业的发展与繁荣，同时也使城市社会固有的消费功能获得了极大的提升甚至是升级换代"。[②] 这种以发展城市消费功能（购物中心导向）[③]为主要手段的城市化模式，对于缓解因产业、功能过剩或集中

---

① 马克斯·韦伯：《经济与社会：下卷》，林荣远译，商务印书馆 1997 年版。
② 刘士林：《都市消费文化研究的马克思主义理论基础》，《学术研究》2008 年第 11 期，第 180—184 页。
③ Karin Lillevold, Havard Haarstad, "The deep city: cultural heritage as a resource for sustainable local transformation", *Local Environment*, 2019, 24(4): 329 - 341.

而导致的各种现代城市病,无疑是一种更为有效和普遍的治理手段。在当今世界,消费经济、文旅消费和城市建设发展之间的关系更加密切,其也正在成为城市研究的一个新领域。

从城市科学的角度看,城市可以分为三种主要类型。一是以政治功能为主的"政治型城市",如芒福德认为在欧洲中世纪"建立城镇的政治需要早于其经济需要"。[①] 二是以经济功能为主的"经济型城市",如傅衣凌在研究明清中国城市经济时提出的以工商业为主的"苏杭型"城市。[②] 三是以文化功能为主的"文化型城市",也就是城市地理学家所说的"以宗教、艺术、科学、教育、文物古迹等文化机制为主要职能"的"文化城市"。[③] 按照这个分类,文旅消费城市在本质上是一种文化型城市,或者说是"文化城市"的一个类型。但同时还要看到,一方面,由于文旅消费本身带有浓郁的经济属性;另一方面,文旅消费又不单纯是一种经济活动,而是和一个国家的意识形态、核心价值、文化道路密切相关,因此文旅消费城市作为文化城市发展的一种亚类型,与政治型城市、经济型城市有着异常复杂的内在关联。同时,在消费社会的背景下,文旅消费城市与一般意义上的消费城市,以及一般意义上的文化城市也有所不同,对三者之间的关系进行研究分析,有助于我们更准确地理解和把握文旅消费城市的内涵。

首先,在消费社会背景下,以世界文化名城、文化创意城市、旅游目的地城市等为代表,文化型城市快速发展,并逐渐取得了与政治型城市、经济型城市三足鼎立的地位。从城市功能类型的角度看,文旅消费城市是一种以提供文旅消费和服务为主要功能的文化型城市,具体来说,是以文化和旅游产品及服务为核心功能,以个人、群体、社会机构、政府部门等为主体,主要通过政府直接采购或设置公共文化机构、市场化配置和购买、团体及个人自愿提供文旅消费及服务等方式,向消费者供给文旅产品及服务,以满足人们精神文化需求为目标的新型城市理念与形态。

其次,与一般的消费型城市相比,文旅消费城市通过加大优质文旅产品及服务供给,有利于加快消费结构转型、促进物质消费向文化消费升级、提升城市文化品位和精神品质,更好地满足人民群众不断增长的精神文化需要。与一般的

---

① 刘易斯·芒福德著:《城市发展史:起源、演变和前景》,宋峻岭、倪文彦译,中国建筑工业出版社2005年版。
② 傅衣凌:《明清时代经济变迁论》,人民出版社1989年版。
③ 左大康主编:《现代地理学辞典》,商务印书馆1990年版。

文化城市相比,文旅消费城市立足于文化和旅游领域的供给侧改革,体现出从注重保护文化和旅游资源到发展文化和旅游产业,再到以促进文旅消费为典型手段的城市文化建设思路,有利于引导文化和旅游产业高质量发展,提升公共文化服务效率,形成文化生产与文化消费的良性循环,催生新的市场需求。

最后,还要关注文旅消费城市自身需要的特殊条件和发展前景。就条件而言,文旅消费城市一般说来都具有比较深厚的文化底蕴和良好的旅游资源,需要政府给予充分、有针对性的政策支持,从而快速提高文旅产业竞争力等基础条件,才能生长发育起来。就前景而言,考虑到文旅消费城市适应我国文旅资源深厚、文旅消费群体规模庞大、文旅市场增长空间巨大的国情,因此未来可将其纳入《国家新型城镇化规划》中人文城市建设构想的总体框架下,作为我国人文城市的一个重要类型,进一步完善我国的城市功能体系,为城市建设走出"千城一面"提供一种新的选择。

第三章
新型人文城市引领国家试验区迈上新台阶

　　2019年5月,习近平总书记在江西视察作出重要指示"要建好景德镇国家陶瓷文化传承创新试验区,打造对外文化交流新平台"。2019年7月,《实施方案》由国务院正式批复。在《实施方案》中,明确了在景德镇市全域范围内建设国家陶瓷文化传承创新试验区,强调了国家试验区对保护好传承好利用好景德镇优秀陶瓷文化、发挥文化对产业转型升级的积极作用、协调推进区域高质量发展的重要意义,提出了努力走出一条具有世界意义、中国价值、新时代特征、景德镇特点的优秀传统文化传承创新发展新路子的战略要求。其中含金量最高的是提出了建设"全国具有重要示范意义的新型人文城市"的发展目标,这是新中国首个、目前也是唯一一个国家文化战略型试验区。十年树木,百年树人,千年建城。建设中国新型人文城市,走出一条优秀中华文化引领经济高质量发展、城市现代化、中外文化良性交流、世界文明交流互鉴的新路子,是新时代国家和民族赋予千年瓷都景德镇的重大任务和光辉使命。

一、新型人文城市的规划、理论与实践

　　2014年3月16日,《国家新型城镇化规划(2014—2020年)》首次提出"注重人文城市建设",将人文城市与智慧城市、绿色城市并列为三类新型城市,人文城市成为我国新型城镇化规划的重要战略目标。2016年3月17日,《国家"十三五"规划纲要》将新型城市扩展为绿色城市、智慧城市、创新城市、人文城市、紧凑城市五种类型,人文城市仍在其列。2021年3月12日,《国家"十四五"规划纲要》提出"建设宜居、创新、智慧、绿色、人文、韧性城市",标志着人文城市正式进入开展城市现代化试点示范的序列。由此可知,人文城市在新型城镇化战略中始终占据着重要的位置。

文化是城市的灵魂。与城市规划学、城市经济学、城市地理学等传统城市研究学派不同,文化城市理论是人文城市建设的核心意识形态和主流价值观念。文化城市是一种以文化资源和文化资本为主要生产资料、以服务经济和文化产业为主要生产方式、以人的知识、智慧、想象力、创造力等为主体条件、以提升人的生活质量和推动个体全面发展为社会发展目标的城市理念、形态与模式。既超越了人类城市原始的防卫、商业等实用功能,也不同于新中国的"政治型城市化"和"经济型城市化",它揭示出城市发展的目的,不是城市人口增加,也不是经济总量与财富的聚集,而在于城市是否提供了一种"有价值、有意义、有梦想"的生活方式。人文城市是文化城市理论在新型城镇化中的具体实践,也是新时代建设人民城市、更好满足人民对幸福生活新期待的主要空间形态。

从新型城市建设实践上看,"十三五"时期以来,在我国区域和城市规划中,相继出现了以《大运河文化保护传承利用规划纲要》为代表的"文化带"、以《北京城市总体规划(2016—2035)》为代表的"全国文化中心"等,但坦率而言,与其他内涵明确、目标清晰的新型城市类型相比,由于人文城市的基本内涵、建设内容和目标不易量化,在实际操作中涉及发改、住建、文化等部门协调起来困难较多,所以关于人文城市建设迟迟没有破题。原因在于,尽管几乎每个城市都制定了文化发展战略,一些城市还提出建设"人文之城""艺术之城"等,但真正以国家的名义赋予的"人文城市",直到景德镇国家试验区批复之前,还从未有过。

二、景德镇的深厚基础和优越条件

一个人文城市至少需要具备三个条件:一是有丰富的文化历史资源;二是有依托文化资源形成的支柱产业体系;三是有传承着历史文脉和当代重要影响力的城市文化品牌。

从这三个基础条件看,景德镇最适合规划建设新型人文城市。

首先,景德镇有国家级历史文物保护区 5 片,各类文物遗迹超过 1 500 处,市区内每平方公里平均有 5 处,如此丰富的陶瓷文化遗产,是中国其他产瓷区无法比拟的。在宋代形成的"手工制瓷七十二道工序",在明代建立的御窑管理制度等,作为陶瓷非物质文化遗产,也代表了古代中国陶瓷产业的最高水准。

其次,景德镇是一个以单一的陶瓷产业体系支撑了城市一千年发展的城市。从"色亦素,土善腻,质薄佳者莹润如玉"的唐代陶瓷,经过宋代的青瓷、青白瓷及元代的青花瓷、枢府瓷,再到"集天下窑器之大成"的明清瓷器,从新中国成立初期的"建国瓷""国宴瓷",再到当代以陶瓷工业体系、艺术瓷发展体系、创意瓷体系,不仅是世界上保留手工陶瓷技艺最完备的地区,也构成景德镇完整的大陶瓷产业链和区域性陶瓷产业集群。此外,景德镇的城市人口,自古以来也都是因陶瓷而集聚,从史籍中记载的"水土宜陶,陈以来土人多业此",到今日陶瓷从业人员占城区人口36%、陶瓷产业占到城市经济的半壁江山,陶瓷作为景德镇城市支柱产业一直没有改变,这足以为建设新型人文城市提供坚强后盾和支撑保障。

最后,陶瓷文化是景德镇的灵魂。以一种产业构筑一种文化、培育一种精神,是对景德镇千年瓷都文化的最好总结。一种产业,即陶瓷产业,一种文化,即陶瓷文化,一种精神,即陶瓷工匠精神,陶瓷的理念融汇在城市生产生活的全过程各方面,这在中国和世界都是独一无二的。从城市空间看,其主要街区和产业均以昌江为轴,因陶瓷业发展而绵延生成。从城市文化看,其饮食、风俗、娱乐、语言特征等,也无不打上陶瓷的烙印。从城市精神看,与一般的农业城市不同,作为"全世界最早的工业城市",景德镇很早就形成了开放包容的现代城市精神,直到今天,在这座交通依然不是很便利的中部内陆城市,每年活跃的"景漂"都在3万以上,其中还包括5 000多的"洋景漂"。这群从事陶瓷艺术创作和贸易的外来群体,充分体现了这座千年瓷都的巨大魅力。由此可知,在我国众多的历史文化名城中,国家首次将新型人文城市建设任务赋予景德镇,不仅符合国家战略需要,对于景德镇也是实至名归。

三、国家试验区的建设进展与未来展望

从2019年7月开始,国家试验区建设已经走过两年多的发展路程,比对《实施方案》确定的"两地一中心",可以说在多个领域取得了重要进展和重大阶段性成果,为新型人文城市建设进一步厚植了基础,增强了动能,坚定了文化自信,引领国家试验区建设走上新台阶。

在陶瓷文化保护传承创新方面,颁布了《御窑厂遗址保护管理条例》,制定了《景德镇御窑厂遗址保护规划》,并投资100亿元对御窑厂周边45公顷环境进行整治,全面杜绝了文物盗挖和火灾隐患。2020年,景德镇陶瓷克服新冠疫情带来的不利影响,积极复产复工,陶瓷工业实现总产值432亿元,同比增长2.13%;特别是规模以上企业数量由2019年103家增加至121家,增长

17.48%。

在世界著名陶瓷文化旅游目的地建设上,围绕2021年江西全省旅游产业发展大会,全力调度15个板块、58个重点文旅项目,促进陶阳里历史街区、陶溪川一二期、高岭·中国村等点位品质大幅提升。高端酒店、会场、美食街区、旅游演艺、智慧旅游、旅游公路等旅游产业链项目全面推进。

在国际陶瓷文化交流合作交易中心建设上,积极开展陶瓷线上＋线下、展会＋电商的新型经贸交流,多次组织陶瓷企业参加经贸会展,如:江西·香港线上展览、第十七届上海国际茶业交易(春季)博览会、2020找食材·第七届国际食材节等大型展览,特别是在北京国际精品陶瓷展上,布置了近百个展位,约1 200平方米的景德镇陶瓷展区,集中展示了景德镇市近年来在艺术陶瓷、生活陶瓷、文创设计等领域发展取得的优秀成果。景德镇陶瓷影响力和美誉度再度提升。

站在国家试验区新的历史起点上,展望建设现代化国际瓷都的未来,拥有2 000年冶陶史、1 000年官窑史、600年御窑史和70年国瓷史的景德镇,必将在传承陶瓷文化,创新陶瓷产业,构建新时代陶瓷产品和话语体系,扩大陶瓷贸易和文化交流,构建中华优秀传统文化传承创新示范体系,建设新型人文城市和世界陶瓷文化中心城市,更好满足世界对中国陶瓷的新需要和对中华人文理想的新期待,创出千年瓷都新风光和建设对外文化交流新平台上取得新的更大辉煌,成为展示中华古老陶瓷文化魅力的亮丽名片和阐释当代中国人文城市创新发展的卓越品牌。

第四章
国民政府国窑厂计划研究

20世纪30年代,面对国外瓷器的大肆倾销和国内众多著名陶瓷产地的急剧衰落,国民政府内部的有识之士倡议在景德镇建立具有典型示范性质的国窑厂及原料精制厂,并拟定相关计划大纲。经江西省政府及有关机构积极争取,该倡议于1937年5月26日获得国民经济建设运动委员会总会(以下简称"经建总会")核准,以南京国民政府(以下简称"中央政府")与江西省政府共同出资、江西省陶业管理局具体负责的形式开始筹备。尽管国窑厂筹备进程很快就因为日本军国主义者发动全面侵华战争而被迫终止,后世学者在研究景德镇陶瓷生产历史时也往往将其视为空谈而舍弃,但前人在夹缝中谋生存、于挤压中求发展的智慧和勇气对于总结景德镇陶瓷作为中华民族重要文明标识的发展脉络、前瞻陶瓷文化传承创新的基本走向仍然可以提供许多极有价值的启示,同时也是全面理解"景德镇乃我国第一产瓷名区,亦全世界瓷业之发源地,其景况之隆替,非特关乎民生之荣枯,抑且关于文化之兴衰,国人对此当甚关心。"[1]不可或缺的历史证据。

一、救亡图存:国窑厂计划的提出与中止

鸦片战争之前,我国以茶叶、丝绸、瓷器为主要商品的出口贸易长期繁荣,对塑造经济发展、文化灿烂、政治稳定的文明大国形象发挥过关键性作用,是以中国为核心,包括亚洲和欧洲在内的多边贸易平衡体系的主要支撑。"'中国贸易'造成的经济和金融后果是,中国凭借着在丝绸、瓷器等方面无与匹敌的制造业和出口,与任何国家进行贸易都是顺差。"[2]鸦片战争爆发后,随着中国社会殖民地

---

① 杜重远:《景德镇瓷业调查记》,《经济旬刊》1934年第10期,第38—42页。
② 弗兰克:《白银资本:重视经济全球化中的东方》,刘北成译,中央编译出版社2000年版,第167页。

化程度的加深,严重的贸易失衡也开始出现。在西方大量工业制成品开始以倾销方式涌入中国市场的同时,中国高附加值的传统大宗出口商品在国际市场的份额却日渐萎缩,廉价的原料性初级产品和粗加工产品成为出口商品构成的主流。1927—1932 年,中国对外贸易逆差额及其占同期出口贸易的比重均持续上升,由 14 693.8 万元增加到 86 719.2 万元,增幅高达 490%。①

　　第一次世界大战以后,中国陶瓷出口的减退趋势更加明显。1919 年,中国陶瓷出口数量尚有 410 545 担,价值 4 533 052 海关两。其后逐年减少,至 1930 年,仅能达到 221 499 担,价值 2 566 234 海关两,从数量到价值都只刚刚超过 1919 年的一半。② 以提升本土陶瓷企业市场竞争力、增加陶瓷出口关税收入为直接目的,由中央和江西省政府共同出资创办国窑厂,发扬御窑陶瓷精品生产传统的倡议,最早出现于公众视野是在江西省官方媒体 1936 年下半年的报道中。《经济旬刊》由江西省政府秘书处统计室编辑并发行。1936 年 9 月 5 日出版的《经济旬刊》第七卷第八期刊发了一篇名为《实部会同省府在景镇设国窑》的政务信息,"实业部长吴鼎昌,以本省瓷器素为本省著名特产,销行全球,久获各国赞美,每年国库对是项特产收入,为数甚巨,嗣因我国工商界不谋改进,推销方法不予筹划,以致洋瓷之销售,充溢国内,国瓷销路颇受重大打击……瓷窑破坏无余,……是故改进计划,难以实现,产量亦突告锐减,不及数年不但赣省损失过甚,即国库收入亦受重大之影响,兹以此项对外贸易,如果不予复兴,于国民经济建设之发展,将何以推进,为协助本省当局改进瓷业起见,决定由该部呈请行政院令饬财政部加拨巨款交由该部会同江西省政府,办理改进瓷业事宜,并决定在景镇创设国窑及原料精制厂,以谋原料及制造之改进,所有该窑及该厂所需之资本,由该部及本省各负一半,厂址窑址,已经吴部长于上次视察景镇时勘定,现正由该部拟定计划,本省工商管理处亦着手拟定意见贡献实部,以俾参考,实部并已函省府,所有该厂窑工程,统准于本年内兴工云。"③

　　《国际贸易导报》由国民政府实业部上海商品检验局编辑并发行,该刊第八卷第十一期出版于 1936 年 11 月 15 日,刊载的《实部改进赣省瓷业　决设国窑及原料厂　厂窑址勘定景德镇》,文字内容与上述《经济旬刊》刊发的国窑新闻大

① 孙玉琴:《中国对外贸易史(第二册)》,对外经济贸易大学出版社 2004 年版,第 230、223 页。
② 江西省轻工业厅陶瓷研究所编:《景德镇陶瓷史稿》,生活・读书・新知三联书店 1959 年版,第 327、327—329、271—272 页。
③ 《实部会同省府在景镇设国窑》,《经济旬刊》1936 年第 8 期,第 79—80 页。

致相同。《工商通讯(南昌)》由当时的江西省政府工商管理处编辑并发行,每周一期,由时任处长萧纯锦撰写发刊词,声明创办此刊物的目的是"下足以达工商从业阻隔之隐情,上足以作政府设施指导之参考"。出版于1936年12月1日的《工商通讯(南昌)》第一卷第一期以"瓷业消息"栏目作为开篇,包括四篇报道,《本省瓷业渐趋复兴》《为改进瓷质将设立国窑厂(附计划书)》《筹设景德镇原料精制工厂(附计划书)》和《福建省建设厅举办闽瓷品评会》,显示设立国窑厂与原料精制工厂的具体计划已经初步形成,并获得中央有关部门首肯。[①]

《为改进瓷质将设立国窑厂(附计划书)》主要内容如下:

建设费十万元　厂址在景德镇

工商管理处,以景镇瓷业历代设有御窑厂,以为指导监督,成效卓著。惟近二十余年来,景镇御窑,无形取消,制瓷指导,失其重心,举凡美术品或日用品,悉由智识浅陋,能力薄弱之窑工,自由制造。遂致出品日低,声誉日减,人才艺术,两俱荒落。为挽救改善计,拟设立国窑厂以资示范,而苦于缺乏建设费,适实业部吴部长,前月来赣注意景镇瓷器特产,特往视察。当在景德镇与工商管理处长商定由中央资助设立国窑厂。业经陶业管理局拟定计划,计分七厂,约需建设费十万元,经常费三万元。用以搜集古昔良规,参照科学方法,养成完美艺术专才,作有进步之研究与制造,以为各厂之模范。闻省政府业将此种计划咨达实业部,吴部长复称计划甚善,现在国民经济建设运动委员会着重发展各省特产,景德镇瓷器,尤为重视,业将全案提请该会派员赴赣再行查勘,省政府并以复函表示欢迎云。

根据《附录国窑厂办法大纲(附收支概算)》,国窑厂分设七厂,即制造薄胎盘碗等类的脱胎厂,制造三百级以上瓶缸坛盂等类的大件厂,制造三百级以下瓶缸坛盂等类的粉定厂,制造非正圆形各种物品的雕镶厂,制作釉下彩饰的青花厂,制作釉上彩饰的彩红厂,专司烧成的窑厂。预计使用建设费十万元,包括:基地一万元,窑及窑屋一万五千元,厂房六幢二万四千元,仓库一万元,办事处八千元,员工宿舍一万元,机械工具二万元,杂支三千元。预

---

① 《瓷业消息》,《工商通讯(南昌)》1936年第1期,第1—10页。

计开支经常费三万元,包括原料(匣钵颜料在内)七千七百元,工资(做工及火食①)七千四百元,烧费七千五百元,釉下彩工(火食在内)二千元,釉上彩工(火食在内)四千元,杂费一千四百元。各厂产品每年预计销售收入为三万七千二百元,收支相抵,盈余七千二百元。

表 4 - 1　出品数量价格表

	脱胎厂	大件厂	粉定厂	雕镶厂	共计
每年出品数量	每日出瓶200件 每年以300日计算 60 000件	每日出瓷15件 4 500件	每日出瓷80件 24 000件	每日出瓷60件 18 000件	106 500件
平均单价	0.16元	2.00元	0.40元	0.50元	
共价	9 600元	9 000元	9 600元	9 000元	37 200元

《筹设景德镇原料精制工厂(附计划书)》主要内容如下:

　　本省陶业管理局,以我国瓷器近年不获向外推广,而外货反足进口倾销,其原因,固由于人工制造不能与机械争衡,而原料不精,出品光彩色泽比较落后,实为重要原因之一。盖景镇瓷厂,大都资本薄弱,所需原料,不能直接向产地采取精制,均向土行购用,土行又购自土户,而土户对于原料之制配,完全委诸毫无智识之粗工。似此情形,原料安得精纯? 以之成瓷,自多逊色。加之行户等贩买售卖,从中操纵居奇,坐获厚利,以致瓷器之成本日增,价格随之昂贵,以此质劣价昂之品,而欲与新式制瓷工业竞争,当然失败。故该局曾经请准由全国经济委员会拨款十万元,设立新式原料精制工厂,采用最可靠之学理,最轻便之机械,以有效方法,从事精制原料,供给各瓷厂需要。业经拟具计划,着手筹备。惟自进行以来,感觉规模大小,一切设施,难臻完善,顾此失彼,殊难达到新式工厂之功效,且出货无多,恐不足以供全镇窑户之用,爰拟请中央再拨款十万元,俾得扩大范围,充实组织,完

---

①　火食:现称伙食。

成一合理化之工厂,精纯制造,增加出品,以为改良景瓷之本。前次实业部吴部长到景镇视察时,经工商管理处长将对于此项计划,详细陈明吴部长深表赞同,并嘱将改进计划送核,当予以切实援助,现闻此案业由实部会同设国立窑厂计划,统提请国民经济建设运动委员会核办矣。

　　进入 1937 年,有关国窑厂的筹划开始加速。应经建总会邀请,中央研究院工程研究所所长周子竞(周仁)偕同该所技师韩育桦、中央工业实验所技师汪璠与专家技术人员工匠等多人,从上海来到江西、会同该省当局与工商管理处处长欧阳瀚存及陶业管理局人员等前往景镇一带实地勘察。专家组一致认为,成立国窑厂刻不容缓,"国窑苟不及早成立,再延宕十年则我国固有之陶瓷,恐将沦于毁灭矣。遂根据考察所得之现实情形,建议经建总会早日设立国窑厂及原料精制厂"。[1][2]对筹设计划的细节,专家组并提出五条具体意见,"(一)国窑厂应设于前御窑厂旧址,非特节省经费,即对国窑声誉、国际宣传亦极有利,倘旧址不敷应用,可将附近之江西瓷业公司旧址收回,修葺扩充。(二)职工人选,宜甄拔技术精良者,薪给不妨优厚,管理人员尤为重要,非精于斯业而有志趣者,恐难胜任。(三)原料及颜料之良劣,关系出品极巨,故原料精制厂之设置,颇关重要。(四)原料乃瓷业之源,故原料精制厂,不应谋利,以便推广瓷业,而求发展。(五)原料精制厂对于选矿、精炼、配合等工作,应特别注意,随时试验,以不惜工本,不厌其烦为原则,如此,则所出坭料,自可品质优良一致,在可能范围内售价力求低廉,庶采用者多,而可提高一般制品之成色也。"[3]

　　根据经建总会主办的《国民经济建设》杂志"国民经济建设运动消息"栏目的报道,经建总会于 3 月 8 日下午召开第二十次谈话会,吴鼎昌、周诒春、胡博渊、张轶欧、许仕廉、顾毓瑔、严慎予等多人出席,讨论通过了《筹设国窑厂及原料精制工厂大纲草案》。[4] 1937 年 5 月 26 日,经建总会常务委员吴鼎昌签发《函江西省政府为关于国窑厂及原料精制工厂筹备委员业经聘任检同大纲函请查照由》正式宣布,为复兴及改进国内瓷业,依照与江西省政府前期协商结果,决定聘任周仁、萧纯锦、顾毓瑔为国窑厂及原料精制工厂筹备委员,指定萧纯锦为主任筹

①　《赣省将创办国窑厂》,《四川经济月刊》1937 年第 4 期,第 33—34 页。
②　《开办国窑厂经费已有着落,筹委会即成立》,《侨务月报》1937 年第 2 期,第 105—106 页。
③　《开办国窑厂经费已有着落,筹委会即成立》,《侨务月报》1937 年第 2 期,第 105—106 页。
④　《通过筹设国窑厂及原料精制工厂》,《国民经济建设》1937 年第 4 期,第 2 页。

备委员,会同江西省陶业管理局局长、副局长负责筹备。在作为附件下发的《筹设国窑厂及原料精制工厂大纲》中,明确指出,依据江西省工商管理处所拟国窑厂及原料精制工厂计划书、中央研究院工程所周仁所长意见书,筹设国窑厂及原料精制工厂(以下简称"两厂")于景德镇,并设二原料精制分厂于高山渡及大排岭。两厂经费投入主要来自中央,具体筹备和后续运营则由江西省陶业管理局负责,"四、两厂设备费及流动资金按照江西省工商管理处计划书及周所长调查意见书定为三十六万元,中央政府担任四分之三,地方政府担任四分之一,除已由全国经济委员会拨助十万元外再由经建总会拨一十七万元,江西省政府拨九万元。五、两厂营业会计与陶业管理处会计分别立账,其每年两厂营业结算,如有盈余时由经建总会与江西省政府会商支配,但必须提公积金及陶瓷改良费若干。六、两厂每年决算应呈报经建总会及江西省政府。"[①]

按计划,筹备时间为六个月,但四十天后爆发的"七七事变"将这一进程彻底中断。一方面,是由于在全民族抗日救亡、集中全部资源于国运争夺的战时经济体制下,陶瓷艺术的传承弘扬只能留待将来;另一方面,也是因为各国先后卷入第二次世界大战的旋涡,人民生活水平急剧下降,使拓展陶瓷贸易空间、增加陶瓷出口收入的目标变得难以实现。

二、兴革样板:国窑厂计划的预期目标、主要任务与保障措施

规模化的陶瓷生产,从一开始就是以作坊甚至工场手工业的形式出现。工场手工业以"产品只有依次经过所有工人的手以后才能制成"为主要特征,其基本形式是将较大数量的工人聚集在一个大工场中,按照分工的原则生产整件物品,每个工人只完成一部分工序。[②] 尽管当下陶瓷产品的宣传、销售往往把纯手工制作、小批量生产列为丰富文化内涵和高附加值的可靠依据,但在 20 世纪30 年代,人们却普遍认同陶瓷产业应该尽可能使用机器代替手工劳动,进行越来越大规模的生产。在现代经济体系建立的过程中,"手工业被已经具有工厂性质的工场手工业所排挤,工场手工业又被大工业所排挤",[③]或者说家庭手工业、

---

① 《函江西省政府为关于国窑厂及原料精制工厂筹备委员业经聘任检同大纲函请查照由》,《实业公报》1937 年第 339 期,第 79—81 页。
② 恩格斯:《社会主义从空想到科学的发展》,载《马克思恩格斯选集(第三卷)》,人民出版社 1995 年版,第 697 页。
③ 恩格斯:《卡尔·马克思》,载《马克思恩格斯选集(第三卷)》,人民出版社 1995 年版,第 335 页。

工场手工业只能依附于大机器工业,甚至成为大机器工业的厂外附属部分,也一度被认为是人类社会生产力发展的必然趋势。

景德镇千年窑火不断,是历代宫廷用瓷、封贡和外交用礼品用瓷的重要生产基地,也是世界著名的工场手工业城市。[①] 明清两代,朝廷在景德镇专门设置了专门为皇家烧造碗、碟、瓶、盆、罐、缸等各类用瓷的高等级陶瓷工场——御窑厂,并严禁民间仿制、使用与皇室用瓷花纹、颜色相同的瓷器。从公元 1369 年(明洪武二年)浮梁瓷局被改建为御器厂,到清康熙年间又改称御窑厂,再到公元 1911 年(宣统三年)御窑厂宣布解散。六百余年间,御窑厂的规模不断扩大,用最优秀的陶瓷艺术人才、最精湛的陶瓷制作技艺、最精细的瓷土和釉料原料、最充足的生产资金,制造出许多精美绝伦的瓷器。但在帝制被推翻之后,外国资本主义的经济侵略日渐加深,国民政府拟设置的国窑厂虽然强调要依托御窑厂旧址,却已经不可能再恢复御用瓷器生产以满足皇帝喜好为中心、通常不考虑成品率和生产成本的运行模式,而是要用新理念、新机械、新方法打造一个国内瓷业复兴改进的“样板”,引领示范相关企业共同努力,提高中国陶瓷的国际竞争力和影响力。

首先,在预期目标上,设置国窑厂显然是要给抵御国外陶瓷倾销和扩大陶瓷出口探索道路,具有“先行先试”的突出特点。

陶瓷本来是中国出口贸易的优势产品。时代后期,中国瓷器开始在欧洲畅销,至清初的十七世纪晚期达到高峰。据荷兰东印度公司巴达维亚文献记载的统计数字,该处一地每年运往欧洲的瓷器竟达三百万件之多。十八世纪下半叶,欧洲的法、德、意、英和奥地利等国都纷纷仿造中国瓷器,导致中国的外销瓷一度有减退的趋势。但由于中国外销瓷不仅价格较低,而且在造型、装饰上都能按照欧洲人的需要进行定制生产,中国外销瓷器在欧洲始终保持了较大市场规模。1774 年的英国《伦敦指南》中说明,在伦敦至少有五十二家专门经销并承接委托定制中国瓷器的商店。[②] 近代以后,虽然中国陶瓷于出口贸易来说其所占比重已经远远低于政府关注的茶叶、生丝、棉纱、矿物等大宗商品,但仍然在世界陶瓷市场占据重要地位,并且是中国半殖民地化后少数能以制成品而非原料形态满足国际性消费需求的产品门类。以 1930 年各商埠陶瓷出口统计数据为例,九江

[①]　2006 年,“景德镇传统瓷窑作坊营造技艺”被列为第一批国家级非物质文化遗产名录。景德镇传统制瓷作坊的“窑房”建筑是中国工场手工业罕见的场所物证,具有独特而丰富的历史价值、科学价值和旅游价值。

[②]　中国硅酸盐学会编:《中国陶瓷史》,文物出版社 1982 年版,第 451—452 页。

与上海并列第一,都是77 376担,价值2 858 669海关两,远远超出第二名汕头的35 452担,价值841 330海关两。1930年,中国的粗瓷出口以销往香港转输海外为最多,计40 419担,价值为346 756海关两;其次为暹罗(泰国),计48 809担,价值339 045海关两;再次为印度,计1 863担,价值12 266关两。细瓷出口,除香港外,以台湾为最多,计231担,价值39 053海关两;其次为爪哇等处,计335担,价值31 837海关两;英国计230担,价值30 444海关两。①

1929年爆发的规模空前的世界性经济危机,使各主要经济体社会生产力受到严重破坏,国际贸易额急剧下降。危机初期对中国影响不大,国际金融市场银价跌幅大大超过物价跌幅,导致实行银本位货币制度的中国实际汇率出现贬值,出口商品竞争力有所提高,进口商品市场增长受到阻碍,带来国内工业发展的短暂繁荣。1932年之后,国际金融市场开始出现金贱银贵,引发中国白银外流、本币升值、汇率贬值,使中国的国际贸易环境严重恶化。同时,主要资本主义国家动用关税壁垒、商品倾销和货币贬值等手段,对其他国家进行经济侵略、向外转嫁危机,对于中国的产品出口和国内生产更是雪上加霜。1929年至1936年,中国出口量年均下降2.4%,进口量年均下降8%,其中出口贸易从1927至1929年呈现增长态势,从1930年到1934年则持续下降。② 1935年11月,国民党四届六中全会通过《努力生产建设以图自救案》,其中的"妥筹国际贸易平衡办法"中强调,"历年以来,我国入超甚巨,漏卮不塞,无以图存。为今之计,宜从速设法力求国际贸易趋于平衡"。③

经济萧条的加剧给陶瓷出口贸易重新受到政府关注带来了契机。陶瓷产业受世界经济危机影响发生的严重衰退开始受到社会广泛关注,提升陶瓷生产水平对于抵制国外倾销、增加国家外汇和税收收入、拓展对外贸易空间的价值受到江西地方当局的重视。1934年,杜重远在景德镇调查时即发现,"全世界之不景气的狂潮,又卷入中国景镇,前途益觉暗淡。近数年来窑户由四千减至一千,工人由念④万而减至四万,营业总数由一千四五百万元而缩至二三百万元"。⑤

---

① 江西省轻工业厅陶瓷研究所编:《景德镇陶瓷史稿》,生活·读书·新知三联书店1959年版,第327、327—329、271—272页。
② 孙玉琴:《中国对外贸易史(第二册)》,对外经济贸易大学出版社2004年版,第230、223页。
③ 《第四届中央执行委员会第六次全体会议志要:决议案:努力生产建设以图自救案》,《中央党务月刊》1935年第88期,第137—141页。
④ 同"廿",指数目"二十"。
⑤ 杜重远:《景德镇瓷业调查记》,《经济旬刊》1934年第10期,第38—42页。

1935年5月,由国民党江西省党部发起举行"提倡国产瓷器运动周",要求"无论住户商店,一律使用国瓷"。相关报道中明确提出,"江西瓷器,蜚声国内外,极盛时代,每年出口价额在千万元以上。近因各国瓷业利用机械,精益求精,舶来瓷器,价廉物美。返[反]观本省瓷业,墨守旧法,鲜知改良品质,推广销路。以致外瓷销路日广,赣瓷日就没落。"为振兴江西瓷业,国民党江西省党部与提倡国货委员会、南昌市商会、瓷业公会、中西菜馆业公会等团体合组"国瓷供销委员会",由各行业组织宣传队检查队,入户检查各店有无使用洋瓷、经售洋瓷,劝导使用国瓷,以确保运动的顺利进行。①

其次,在主要任务上,是要推动旧有手工制瓷技艺与新型机器生产方式深度融合。宋代以来,景德镇一直以高度发达的陶瓷手工业生产合作体系闻名于世。围绕提升陶瓷生产的产品质量和生产效率这一核心,历经千年,涉及"七十二道工序"的零散、自发的技术发明和经验,在景德镇逐渐被提升到规范化、标准化和普遍化的系统高度。明清时期,景德镇已经形成了坯户、窑户、匣钵厂、红店等处在陶瓷产业链上下游不同环节的众多手工工场,它们在市场竞争中建立起成熟完备的分工合作体系,极大增强了景德镇瓷器作为精品瓷在全球的影响力,成就了景德镇世界陶瓷产业中心的地位。这一局面直至近代机械制瓷在欧洲、日本兴起后才逐渐发生改变。至20世纪30年代中期,尽管在江西陶业实验所等机构的推动下,已经开始引入引擎带动的机械辘轳车、球磨机、榨泥机、揉泥机和单头压坯机等代替手工劳动,但机器生产在景德镇陶瓷行业远未成为主流。而伴随国外机械制瓷产品在国内市场的大肆倾销,景德镇陶瓷产业在生产技术、生产组织和产品创新方面也都不再是其他国家模仿、跟踪的对象。根据杜重远的调查,"景德镇在极盛时代,每年营业至一千四五百万两,窑户四千余户,工人二十万人",至1934年,虽已大为衰落,仍保留有一千窑户、四万工人,营业收入二三百万元。在生产工艺上则仍旧以沿袭传统的手工劳动方式为主,"工人头脑顽固,一切率由旧章。例如三人为一组,每组每日出坯四十二板(每板十七个碗或盘),此系历代相沿之数。按理应视营业情形变更共板数,但一经变化,认为有违规章(俗名行色),群起而反对之。制坯如此,他类可知"。② 同一时期,江西工业试验所的调查报告也显示景德镇制瓷技术十分落后,"东西列邦均采用机器制

---

① 《南昌提倡国瓷运动》,《经济旬刊》1935年第15期,第74—77页。

② 杜重远:《景德镇瓷业调查记》,《经济旬刊》1934年第10期,第38—42页。

作,改用煤炭燃烧,以减轻成本,廉价适用;景镇犹固守成法制作,纯用手工,产量自然有限,兼之松柴昂贵,所用之窑愈变愈大,以致窑内倒塌之事几成司空见惯。无怪乎外窑充斥市场,而景镇瓷业一落千丈"。①

当时,人们普遍认为,中国瓷器贸易逆差的根源在于"人工制造不能与机械争衡,而原料不精,出品光彩色泽比较落后",需要用新式机械精制各种原料,将新式设备与传统手工工艺结合起来,发展新式制瓷工业。② 在经建总会印发的《函江西省政府为关于国窑厂及原料精制工厂筹备委员业经聘任检同大纲函请查照由》附件中,筹设国窑厂及原料精制工厂的总预算为三十六万元,其中二十五万元将用于购置新式机器设备,占总预算的份额高达约 69.4%;流动资金为十一万元,只占总预算的约 30.6%;国窑厂对传统手工技艺需求最多,包括釉下彩工、釉上彩工等工种在内的职工工资及伙食费总计一万三千四百元,还不到国窑厂流动资金的半数。之所以会出现这样的情形,最重要的原因就在于创设国窑厂的目的是用新机械、新工艺去革新旧式制瓷流程,而非在御窑厂旧址上保存并发扬旧有的技术。

国窑厂计划提出之前,具有官商色彩的江西瓷业公司汇聚清代御窑厂的窑工及画师,将御窑厂作为厂房,已经开始将西方传来的新技术、新工艺用于陶瓷尤其电气用瓷的生产。康达主持江西瓷业公司期间,分别在景德镇与鄱阳设立生产基地,景德镇的总厂由于"景德镇之制瓷者,已则守成法不可改,而复怵于一经改良,将立被淘汰,而无所啖饭,势且出于合群抵制之一途",是依照康乾旧制从事手工生产"以维持营业";鄱阳的分厂进行了数年的实验性改良制造,在机器制瓷、煤窑烧瓷方面有所成就。③ 江西省陶业管理局首任局长杜重远曾留学日本,在东京高等工业学校窑业科就读,专攻机器制陶技术及理论。他的创业经验则为在陶瓷生产中采用新机械、新工艺的辉煌前景作出了更加生动、可信的注解。1923 年 3 月,杜重远通过向军、政、商等各界人士多方募集资金,在奉天城(今沈阳市)北约十里的小二台子(今大东区沈铁路与东站街交汇处)购地一百余亩,创办了中国第一家机器制陶工厂——肇新窑业公司。该公司最初以砖瓦生产为盈利点,完成初步资本积累后,即向日本名古屋中央铁工厂订购整套制瓷设

---

① 《制瓷试验经过》,《江西工业试验所工作报告》1934 年第 1 期,第 51 页。
② 《瓷业消息》,《工商通讯(南昌)》1936 年第 1 期,第 1—10 页。
③ 江西省轻工业厅陶瓷研究所编:《景德镇陶瓷史稿》,生活·读书·新知三联书店 1959 年版,第 271—272 页。

备,开始筹设具备年产千万件生产能力的大型机器瓷制品工厂,于 1929 年 8 月 16 日正式投产。肇新窑业公司制瓷工厂的产品品种丰富,价格仅相当于同类外国产品的一半甚至更低,在较短时间内就打开了销路,使曾以低价倾销独霸东北陶瓷市场的日资企业遭受重创,部分企业还因此停业或被迫转产耐火材料。①

最后,在保障措施方面,重点是促进企业通过生产经营活动获得合理的利润,并从中提取陶瓷改良费以推动国内陶瓷产业的永续发展。

元明清时期的御窑生产是专为皇室使用,严禁民间仿制烧造,禁止或严格限制进入流通市场。承造御用瓷器的任务具有“非盈利”“去市场化”的典型特征,经费来源完全依靠朝廷或地方政府划拨资金,通常不考虑成品率和生产成本,只为满足皇帝的喜好,为求独享尊崇还会将选送御用之后的成品悉数打碎掩埋。其监督制造,宫廷内宦或皇帝家奴往往发挥主导作用。以清代著名的督陶官唐英为例,他本人就是隶属内务府的满洲汉军正白旗包衣(家奴),长期管理淮安关、九江关税务并兼管景德镇御窑厂务。清代御窑生产,主要由九江关、淮安关的税收和江西地方藩库、工部等处拨出巨款维持。从乾隆七年开始,将部分落选御用的瓷器在景德镇变价出售才逐渐形成定制。②

进入民国,由中央政府主导不计成本对御用瓷器进行投入的御窑厂模式走向终结。在御窑厂旧址上建立的江西瓷业公司原计划为官商合办,因为官股资金长期不到位而转成商办。该公司号称接续前清御窑的衣钵,却长期受制于资本不足而难以扩张。公司原拟筹股 40 万元,但后来发现实收股本只有约 20 万。虽然产品制作精良,国内外销路看好,但江西瓷业公司的生产规模始终难以扩张,并不足以支撑其经理康达改良传统制瓷工艺、发展规模化工业生产的宏伟规划。在经建总会最终批准的《筹设国窑厂及原料精制工厂大纲》中,明确规定,三十六万元的总预算中,中央政府担任四分之三,地方政府担任四分之一。中央出资二十七万元,前期已由全国经济委员会拨助十万元,再由经建总会拨十七万元。以中央和江西省政府共同举办国有独资企业的形式设立国窑厂,江西省陶业管理局负责具体筹备和后续运营,由经建总会与江西省政府共同监管企业的年度预算、结算和盈余分配。筹设国窑厂及原料精制工厂的经费投入全部来自财政拨款,这样的投资模式显示了国家层面对复兴景德镇陶瓷产业的决心和信

---

① 张志强、徐建东:《杜重远与奉天肇新窑业公司》,《辽宁大学学报(哲学社会科学版)》1984 年第 2 期,第 86—90 页。

② 程贤达、张德山、叶水英:《唐英与御窑厂的管理》,《中国陶瓷》2008 年第 2 期,第 73—75 页。

心,有助于化解实收资本不足对生产规模扩张的困扰。中央和地方双重监督,行业主管部门建设运营,也有利于规避和遏制可能出现的贪污、浪费行为。

三、破旧立新：统制经济政策与国窑厂计划的体制机制问题

总体上,国窑厂计划的出台可以说是国民政府经济政策向统制经济转型的结果,先行拨助十万元经费的全国经济委员会、最终批准实施国窑厂计划的经建总会都是专为统制经济而设立的。20 世纪 30 年代初,在全球经济大萧条的冲击下,基于对自由主义经济体制不良后果的反思,出现了政府干预经济的世界性潮流。奉行国家至上、主张依靠行政权力对经济进行控制干预、同时又承认私有产权和私营企业的统制经济思想不但在德、意等国开始流行,也对中国的学术界、工商界产生了巨大影响。国民政府时期,尽管统制经济的内涵、与计划经济的区别始终都没有得到清晰的界定,但并没有妨碍统制经济思想在一定时期成为国民政府制定经济政策的基础理论。

1933 年 9 月,国民政府行政院长兼财政部长宋子文在出席世界经济会议回国以后,极力主张中国学习欧美实施统制经济。1933 年 10 月,全国经济委员会作为统制全国经济发展的最高机关之一正式宣布成立。[①] 1935 年底召开的国民党五届一中全会通过《确立国民经济建设实施大纲案》,行文中反复出现对工业建设、进出口和物价的"统制"。1936 年 6 月 3 日,蒋介石为发起设立国民经济建设运动委员会通电全国,宣布自任会长,孔祥熙任副会长,吴鼎昌与翁文灏为筹备委员;同时要求各省和直辖市成立分会,各县成立支会,所有分、支会并由地方最高行政长官筹组委员会。1937 年 2 月,国民党五届三中全会通过由蒋介石挂名提出、翁文灏等人制定的《中国经济建设方案》,实际就是一个完整、明确的五年建设计划。[②] 以往,研究者多认为民国时期统制经济政策的制定和实施具有浓厚的应急色彩,研究的重点集中在公路、铁路、能源、冶金等与国防和战备密切关联的行业以及民生领域中的蚕丝业和棉纺织业,而较少涉及陶瓷产业。

耐人寻味的是,稍晚于景德镇国窑厂计划的公布,1937 年 6 月 18 日,经建

---

① 杜恂诚:《南京国民政府统制经济政策的实现途径》,《中国经济史研究》2016 年第 3 期,第 17 页。
② 吴敏超:《战前国民经济建设运动中的朝野努力与分歧》,载中国社会科学院近代史研究所编:《中国社会科学院近代史研究所青年学术论坛(2012 年卷)》,社会科学文献出版社 2013 年版,第 244—267 页。

总会以会长蒋介石的名义下发公文——《令湖南醴陵县政府据呈发展湖南醴陵瓷业一案兹抄发各该审查报告令仰知照由》《令本会湖南省分会准程委员潜函请于湖南醴陵增设国窑厂一案抄发原件暨一应报告令仰知照并拟具办法由》,部署国民经济建设运动委员会湖南分会和醴陵县政府会同有关部门制定改进湖南省陶瓷业的具体办法,并对"醴陵增设国窑厂开发天然富源"问题进行讨论。附录的专家意见书中明确指出醴陵、衡阳、长沙、湘阴、湘潭等处优质陶瓷原料储量丰富,醴陵有瓷业学校及瓷业公司的基础,长沙居南北要冲、交通十分便利,配合资源委员会拟在长沙设立的电料灯泡工厂、耐火材料厂,"专注重于高级陶瓷器及化学瓷器之制造,全力集中于此,以期完成发展陶瓷工业之目的,则长沙与景德镇不难并驾齐驱也"。[1] 究其根本,启动景德镇国窑厂建设计划,提出江西、湖南两个国窑厂并驾齐驱的构想,都是国民政府制定统制经济政策,调动中央和地方两方面积极性,发挥地方资源和产业优势,推动官民协作以实现"尽人力辟地利均供求畅流通以谋国民经济之健全发展"总目标的具体体现。[2]

统制经济政策于民生之外更注重鼓励生产和扩大贸易收入的"国计"。蒋介石将国民经济建设运动视作孙中山所倡导民生主义的实现基点,而在《建国方略》中关于内河商埠的部分,孙中山早就把景德镇陶瓷产业列为鄱阳港建设"世界商业制造之大中心"的支撑,谋划将使用大规模机器制瓷的出口导向型生产基地设立于鄱阳港,并于长江右岸、鄱阳湖左侧、庐山山麓合成的三角地内建设商务区"市街"。"景德镇瓷器工业应移建之于此地。盖以运输便利缺乏之故,景德之磁[瓷]常因之大受损坏,而出口换船之际,尤常使制成之磁[瓷]器碰损也。此地应采用最新大规模之设备,以便一面制造最精良之瓷器,一面复制廉价之用具。盖此地收集材料,比之在景德镇更为便宜也。以各种制造业集中于一便利之中心,其结果不特使我计划之港长成迅速,且于所以奉给人者亦可更佳良。"[3]

统制经济政策的实施并非要用国营企业全盘取代或实际控制私营企业,以垄断达到与民争利,而是要把政府、厂家、商家、民众联合起来共谋经济发展,共享促进民生的收益。景德镇国窑厂接续明清御窑厂文脉,有出口瓷器的悠久历史和卓著声誉,命名"国窑"实至名归。湖南醴陵同为著名的产瓷区域,并且从清朝末年就创办瓷业学校和瓷业公司,获准创办国窑厂的最重要原因则可能是通

① 《国民经济建设委员会总会会报第三十八期》,《实业公报》1937年第343期,第91—94页。
② 蒋中正:《国民经济建设运动之意义及其实施》,《新运月刊》1936年第35期,第64—71页。
③ 孙中山:《建国方略》,辽宁人民出版社1994年版,第149页。

过与景德镇国窑厂的"并驾齐驱"来激发国内陶瓷产业的竞争活力,尽可能避免官办企业的因循守旧、贪污浪费。签字批准景德镇国窑厂计划的吴鼎昌曾担任国民政府实业部部长、经建总会主任常委,是制定、实施统制经济政策的核心层成员,并在全面抗战爆发后长期担任贵州省政府主席,积极兴办工矿企业。基于从清朝政府、北洋政府到南京国民政府时期在政界、实业界、金融界长期从事高层管理工作的经历,吴鼎昌赞同逐步而又谨慎地实现统制经济,反对国营企业的过分垄断。他特别重视用既独立于政府、又受政府领导,而且有"任计划、提倡、统筹之责"实权的"官商合办之健全公司"引领行业有序竞争、共同发展。在贵州任上撰写的《花溪闲笔》一书中,吴鼎昌说:"工矿事业,除因性质特殊,必须政府单独举办者外,不宜多归官办,亦不宜概听商办,更不宜官商零乱争办。最好有一官商合办之健全公司,任计划、提倡、统筹之责。得官办之利,而无官办之弊,有商办之便宜,而免商办之操纵""贵州企业公司并不是垄断,民间愿意办理企业,仍由民间自办,企业公司并不抢,反而可以作必要的资助"。① 相关文献显示,醴陵增设国窑厂的优势除了附近有丰富的优质瓷土资源外,致力于改进陶瓷产业的人才辈出和湖南省地方当局积极努力的态度都是重要的凭借。

国民政府在景德镇建设国窑厂的计划因全面抗战爆发而夭折。中华人民共和国成立后,与之有相似定位、相近名称的项目始终未再启动。当下,由于"国瓷"并不像国旗、国徽一样对图案和尺度比例、使用场景有严格统一的规定,各大产瓷区对于谁更有资格生产"国瓷"存在很大争议。正如郭沫若在《访景德镇》诗作中所说,"宋代以来传信誉,神州而外有均输。"景德镇之所以能够成为"瓷业高峰",很重要的原因就是在瓷器外销中长期扮演主要生产基地的关键角色。吸取历史的经验和教训,在景德镇构建完善以国瓷为标识的展示系统、以国瓷为卓越品牌的国瓷文化认知和浓郁社会氛围的过程中,既应该对景德镇陶瓷作为国宴、国礼和国家领导人用瓷的历史脉络进行全面梳理,同时也必须重视汲取其他文明养分、集聚文明互鉴活力对陶瓷产品创新发展的促进作用。就后者来说,不时回顾旨在"搜集古昔良规,参照科学方法,养成完美艺术专才,做有进步之研究与制造,以为各厂之模范"的国窑厂计划,无疑还会带来很多有价值的启示。

---

① 何长凤:《吴鼎昌与贵州》,贵州人民出版社 2010 年版,第 114—119 页。

第五章
城市更新视域下景德镇陶瓷工业遗产保护利用研究

在后工业时代,作为工业化时代的产物——工业遗产的保护利用正成为当前中国城市发展过程中需要重点关注的议题之一。2020年6月2日,《推动老工业城市工业遗产保护利用实施方案》的出台,从顶层设计上为老工业城市探索工业遗产保护利用新模式,激活"沉睡"乃至废弃的工业遗存,深度推进城市更新进程,加快城市物质空间更新,为城市高质量发展提供新动能,明确了清晰的更新思路与方向。

一、深度推进城市更新进程

景德镇是一座由瓷而生、伴瓷而兴、因瓷而名的城市,是国务院批准的首批历史文化名城之一,[1]被联合国评为"世界手工艺和民间艺术之都"。"新平冶陶,始于汉世。"据有文字记载的历史,景德镇拥有2 000多年的冶陶史、1 000多年的官窑史、600多年的御窑史、100多年的近代陶瓷工业史和新中国成立以来70多年的现代陶瓷生产史。新中国成立以来,百废待兴的景德镇陶瓷业曾经一度复苏,并经历了国营"十大瓷厂"[2]的短暂繁荣。然而到了20世纪90年代中后期,景德镇制瓷业逐渐陷入停滞状态。一些市场经济环境下转型慢、经营管理机

---

[1] 郭建晖、李海东:《陶瓷文化产业视野下国际瓷都复兴研究》,《江西社会科学》2022年第4期,第30—40页。

[2] 新中国成立后,景德镇制瓷业百废待兴。为恢复与发展陶瓷生产,景德镇制瓷业历经恢复期、私营期、公私合营期几个阶段后,至1958年10月,先后组建成立了国营性质的大型瓷厂,即建国瓷厂、东风瓷厂、新平瓷厂(后人民瓷厂)、建筑瓷厂(后景陶瓷厂)、红星瓷厂、红旗瓷厂、宇宙瓷厂、工艺美术瓷厂(后雕塑瓷厂)、华电瓷厂、艺术瓷厂等,通称"十大瓷厂"。(资料来源:刘火金:《新中国陶瓷业的骄子:追逐景德镇十大瓷厂足迹》,《景德镇日报》2019年4月第3版。)

制不够灵活、效率低、竞争力弱、适应性差的老旧国营瓷厂,陆续退出了历史舞台,留下了大量的废弃厂房、设备、建筑及厂区。如何有效盘活这些处于"沉睡"状态的工业遗存,实现资源的高效配置利用,发挥其应有价值,成为老工业城市复兴与城市更新的一个新课题。

2019 年 5 月,习近平总书记视察江西时提出了"建好景德镇国家陶瓷文化传承创新试验区,打造对外文化交流新平台"的重要指示。作为城市更新的重要资源基础,陶瓷工业遗产资源完整记录了景德镇近代陶瓷产业七十多年的工业化与现代化进程,承载了产业演化与城市发展的历史记忆。对陶瓷工业遗产资源的保护与活化利用,既是景德镇深入落实习近平总书记重要指示精神的创新性实践,也是景德镇加快陶瓷产业转型升级、城市化进程与地方经济发展新旧动能转换的重要途径。基于学界理论研究与工业遗产保护利用实践诉求,本章将基于城市更新视角和商业模式理论,以陶溪川为典型案例,探究景德镇陶瓷工业遗产保护与活化利用实践,向世界讲述"China"故事,让世界感受到更加立体、鲜活、充满历史底蕴又与时代同步的国际瓷都新形象。

二、城市更新视域下工业遗产保护利用的再认识

(一)城市更新

城市更新(urban renewal)作为城市发展的重要调节机制,其内涵随着城市发展阶段的动态性而更加丰富。伴随城市化进程,城市更新的内涵与关注点逐渐从早期的城市外在的物质环境改善、物质环境更新与城市复兴演绎迭代至综合考虑经济、社会、环境的可持续发展更新。城市更新贯穿于城市化进程的各个阶段,其概念内涵亦处在不断演进与丰富的过程中。综合现有研究与城市发展实践,城市更新就是对城市的衰败区进行再开发,重塑与优化城市空间,为城市发展创造可持续动力。通过城市更新,城市的生命力得到延续,城市的繁荣与活力得到再造,城市存量资产的总价值获得改善与提升。①

(二)工业遗产

根据《下塔吉尔宪章》(2003 年 7 月公布)对"工业遗产"概念的界定,工业遗

---

① 秦虹、苏鑫:《城市更新的目标及关键路径》,中国社会科学出版社 2020 年版,第 8 页。

产是指"凡为工业活动所造建筑与结构、此类建筑与结构中所含工艺和工具以及这类建筑与结构所处城镇与景观,以及其所有其他物质和非物质表现。"工业遗产包括物质遗产和非物质遗产。其中,物质遗产主要是指有形的物质性元素,包括历史建筑、机械、厂房、生产车间、作坊、生产工艺乃至整个工业区。非物质遗产则包括工业遗产本身所蕴含的工业精神、工业历史、工业价值观等。物质遗产和非物质遗产本身所具有的历史价值、经济价值、文化价值、艺术价值、社会价值、科技价值等共同构成了工业遗产本身的价值内核。

（三）城市更新与工业遗产保护利用之间的关系

工业遗产保护利用是现代城市更新的重要物质基础。城市工业遗产作为城市存量资产与城市空间资源的重要组成部分,对其进行科学、合理乃至创造性的保护与再利用,不仅有利于城市重新焕发出新的生机与活力,实现城市资产的优化与增值,提升城市价值,以及打造城市新形象,还能极大地满足人们对美好生活的新期待。

在城市更新视域下,工业遗产保护利用最显著特征就是牵涉到多方利益主体并且其诉求多元。对于多元诉求问题,德国柏林洪堡大学的城市与工业遗产研究专家海克·厄费尔曼（Heike Oevermann）和哈拉尔德·米格（Harald A. Mieg）在 2015 年提出了工业遗产保护利用中的三种话语：遗产保存（Heritage Conservation）话语、城市发展（Urban Development）话语和建筑生产（Production of Architecture）话语。其中,所谓的"话语",即"诉求"。具体内容如表 5-1 所示。

表 5-1　工业遗产的保护与开发话语

话　语	观　念	目　标	假　定	价　值
遗产保存	修复、最小干预、发展导向性保存	保护过去时代的证明、地标或资源	物质遗存是对历史的证明、地标或资源	真实性、完整性、遗产价值、可接近性、再利用
城市发展	一体化城市管理、可持续发展、城市再生、文化导向性发展、遗产导向性发展	保证城市的繁荣与生机	不间断地发展与转型必须适应不断改变的需求	发展、经济价值、环境价值、可接近性、再利用

话 语	观 念	目 标	假 定	价 值
建筑生产	位置特殊的建筑、标志性建筑	设计新的建筑形式与表达	物质空间可以更新	设计、可接近性、再利用、多情善感

资料来源：严鹏：《武汉工业遗产现状与文化产业发展》，黄永林、吴天勇主编：《武汉文化创意产业发展报告(2017)》，社会科学文献出版社 2017 年版，第 117—118 页。

工业遗产资源本身的价值认知决定着工业遗产保护利用模式的选择。工业遗产保护利用过程中涉及三类主要利益主体，包括：政府部门、工业遗产保护利用主体，以及老一辈产业工人。首先，对于政府部门来讲，从土地资源集约利用与城市空间规划调整的角度来看，更为关注城市发展与城市功能环境改善，对这些工业遗产资源进行更新，发展更具经济价值潜力的商业活动来活化利用这些存量资产，使其与城市功能匹配与融合，因此偏好于利用；其次，工业遗产保护利用主体若是以获取短期的经济利益、追求快速的价值变现为运营目标，则更倾向于开发利用；若是以获取长期的社会经济利益、追求企业的可持续发展为运营目标，则更倾向于进行保护性开发。最后，对于老一辈产业工人而言，这些工业遗产上沉淀着他们过往岁月中的独特气息与印记，承载着老一辈产业工人难以割舍的集体记忆与文化记忆，即使他们现在不在这里工作生活，但这些记忆对他们而言也尤为珍贵。从情感需求满足来看，他们更倾向于保护。由此可知，不同利益主体对工业遗产保护利用有不同诉求与偏好。推动工业遗产资源价值重构，培育与发展更具价值潜力的新业态，最为关键的就是要在不同利益主体多元诉求中寻求平衡，减少冲突与矛盾，这恰好是城市更新背景下工业遗产资源保护利用过程中要面对的挑战。

三、景德镇陶瓷工业遗产保护利用案例研究

(一)陶溪川文化创意街区简介

陶溪川文化创意街区(以下简称"陶溪川")位于江西省景德镇市珠山区珠山大道 720 号，原址为景德镇的十大国营瓷厂之一——宇宙瓷厂。宇宙瓷厂创建于 1958 年，极盛时期，因其产品质量过硬而获奖无数，出口创汇额位居第一，在外商中有"中国景德镇皇家瓷厂"之赞誉。然而，在经历 20 世纪 90 年代中后期

的国企改革后而逐渐走向衰败,厂房生产车间停产,窑炉关闭,大量产业工人失业,整个厂区逐渐废弃。2012 年,景德镇陶瓷文化旅游集团(以下简称“陶文旅”)对宇宙瓷厂整个厂区进行保护性开发,期望将其打造成为陶瓷文化创意体验园,定位为“为生活而造”。陶溪川意指“一陶一瓷,百溪之水,千川之土,要让景德镇千年陶瓷文化如涓涓溪流汇聚成川,造福大众”。经过近四年的精心规划、设计与改造,2016 年 10 月,陶溪川正式对外开园。如今,陶溪川已经成为景德镇城市的新地标、陶瓷文化体验网红打卡地。

(二)陶瓷工业遗产保护利用模式选择

根据工业遗产本身的使用功能、开发主导方、保护级别等因素,工业遗产再利用模式主要有两种:一种是从工业遗产旅游开发的视角进行再利用,包括工业博物馆模式、工业景观公园模式、文化创意产业集聚区、多元业态综合的工业遗产旅游开发等;另一种是基于土地集约利用、城市旧区改造的视角进行再利用,包括新建商业综合体及配套住宅区模式、办公建筑模式、时尚购物模式。①②

景德镇陶瓷工业遗产主要来自曾经的十大国营瓷厂,具体包括闲置的厂房、仓库、烟囱、机械设备、陶瓷产品、陶瓷企业各类档案资料以及整个厂区等。对于这些闲置、遗留下来的陶瓷工业遗产,特别是厂房和厂区等不可移动的空间,是“拆”还是“留”,这个抉择则取决于陶瓷工业遗产保护利用模式的选择。

从景德镇陶瓷工业遗产保护与利用实践来看,主要有两种方案可供选择:一种是商业地产项目方案,一种是陶瓷文化创意体验平台方案。

商业地产项目:在城市化进程不断加快、城市工业布局调整规划不断推进的大背景下,从推动城市旧区改造运动,推进城市更新,塑造城市新形象与新面貌,提升城市的吸引力的角度来看,引入商业地产项目,无疑能够提高土地的经济价值,促进城市转型升级,优化城市生产生活空间布局。鉴于景德镇陶瓷工业遗产所在地(比如宇宙瓷厂)地理位置优越,区位条件好,将其成功开发成商业地产项目,市场发展前景具有足够的吸引力。然而,从工业遗产保护与利用的话语

① 杨帅:《工业遗产保护与利用发展模式分析》,《遗产与保护研究》2019 年第 2 期,第 62—64 页。
② 吉慧、曾欣慰:《城市更新中的工业遗产再利用探讨:以上海八号桥为例》,《城市发展研究》2017 年第 12 期,第 96—103 页。

来看,商业地产项目遵循的是建筑生产话语,对具有重要文化价值、历史价值、社会价值等多元价值的工业遗产资源进行更新,比如大规模推倒重建,这种更新改造方式无疑会破坏城市历史记忆与工业文明肌理。

陶瓷文化创意体验平台:从这些陶瓷工业遗产本身所具有的历史价值、文化价值、艺术价值乃至社会价值来看,它们是景德镇百年陶瓷工业发展史的根与魂,若是选择商业地产项目,景德镇丰富的陶瓷工业文化脉络与肌理无疑会遭到严重破坏。从遗产保存话语来看,将陶瓷工业的废弃厂房创造性改造成为陶瓷文化创意体验平台,无疑会有更大的价值创造空间,同时也为景德镇这座老工业城市更新创造更大的发展潜力与空间(见表 5-2)。

表 5-2　陶瓷工业遗产再利用方案对比分析

比较维度	商业地产项目	陶瓷文化创意体验平台
话语	建筑生产话语	遗产保存话语
主张	利用	保护与再利用相统一
服务对象	普通住户、商户	陶瓷文化创意产品供给者、需求者
基本行动	利用土地资源建造房屋	搭建文化产业平台,吸引与聚集文化创意产品参与者
预期效果	获得较为可观的经济价值	获得可观且可持续的经济价值与社会价值

资料来源:作者根据案例信息整理。

(三)陶溪川工业遗产保护利用实践与成效分析

无论是将陶瓷工业遗产改造成为商业地产项目,还是改造成陶瓷文化创意体验平台,都体现了工业遗产再利用相关利益主体所遵循的两种完全不同的价值创造逻辑,具体区别可从其商业模式的三大核心要素上反映出来(见表 5-3)。商业模式是指一个企业有关其价值创造过程的总体架构设计,包括价值创造机制、价值交付和价值收获机制。其实质就是确定企业价值创造的逻辑和方式,即如何向用户交付价值、吸引客户为价值付账,并将这些支付转换为利润。商业模式的构成要素,包括价值创造(Value Creation)、价值交付(Value

Delivery)与价值收获(Value Capture)。[①] 其中,价值创造反映了企业提供的产品/服务对客户的价值,也包括对于整个社会的意义和愿景;价值交付反映了企业通过资源配置、能力提升、关键业务活动开展来创造和交付价值;价值收获反映了企业的盈利模式,即企业通过什么样的机制或方式对其提供的产品或服务向客户收费。

表 5 - 3　基于商业模式的商业地产项目与陶瓷文化创意体验平台对比

要　素	商业地产项目	陶瓷文化创意体验平台
价值内涵	有形商品(房产)主导下的企业与消费者之间的价值交换关系	以无形商品与有形商品展示主导下的平台企业与参与者实现的多元价值共创
创造主体	传统市场中的单边企业	双边(或多边)市场中的平台企业
价值创造	满足一般的居住、商业等功能性需求	社会层面:陶瓷工业遗产的保护; 个体层面:情感需求(陶瓷文化体验)、归属(造梦空间)与自我实现需求(创业、学习)
价值交付	商业地产的设计、规划、建设、销售与服务等	软硬件基础设施建设与提供、创新创业平台搭建与运营、线上线下平台的运营、多元文化创意业态的引入、多元文化创意活动的开展、高品质配套服务提供等
价值收获	地产销售	商业配套租金、品牌衍生品销售、酒店收入、对外服务输出以及其他收入

资料来源:作者根据案例信息整理。

陶溪川是一个典型的陶瓷文化创意体验平台,我们可以运用商业模式理论对其工业遗产保护与利用实践进行较为深入的分析。首先,在陶瓷工业遗产价值挖掘方面,陶溪川的创建源于对景德镇国营瓷厂旧厂区历史价值、艺术价值和文化价值的充分挖掘,形成了陶瓷文化体验平台的运营模式。其次,作为一个价值创造型平台,陶溪川服务的群体高度多元化,既包括年轻创客、国内外驻场艺术家、艺术高校、艺术机构等陶瓷文化创意产品和服务的供应者,也包括游客、商旅人士、学生、本地居民等消费者。为促进陶溪川品牌效应的形成以及实现平台

---

① Teece D. "Business models, business strategy and innovation", *Long Range Planning*, 2010, 43 (2-3): 172-194.

的良好运作,陶溪川对入驻平台的各大美院、国内外知名的艺术机构、知名艺术家,以及入驻于创意集市和邑空间商城的年轻创客群体给予特殊的优惠(比如免费、补贴),这为陶瓷文化创意产品和服务的提供者创造了价值。同时,陶溪川作为一个开放式的文化创意街区,不收门票,并以其优质的配套服务、多元的陶瓷文化创意产品和活动为更多的消费者创造了价值。陶溪川通过为平台集聚的多元群体创造差异化价值,提升了平台的人气和活力。最后,在价值获取方面,陶溪川集聚的各类消费群体对平台增值服务、配套服务的消费(购买陶溪川品牌衍生品、入住酒店等),构成了陶溪川的收入来源之一。特别地,在陶溪川平台上,消费群体的大量导入,还为园区入驻的各类文化创意品牌店、餐饮店等带来了经营收入,进而能够为陶溪川带来较为可观的经营性租金。消费群体对陶溪川品牌的高度认同,为陶溪川品牌服务输出以及得到社会的普遍认同创造了有利的条件。

(四)陶溪川案例启示

宇宙瓷厂作为景德镇典型的陶瓷工业遗产,其成功转型为陶瓷文化创意体验平台——陶溪川,这为分布于景德镇其他区域的陶瓷工业遗产保护与再利用,以及国内其他老工业城市的更新提供了有益借鉴与启示。

第一,工业遗产要焕发新的生机与活力,无论是保护还是再利用,都离不开文化创意元素的巧妙融入。曾经被人们视为发展包袱、毫无经济价值的废弃厂房、烟囱、老旧机器等物质性资产,经过设计师的创意设计与改造,成为展现景德镇百年陶瓷工业史、城市产业发展的新载体。这些陶瓷工业遗产也由此成为景德镇独特的城市工业历史记忆与档案,对外讲述着景德镇悠久的制瓷文化与陶瓷企业故事。

第二,工业遗产资源的活化方式选择,彰显了开发者遵循的价值导向与商业模式选择。工业遗产再利用的成功评价标准之一就是实现人的回归与集聚。陶溪川通过商业模式创新,成功地实现了人的回归与集聚。正是因为人的回归与集聚,才使得曾经衰落、人气不旺的陶瓷工业遗址区,经过创造性更新而再次呈现出生机勃勃的新风貌,形成了一个有活力的"系统",[①]成为景德镇新兴的陶瓷

---

① 李森、卢蔚:《组织生态学视角下的景德镇城市更新模式探讨》,《城市发展研究》2022年第2期,第79—84页。

艺术区。

第三,陶溪川项目获得巨大成功,核心原因在于其构建了"以人为中心"的陶瓷工业遗产保护利用框架理念。在这个框架理念的指导下,陶溪川实现了工业遗产保护利用多主体间的协同,形成了工业遗产价值充分发挥的合力,成功盘活了陶瓷工业遗产资源价值。无论是在陶溪川项目建设期还是在运营期,各类人群均发挥了举足轻重的作用并扮演了不同的角色。比如,建筑设计专家是平台初期的创意建构者;青年创客既是平台的使用者,又是平台活力的创造者;陶溪川管理运营团队是平台的规划与调控者;游客与商旅人士是平台的传播者;曾经的陶业工人是平台的受益者等。正是因为有不同人群的充分介入,陶溪川形成了从以"人"为中心的工业遗产保护利用规划设计到以"人"为中心的工业遗产活化利用(即陶瓷文创体验平台)的闭环网络。以"人"为中心的工业遗产保护利用框架理念,突破了工业遗产保护利用传统模式(比如商业地产项目)的局限性,进而创造了更大的经济价值与社会价值。

四、结语

工业遗产是城市更新的重要物质性资源与文化资源之一,对工业遗产进行保护与再利用,能够实现城市资产增值、塑造城市新形象和打造城市新名片。基于城市更新的经济效率来看,工业遗产保护与再利用本质上就是对遗产资源价值进行深度挖掘与重构,实现城市遗产资源的综合价值提升目标。[①] 城市工业遗产资源有着巨大的历史、技术、社会、文化以及建筑价值,以科学、可持续发展的理念对其进行保护与再利用,完全可以成为老工业城市复兴与更新的文化富矿,为城市工业历史记忆重塑、城市文化品位提升提供有力支撑。保护好并利用好这些工业遗产资源,是城市更新的重要选择。在这个过程中,城市更新理念、保护利用的核心就是寻求在工业遗产的原真性保护与创造性转化、创新性发展之间达到均衡,实现两者的协同促进。工业遗产的原真性保护在于凸显工业遗产本身的历史价值与文化价值,以极具地方特色的风貌展示城市工业发展的历史印记,塑造一座城市独特的肌理与文化内涵。需要指出的是,工业遗产的类型

---

① 刘雪娇、郭嘉盛:《城市更新语境下基于价值导向的工业遗产再利用探索》,《城市发展研究》2022 年第 5 期,第 80—85 页。

不同也就意味着保护与利用方式的差异性。在实践中，切不可忽视本地工业遗产资源的独特性而照搬照抄其他城市的模式。要结合工业遗产本身的价值类型，探索各具特色的工业遗产价值实现新模式，这样工业遗产才能真正为老工业城市复兴与城市更新提供有力支撑。

第六章
景德镇城市文化 IP 试析及打造策略初探

党的二十大报告强调："提高城市规划、建设、治理水平……打造宜居、韧性、智慧城市"①。习近平总书记指出："历史文化是城市的灵魂,发展社会主义先进文化、广泛凝聚人民精神力量,是国家治理体系和治理能力现代化的深厚支撑"②。景德镇是世界瓷都,中国直升机工业的摇篮、首批国家历史文化名城、世界手工艺与民间艺术之都、中国最具魅力文化旅游城市和国家生态文明建设示范市③。景德镇人文历史悠久、文化积淀丰厚。2019 年 7 月,景德镇"国家试验区"《实施方案》获得国务院批复,《实施方案》提出,到 2035 年陶瓷文化国际影响力全面提升,成为共建"一带一路"国家文化交流重要载体和展示中华古老陶瓷文化魅力的名片④。

文化是一座城市之魂,是城市赖以延续和发展之根。随着互联网发展和城市内涵式建设,产业 IP 逐步向城市文化 IP 升级打造,城市标志性的人文地理景观、代表性的历史文化资源、共情性的精神文化品格成为城市文化价值认同的基础和 IP 打造的创意泉源。挖掘、整理、提炼、塑造城市文化 IP,是提升一座城市文化辨识度、传播力和竞争力的有效手段。打造城市文化 IP 有助于推动城市创新、强化城市品牌、拓展城市产业链。在推进景德镇"国家试验区"建设过程中,从更高层次进一步贯彻落实习近平总书记重要指示精神,发掘、培育和打造好景

---

① 习近平:《高举中国特色社会主义伟大旗帜 为全面建设社会主义现代化国家而团结奋斗:在中国共产党第二十次全国代表大会上的报告》,新华社官网,2022 年 10 月 25 日,https://www.gov.cn/xinwen/2022-10/25/content_5721685.htm。
② 中央广播电视总台央视新闻:《习近平心中的"城"》,求是网官网,2019 年 8 月 28 日,http://www.qstheory.cn/zdwz/2019-08/28/c_1124930241.htm。
③ 吴晓燕:《景德镇打造"博物馆之城",博物馆融入美好生活》,大江网,2023 年 6 月 13 日,https://jxjdz.jxnews.com.cn/system/2023/06/13/020106003.shtml。
④ 郑荣林:《景德镇国家陶瓷文化传承创新试验区实施方案》,江西省人民政府官网,2019 年 10 月 11 日,http://www.jiangxi.gov.cn/art/2019/10/11/art_393_782340.html。

德镇城市文化IP,高质量建设好对外文化交流新平台,讲好"景德镇故事",传播好"China声音",推动景德镇建设成为"新型人文城市"的"文化IP样板",具有重要的研究意义和价值。

一、作为城市文化IP的景德镇人文地理景观

标志性的人文地理景观是城市文化的重要组成部分,它们反映和代表着一座城市的文脉传承,并且联通了自然、社会、经济和文化诸多方面,成为现代人最主要的心灵栖息地、精神家园地和旅游目的地。或重自然景观、重人工建造或重历史文化,标志性的人文地理景观最能体现城市中某一场所、区域的文化特色和社会价值。与由自然要素决定的以自然景观为标志的城市不同,景德镇厚重的城市文脉决定着其城市文化IP,首先我们可从人工要素和人文元素组构形成的景德镇标志性人文地理景观得到认识。

（一）景德镇古窑民俗博览区

景德镇古窑民俗博览区位于景德镇市昌江区,是全国唯一以陶瓷文化为主题的国家级旅游景区,也是景德镇2 000多年冶陶史的缩影。1980年,景德镇决定集中保护起市区的部分古窑场、作坊和建筑,规划修整出83公顷空地,开始建设起陶瓷历史博物馆,也就是景德镇古窑民俗博览区的前身。2009年起,古窑民俗博览区陆续将景德镇内各处古窑搬迁复建;2013年4月,晋升为全国唯一以陶瓷文化为主题的"国家5A级旅游景区"。

景德镇古窑民俗博览区是典型的人工建造和历史文化相结合的标志性人文地理景观。它有三大区域:历代古窑展示区,集中展示一批宋元明清等朝代建立的古窑;陶瓷民俗展示区,主要在于古建筑、陶瓷、民俗文化等景点和活动的展示;水岸前街创意休憩区,在于将园区内的文化创意产品集中销售,是供旅客休息和购物的场所。景德镇古窑民俗博览区不仅通过复烧宋元明清历代瓷窑、筹建历代瓷窑博物馆、收集整理历代陶瓷典籍,保护了物质文化遗产;通过恢复手工生产作业线和传统红店及明炉、暗炉,传承了古法陶瓷技艺。而且在坚持传承陶瓷文化初心的同时,积极助力景德镇文化经济的发展,以陶瓷文化赋能产业,利用景区旅游购物、旅游餐饮,举办景德镇国际陶瓷节、瓷博会,举行贸易洽谈以及瓷器的精品展览等活动,带动景区欣欣向荣、蓬勃发展,提升了社会价值、经济

价值。

（二）高岭·瑶里风景名胜区

高岭·瑶里风景名胜区位于景德镇市浮梁县,地处三项世界文化遗产——黄山、庐山、西递和宏村的中心。瑶里古名"窑里",作为陶瓷的重要发祥地而得名。瑶里古镇,于西汉末年开始建设,距今约 2 000 年;唐朝中叶,瑶里开始制瓷,出现了生产陶瓷的手工作坊;2002 年,高岭·瑶里风景名胜区管理局成立;2005 年,高岭·瑶里风景名胜区被国务院批准为"国家 4A 级风景名胜区",被国家文物局列为"国家重点文物保护单位"。

高岭·瑶里风景名胜区亦是景德镇最具代表性的人文地理景观之一。它主要由五个景区组成,分别是:汪湖生态游览区(依托"国家森林公园"汪湖原始森林建设)、梅岭休闲度假区、瓷茶古镇游览区、绕南陶瓷主题园区、高岭土矿遗址园区(依托"国家矿山公园"高岭矿山公园建设)。其中汪湖生态游览区、梅岭休闲度假区以自然景观为主;瓷茶古镇游览区、绕南陶瓷主题园区是将人工建造景观和历史文化景观合为一体的现代文化创意区;高岭土矿遗址园区是集人工建造、历史文化、自然景致为一体的综合景观。

高岭·瑶里风景名胜区能成为标志性人文地理景观,不仅是因为其自然资源丰富,有覆盖率达 94% 的森林、648 种木本植物品种、180 多种珍稀动植物、国家级保护动物等,而且与景区的发展路线有关。高岭·瑶里风景名胜区按照"生态立镇、旅游兴镇、文化靓镇、品牌强镇"的发展思路,在拥有强大自然资源的基础上,依托景德镇浓厚的地方历史文化底蕴和遗存,以打造"文化生态型""休闲度假型"旅游小城镇为发展目标,利用文化赋能产业、品牌带动发展,在保护中开发、在开发中保护,从而实现经济、社会、生态效益、文化产业的互利共赢[1]。

（三）景德镇"御窑厂"遗址区

"御窑厂"是为宫廷烧制瓷器的场所,景德镇"御窑厂"始于宋朝,并在后来的朝代一直延存。据史料记载,公元 1278 年,元世祖忽必烈在珠山设"浮梁瓷局",

---

[1] 郭泾杉:《江西瑶里镇树文化生态品牌建休闲度假小镇:访瑶里镇瑶里旅游风景区副总经理华德》,《小城镇建设》2012 年第 1 期,第 74—77 页。

负责为皇家监造御用瓷;公元 1369 年,朱元璋改建"浮梁瓷局"为"御器厂";清康熙年间,又改称为"御窑厂",至公元 1911 年止。在这数百年间,"御窑厂"不断扩大规模,集中最优秀的人才、最精湛的技艺、最精细的原料、最充足的资金,造出了许多精美绝伦的瓷器,一直是景德镇制瓷业的中心①。

自从 1982 年在这里发现古瓷片以后,经过几十年的考古发掘,出土了丰富的文物遗存,如大量古作坊群、元代官窑瓷器、明代洪武至正德年间的各类器皿、古窑址等,还较完整地保存有晚清民国时的砖砌道路。"御窑厂"遗址对研究我国陶瓷发展史和保护历史文化遗存有着极为重要的意义,并受到国家、省、市的高度重视。2020 年,景德镇御窑博物院组建,拟定了御窑厂申遗方案文本;2021 年 10 月,景德镇市人民政府与江西省文化和旅游厅印发了《景德镇御窑遗址申报世界文化遗产三年行动计划及任务分工表(2021—2023 年)和 2021 年工作要点》,该计划也被列入国家《"十四五"文物保护和科技创新规划》。除文化传承外,"御窑厂"遗址也推动了景德镇陶瓷技术、文化、产业的创新发展,对景德镇"御窑厂"遗址区这一标志性人文地理景观的打造,能为当代景德镇社会生产与生活带来更多价值②。

(四)浮梁古县衙

浮梁古县衙位于景德镇市浮梁县浮梁镇旧城村,是如今江南唯一保存较完整的清代县衙,也是全国仅存的四处古县衙之一,被誉为"江南第一衙"。唐朝元和十一年,浮梁古县衙开始兴建;宋朝建炎四年,县衙被兵火焚毁,直至淳熙四年才重建;淳熙十二年,重建;明朝洪武元年,重建;清代康熙四年,重建;清代道光年间,最后一次大修。1987 年,浮梁古县衙被列入江西省重点文物保护单位,得到了国家、省、市文物部门的大力支持,也得到了保护和修复。

浮梁古县衙的规模十分宏伟,比一般县衙的规模要大很多,原占地面积有64 495 平方米。现存浮梁古县衙,是修复后中轴线上的六组古建筑,占地2 356.97 平方米③。浮梁古县衙在历史上有着重要地位,古时县官通常为七品,而浮梁县的知县官居五品,并且浮梁地处交通要道,具有十分重要的战略地位。

---

① 御窑厂,百度百科, https://baike.baidu.com/item/%E5%BE%A1%E7%AA%91%E5%8E%82/98866。
② 涂彦珣:《试论景德镇御窑厂的文化价值及申遗意义》,《中国文化报》2022 年 7 月 15 日,第 3 版。
③ 程仁发:《论江西浮梁古县衙文物价值》,《四川建筑》2021 年第 41 卷第 4 期,第 25—27 页。

对浮梁古县衙这一标志性人文地理景观的打造,也具有十分重要的当代价值。首先,浮梁古县衙有着悠久的历史,也遗留了许多实物标本,具有极高的历史 IP 价值;其次,浮梁古县衙的建筑对于中国的风水理论和建筑理论有极高的参考价值;最后,浮梁自身的地方廉政文化特色和古县衙建筑的艺术特色,对于文化 IP 的打造也具有极高的价值。

（五）乐平古戏台

乐平是著名的"赣剧之乡",地处江西的东北部,处于赣东北山地向鄱阳湖平原的过渡地带。在早期,乐平产生了"乐平腔",又称"高腔",其又是历史上赣剧的主要支派。在乐平流传着一句俚语:"三天不看戏,做事没力气;十天不看戏,肚子就胀气;一个月不看戏,看谁都生气。"乐平人民酷爱赣剧,每逢重要节日、重大活动,各乡村竞相开台演戏,代代沿袭。

乐平被誉为"中国古戏台博物馆""中国古戏台之乡",被建筑专家誉为"中华一绝""江西最具特色的文化遗产",具有良好的 IP 打造价值。乐平古戏台,一是数量多,目前乐平市保存有 400 多座古戏台。根据乐平市博物馆最近的一次全市古戏台调查报告可知,现存的四百多座戏台中,明清时期建造的有 79 座,民国时期建造的有 59 座,新中国成立初期建造的有 30 座,"文化大革命"时期改造、新建的有 76 座,改革开放至 2002 年期间建造的有 168 座,至 2017 年,又新增了戏台 46 座,每年以 3 至 5 座的数量增加,遍布在全市的各个乡村①;二是种类全,有乡建戏台、村建戏台、族建戏台、商建戏台、私建戏台、庙宇戏台、祠堂台、万年台、草台等等,这些戏台风格各异,并且功能不同;三是样式美,乐平古戏台在建筑设计上需要木工、泥工、雕工、漆工、绘工共同完成,整个建造过程相当地费时费力。

乐平古戏台不仅有着深厚的历史文化价值,更有着实用性的当代价值。对于乐平古戏台 IP 的打造,可以围绕这一特色进行,并且将戏曲文化、地域文化、建筑技艺结合起来进行宣传,不仅向广大民众宣传古戏台保护的价值与意义,更有可能让广大民众参与乐平人民的活动当中。通过以古戏台为核心和卖点的文化及相关产业,例如旅游业、手工业、建造业等等,吸引人们对乐平古戏台的关注,从而形成良性的经济循环,带动传统文化和区域经济的发展。

---

① 吴仲晨:《探寻乐平古戏台中蕴含的人文关系》,《戏剧之家》2021 年第 11 期,第 29—30 页。

（六）陶溪川文创街区

陶溪川文创街区位于景德镇市东城区，是以原国营宇宙瓷厂土地和厂房为核心启动区而建成的现代化文化创意产业园区。2013 年，它以宇宙瓷厂作为景德镇旧工业区改造试点单位，秉持陶瓷工业遗产保护性开发原则，以文创产业全新的模式推动这片区域进行创新性转化，从而带动周边地区的发展。2016 年10 月，陶溪川文创街区正式开园。经过几年的运营打造，陶溪川文创街区已逐步成为集文化、商业、艺术、历史、旅游于一体的商业网红打卡地，成功变身为景德镇的文化新地标。

陶溪川文创街区是一个发展产业、保护遗产、聚集人才的复合型项目。目前，陶溪川文创街区受到社会各界的广泛关注，共获国家、省市级荣誉 90 余项，成为江西极具盛名的国家级文化产业示范园区，是第一批国家工业遗产、全国版权示范园区、国家 4A 级旅游景区、海峡两岸青年就业创业基地、江西省首批文化产业园区、江西省首批双创示范基地、江西省首批商旅文融合发展示范区、江西省创业孵化示范基地等，并获 2017 年联合国教科文组织亚太遗产保护创新奖、2018 年度中国版权最具影响力企业称号、2019 年"全国文化企业 30 强"提名企业称号、2020 年中国版权金奖等荣誉。2020 年 1 月起，陶溪川三期、四期同步动工；2021 年 5 月，陶溪川二期完工，目前已逐步对外开放。虽然陶溪川文创街区仍处在成长期，但其 IP 打造是极具参考价值的[①]。

二、作为城市文化 IP 的景德镇历史文化资源

景德镇国家陶瓷文化传承创新试验区建设战略定位是"两地一中心"，即把景德镇建设成为国家陶瓷文化保护传承创新基地、世界著名陶瓷文化旅游目的地、国际陶瓷文化交流合作交易中心[②]。这一战略定位决定了景德镇是"新型人文城市"而非"工业转型城市"，影响着景德镇的文化基础设施建设、文化产业发展及城市文化 IP 打造。景德镇城市文化 IP 打造，有必要厘清景德镇重要的代

[①] 甘牧、吴哲慧：《陶溪川：留存景德镇陶瓷文化集体记忆》，《景德镇日报》2022 年 12 月 16 日，第 01 版。

[②] 《景德镇国家陶瓷文化传承创新试验区实施方案》，景德镇市人民政府官网 2019 年 10 月 11 日，http://www.jdz.gov.cn/zwzx/ztbd/jdzgjtcwhccxsyq/zcwj_3800/t447316.shtml。

表性的历史文化资源,可从地理地名文化资源、名人文化资源、物质文化资源和非物质文化资源等方面入手考察。

（一）地理地名文化资源

从地理地名文化资源来看景德镇的城市文化 IP,最具代表性的当属一脉相连的"昌南"—"新平"—"浮梁"—"景德镇"等,其每一个地名背后都有着可圈可点的文化、可歌可泣的故事,使得它们闻名遐迩。一直以来,民间有"天下咸称景德镇"之说,但"景德镇"这一地名并非一开始就存在,也并非一开始就以市为单位划分。秦汉时期,江州府鄱阳郡地处一条名为"昌江"的大河的南边,人们便叫了它昌南;昌南开始设立为镇是在东晋,当时有军官在昌江以南的地区平息叛乱,遂设置"新平镇",隶属鄱阳县,这是景德镇设镇的开端,史书所称"新平冶陶,始于汉世"即在于此;唐武德四年设置"新平县",是景德镇设县之始;唐天宝元年,设浮梁县,"先有浮梁县,后有景德镇",浮梁地处赣皖两省之交,有"茶之乡""瓷之源""镇之初"之称;宋景德元年,因南宋后逐渐强大起来的江南制瓷技艺的提高,以及昌南镇因为"集全国名窑之大成,汇各地良工之精华"而锻烧的瓷器成为宫廷御用瓷器,遂以宋真宗年号"景德"命名,并钦命进御瓷器,底款书写"景德年制",自此天下"咸称景德镇",美名延续至今①。更为有趣的是,昌南是"china"的音译,"china"小写就是瓷器,大写就是中国。陶瓷与国齐名,景德镇既是世界陶瓷的圣地,也是中华文明的重要象征②。

"高岭"一称,因"高岭土"成为优质瓷土的代称而享誉中外,也是景德镇重要的城市文化 IP 资源。"高岭"位于景德镇浮梁县瑶里镇,素有"小庐山"之称。它保存有较为完好的古代村落,自然生态充满野趣、特色鲜明。"高岭"以陶瓷文化蜚声海内外,是世界制瓷黏土"高岭土"命名地,被国务院批准为全国重点文物保护单位,被江西省人民政府批准为江西省风景名胜区。"高岭"之所以有名,与首次提出了"丝绸之路"概念的李希霍芬及其著名的《中国——我的旅行与研究》一书密切相关。李希霍芬博士是德国地理学家、柏林大学校长,他于 1868 年来到中国游历研学,见景德镇一带瓷石、釉泥、石灰石等物质藏量十分丰富,尤其是景德镇的高岭村盛产烧制精美瓷器的专用黏土,就命名这种耐高温、耐火性、可塑

---

① 景德镇|历史概况,中国国家人文地理网,2018 年 7 月 11 日,http：//rwdl. people. cn/n1/2018/0711/c419506 - 30140917. html。

② 郑少忠：《景德镇对世界意味着什么》,《人民日报(海外版)》2020 年 6 月 22 日。

性强的瓷土为"高岭土",之后"高岭土"声名享誉国内外。

（二）名人文化资源

1. 风火仙师童宾

在景德镇古窑民俗博览区内,有一座风火仙师庙,庙里供奉了一座高9.9米,通高15.9米的烧窑瓷工青铜像,这位烧窑瓷工就是童宾。传说公元1599年,宦官潘相奉命来到景德镇,为朝廷烧造青龙白瓷缸。潘相深知这个任务的艰巨,一到御厂,便立即四处招募窑工。可众人听说要烧造大龙缸,都畏首畏尾,不敢前去应聘,惟童宾司职"报火"。在千百次的反复试炼中,窑工们始终没有烧成这件瓷器。潘相对众窑工紧逼鞭笞、不给饭吃,甚至以死相胁,官窑上下一片绝望。童宾不忍工友们遭受如此悲惨境遇,义愤填膺,暗下决心,以身代薪,以示抗议。十一月初八的子时,童宾毅然纵身跳入窑火之中,慷慨献身。数日后开窑,一个大完美青龙白瓷缸呈现在大家面前,众窑工跪拜在窑前,觉得是童宾的壮举感动了上天。童宾被尊奉为窑匠的祖师爷（窑神）,各地建风火仙庙供奉他[①]。

2. 赵慨、霍仲初、陶玉、何召一等具有代表性的景德镇瓷艺人

除童宾外,景德镇历史上还有许多瓷器名人。如"佑陶神"赵慨,为人刚正不阿、疾恶如仇,后得罪上司官僚,遭降职贬官,遂隐居新平镇。来镇后,他给景德镇的窑匠们传授了越窑青瓷技艺,并对景德镇陶瓷的胎釉配制、制坯和焙烧等工艺进行了一系列重大改革,还解决了土窑包通风不良的问题,为景德镇瓷业的发展作出了重要贡献,因此被后世尊为"制瓷师主"佑陶之神。明洪熙元年,少监张善在镇内建起了一座"师主庙",后又称"佑陶灵祠",以供奉赵慨[②]。

唐高祖武德年间,景德镇地区瓷业生产有了较大发展。据史料记载,当时镇里有两个制瓷高手——霍仲初和陶玉。霍仲初,新平镇东山人;陶玉,新平镇钟秀人。据地方文献资料记载,霍仲初家中比较富裕,在镇上颇有名气,但他不贪图安逸、坐享其成,而一心扑在自己的制瓷事业上,为人朴实、勤奋好学,常常深入民间向工匠们请教,得人敬重。陶玉经常到唐代京都长安出售瓷器,他的瓷器质量好,为民间和朝廷所喜爱。当时人们就把霍仲初的窑叫作"霍窑",瓷器称为

---

① 《窑神童宾,让窑烧之魂永不灭》,央广网官网,2016年11月15日,http://jx.cnr.cn/2011jxfw/dxwx/20160115/t20160115_521149322.shtml。
② 《陶瓷鼻祖:景德镇三圣》,搜狐网,2018年12月6日,https://www.sohu.com/a/279981909_488411。

"霍器";把陶玉的窑称为"陶窑",瓷器称为"假玉器"。唐武德四年,朝廷命霍仲初、陶玉等人为宫廷烧造瓷器,他们精心烧造的瓷器受到皇帝的赞赏,可见其瓷器品质之优、声誉之高①。

　　高岭土,原先并没有名称,而是李希霍芬根据"高岭"的汉语读音,译成英文是"Kao-lin"一词,后才把同类矿石称为高岭土。明代时,麻仓土被挖掘殆尽,人们注意到高岭村的高岭土也是一种制瓷的可用原料,遂被广泛传播,解除了制瓷危机。而高岭土的开创和挖掘离不开高岭村的何召一。据高岭《何氏宗谱》记载,浮梁何氏的始祖为何茂,唐代人,曾官居节度使,后定居浮梁,至其孙何叔信时迁居高岭,而何召一就是何叔信的第九代孙。相传,在一位高人的指点下,何召一了解到高岭盛产的一种"糯米粉"的作用与价值,便带领村民一同去挖,运到景德镇去卖,这种"糯米粉"就是后来的高岭土。《何氏宗谱》有记载"召一公""初开高岭瓷土",说明是何召一开创了高岭土的事业;并有"公开创高岭故业瓷土,庙祀之",由于何召一发掘了高岭土,改变了景德镇的瓷器史,也改变了高岭人的命运,所以后人尊他为"玉土仙",并建庙供奉,至今景德镇古窑陶瓷历史博物馆内还设有他的牌位②。

　　3. 督陶官唐英

　　唐英,关东沈阳人,是清代的一位制瓷家、书画家、篆刻家、剧作家,是清三代督陶官中最有名的。雍正六年,唐英到景德镇御窑厂协理窑务,历经雍、乾两朝,前后共二十七年。起初,唐英并不是一个制瓷的内行,只是一个文人。初临御窑厂时,他心情十分忐忑,忧心自己担不起制瓷的重任。但唐英并没有因此放弃和软弱,而是日夜潜心学习、竭力求索,"致力陶之业,陶之人,以迄陶中所有之事"。他甚至闭门谢客三年,和工匠们同吃同住同工,从淘泥、揉泥到拉坯、捧坯,很快就由一个外行变成一个内行。他常说:"陶人有陶人之天地,有陶人之岁序,有陶有之悲欢离合。"所以他要"本陶人之心,化陶人之语而出之。"③足以见出他对待制瓷这一事业的用心和务实态度。在他离任十二年后,以年迈的身体重访景德镇时,还受到人民的夹道欢迎。由于功绩显著,唐英成为景德镇御窑厂历史中督陶时间最长、成绩最著者,他的窑也被称为"唐窑"。并且,唐英还将其亲身经历写成了

①　《霍仲初》,博雅人物网官网,http://ren.bytravel.cn/history/9/huozhongchu.html。
②　涂翼报、陈海澄:《昌南先贤何召》,中国瓷网 2011 年 11 月 29 日,http://www.zhongguociwang.com/show.aspx?id=5736&cid=144。
③　陈宁:《督陶官唐英文献编撰特点考析》,《景德镇陶瓷》2010 年第 20 卷第 4 期,第 7—9 页。

《陶成纪事》《陶冶图说》《陶人心语》等书,介绍了中国瓷艺的仿古与创新,成为中国陶瓷史上的重要文献。可以看出他在景德镇乃至中国陶瓷史上的卓越贡献①。

（三）物质文化资源

1. 陶瓷文化

"瓷都"景德镇以陶瓷名扬天下,在这片土地上,孕育了十分丰富多样、瑰丽多姿的陶瓷和陶瓷文化。景德镇瓷器工艺精湛,有圆雕、镂雕、捏雕、浮雕等;装饰丰富,有高温色温、釉下五彩、青花斗彩、新花粉彩等;艺术表现力也各有特色,有的庄重浑厚,有的典雅清新,有的富丽堂皇。景德镇有四大传统名瓷:被称为"人间瑰宝"的青花瓷;被欧洲人赞誉为"玻璃的瓷器"及被日本人称美为"萤火虫"的玲珑瓷;"五彩的升华"的粉彩瓷(又名为"软彩");被誉为"人造宝石"的颜色釉瓷。除四大传统名瓷外,斗彩瓷、细瓷、粗瓷、影青刻花瓷、瓷胎竹编等,都是景德镇独有的物质文化资源。

2. 茶文化

除陶瓷文化外,江西的茶文化也特别出名。江西是中国著名的产茶区,有着优质的茶叶生产带,所以能够产出许多好茶。江西著名的"四绿一红"中,就有景德镇浮梁县的"浮梁仙茶"。"商人重利轻别离,前月浮梁买茶去",唐朝诗人白居易《琵琶行》道出了浮梁茶的市场名气,彰显其历史悠久。2021 年 11 月底,农业农村部公布了第六批中国重要农业文化遗产名单,其中就新增了"江西浮梁茶文化系统"项目。浮梁绿茶有多种品牌,"瑶里嫩蕊""德宇活茶""南山雀眉茶"等等。除绿茶品牌外,浮梁红茶亦声名远播,而且较早具有国际品牌效应,"天祥茶号"代表"上海茶叶协会"参赛的祁门红茶曾获 1915 年"巴拿马太平洋万国博览会"金奖,其中祁门红茶与斯里兰卡的乌伐季节茶、印度的大吉岭茶并列为"世界三大高香茶"。

浮梁茶积极参加省内外、国内外茶事活动,提高浮梁茶知名度。如 2007 年 5 月的"江西省首届茶博会";11 月的"中国·南昌首届农博会";2008 年 10 月的中国(南昌)绿色食品博览会以及 2009 年 12 月的"中国(北京)国际地理标志产品展览会"等。使浮梁茶市场知名度日益提升,市场进一步拓展,合力进一步形成②。

---

① 米舒:《唐英之瓷》,《文摘报》2022 年 12 月 28 日第 5 版。
② 《浮梁茶》,《博雅特产网》,http://shop.bytravel.cn/produce2/6D6E68818336.html。

3. 非物质文化资源

景德镇现有省级以上非物质文化遗产：民俗类两项、民间文学类一项、传统美术类一项、传统舞蹈类两项、传统技艺类十五项①。数量约占全省总数的 4%，以传统技艺类偏多，占景德镇总数的 70% 以上。

最具代表性的传统技艺如景德镇陶瓷装饰技艺，它包含了陶瓷书法、古彩瓷艺、玲珑瓷艺、斗彩瓷艺、薄胎瓷艺多种技艺。陶瓷书法，是在陶瓷上表现中国汉字的技艺；古彩瓷艺，是一种釉上彩装饰工艺，主要是用红、黄、绿、蓝、紫、黑等颜料在瓷胎上绘画图案，在炉中以低温第二次烧成；玲珑瓷艺，精巧细致，朴素大方，清新明朗，庄重典雅，发展至今的玲珑釉有多色，称之为"五彩玲珑"；斗彩瓷艺，是釉下青花与釉上彩绘的结合，以成化斗彩瓷最为名贵；薄胎瓷艺（又称脱胎瓷），"纯乎见釉，几乎不见胎骨"，素有"千金一器"之誉。

景德镇还有祭窑神、吃"知四肉"、烧太平窑等瓷业习俗，意在保佑当地瓷业发展一帆风顺；由皇帝赐名的浮梁御用灯彩珍珠灯，寓意"国泰民安""五谷丰登"，既含有庆贺色彩又含有浓厚的祭祖色彩，既含有感谢皇帝赐名的盛恩色彩又含有威严的皇权色彩；象征大象神灵的青狮白象灯，护佑"施"氏的村民，村民用迎舞青狮、白象灯来敬神，恭祝祖国国泰民安。此外，还有许多故事和传说，如和窑工有关的龙床、龙缸、风火仙师、智烧"棕树墩"，与瓷工有关的佑陶神、高岭土、太平窑，与瓷器有关的釉里红、青花姑娘、铜匠与祭红、玲珑瓷，民间故事集《瓷都激浪》《五子罗汉》《美人祭》等，这些景德镇的民间故事与传说，不仅为景德镇陶瓷产业的历史发展、行业传说补足了各种臆想和杂说，也使我们得以窥见那些在时代洪流中逐渐褪色，甚至被人遗忘的人物事迹。这些景德镇非物质文化遗产，由于其特有性、特殊性、特色性，可以成为打造景德镇城市文化 IP 的坚实支柱。

三、作为城市文化 IP 的景德镇精神文化品格

一座城市的精神是此一城市文化 IP 打造的共情资源，城市精神吸引着人们产生心灵情感共鸣和文化价值认同。千百年来，景德镇之所以有经久不绝的魅力，很大程度上在于繁衍生息的景德镇人创造和发展了景德镇精神，不断丰富其

---

① 江西省文化和旅游厅.《省级非物质文化遗产代表性项目名录》，江西省人民政府官网，2021 年 5 月 14 日，http://www.jiangxi.gov.cn/art/2021/5/14/art_477_1878108.html。

文化内涵,注入新的活力和时代气息。20 世纪 90 年代,景德镇曾凝练概括城市精神为"解放思想、团结拼搏、求真务实、奋力争先"。2012 年 12 月 8 日,"大器成景,厚德立镇"入选为新的景德镇精神。进入新时代,景德镇再启航再出发,大力推动文化与文明的融合升华,厚植厚培城市文化之魂、文明之魂,努力把景德镇打造成为"美景、厚德、镇生活"的文明新瓷都、新型人文城市典范。

(一)务实笃行,创新创造

千百年前,这座城市的工人们创造了纷繁复杂、规模不同的窑包,千百年后,景德镇古窑民俗博览区拔山扛鼎,将这些古窑恢复昔日荣光;千百年前,这里的大自然赋予了景德镇无数妙不可言、美不胜收的自然景观,千百年后,人们以赞声不绝的观览回馈大自然的眷顾,瑶里风景区的开发不仅让更多的人欣赏到属于景德镇的美景,而且让所有人看到了大自然的鬼斧神工;千百年前,人类巧手妙成,"江南第一衙"被建造了出来,千百年后,这座规模宏伟的庞然大物经过历史的摧折后依然伫立;千百年前,戏台一座座地起,人民的精神文化生活不断得到满足,千百年后,人们仍能在古戏台上一观当年笙歌。从瓷石、釉泥、石灰石、高岭土不断被发掘,到青花、玲珑、粉彩、颜色釉不断被创造;从风火师童宾以身祭瓷、"佑陶神"赵慨改革窑包,到唐英"陶人之天地,陶人之岁序"[1];从名满天下的"霍器""假玉器",到当代默默无闻的一众瓷人,千百年前的古窑中闪烁着现代人的星火,千百年前的匠人们教会了后来者务实笃行的精神。一根名为"创造"的丝线穿越时空而来,牵引着不同时代景德镇人的根基。

景德镇始终保持务实笃行的态度,不断学习和实践,勇于创新创造,靠着一代接一代的人民不懈地努力,铸就了"工匠精神""劳动精神""创造精神",造就了以"白如玉,明如镜,薄如纸,声如磬"著称的景德镇陶瓷。景德镇光辉灿烂的历史是一代代人用劳动创造的,而接下来的历史也需要景德镇人充分发挥创新创造的力量,向前向好发展。

(二)自强不息,厚德载物

《周易·坤卦》有言:"地势坤,君子以厚德载物"[2]。没有一个地方像景德镇

---

① 陈宁:《督陶官唐英文献编撰特点考析》,《景德镇陶瓷》2010 年第 20 卷第 4 期,第 7—9 页。
② 黄寿祺、张善文:《周易译注》,中华书局 2016 年版,第 23 页。

这样,从事一件事就专精而无旁骛。景德镇制瓷,就专于制瓷、精于制瓷,一心只做瓷器,这种"全民皆瓷"的生产氛围是景德镇能够获得"瓷都"地位的重要因素。"才者,德之资也;德者,才之帅也"①,作为个体的人,如果不正其心,不修其身,必然德行不纯、正道难守,就有可能越过雷池,陷入泥沼。"人因德而立,德因魂而高",人有了德之魂,才能立世生存,行之久远。而景德镇的"德",正是仰仗每一位市民建立起来的。古人做事讲究"天人合一""谋事在人,成事在天",但景德镇人民仍然依靠自身力量做好每一件事,尽职、尽责、尽心、尽力,这就是景德镇之"德"。"莫笑挖山双手粗,工成土器动王都",外人只能看见瓷器完美的外表,而看不到匠人背后的艰辛,我们惊艳于瓷器的完美,却不知"过手七十二,方克成器,其中微细节目,尚不能尽也"②。从制坯到烧成出窑的一系列工序,以及每种材料的选用,只要有一次疏忽就可能导致满盘皆输。因此景德镇匠人从不敢疏忽大意,力争做出最完美、最符合标准的陶瓷,绝不偷工减料、节省工序、以次充好,这是景德镇的文化之德、工匠之德、诚信之德,承载着景德镇人民自强不息、厚德载物的精神。

（三）开放包容,合作交流

自古以来,文化和技术的进步都需要相互交流、取长补短,兼收百家之长,方成一家之大。景德镇深谙"开放包容,合作交流"的道理,长期以来,学习历代窑工的优点,在继承钧窑、汝窑、哥窑、定窑等长处的基础上有所创新。如元代的景德镇青花瓷就吸收宋代青白瓷和磁州窑的釉下黑彩瓷工艺技术,并大胆引进产于波斯地区的青花钴料,烧制出有中国韵味、色彩素雅大方、纹饰丰富、釉彩稳固且无铅毒的元青花;根据康熙五彩瓷的技术,烧制出了别开生面的粉彩瓷③。景德镇人从不骄傲自满、不学习他人的技术,也从不会吝啬于将自己的陶瓷技术教于同行,才成就了"工匠来八方,器成天下走"④"行于九域,施及外洋"⑤的佳话。除陶瓷技术外,景德镇对外来人士也采取开放包容、交流互进的态度。古老的景

---

①　司马光:《资治通鉴》,中华书局 2013 年版,第 14 页。

②　宋应星、潘吉星:《天工开物译注》,上海古籍出版社 2008 年版。

③　《景德镇凭借这 3 点成为"瓷都"》,搜狐官网,https://www.sohu.com/a/676744512_120382958。

④　《新华社.不熄的窑火,不朽的匠心》,中央人民政府官网,https://www.gov.cn/xinwen/2019-01/13/content_5357504.htm。

⑤　江西省文化和旅游厅:《景德镇:五面齐发力,全民行动共创"东亚文化之都"》,江西省人民政府官网2022 年 3 月 15 日,http://www.jiangxi.gov.cn/。

德镇在历史上被称为"十八省码头",曾出现过"别肆延袤数十里,灯火十万家"①的盛况,因为来往者绝大部分是外地人②。

在现代,景德镇依然秉持着这种包容精神。一座城市,连接了历史与未来,也联系着世界与景德镇自身。经过改造的三宝国际陶艺村,是中国最早开展艺术家驻留项目的区域,现在每年固定举办各种类型的国际当代陶艺展,成为一个自给自足的艺术空间;借助国际陶瓷博览会平台,景德镇与"一带一路"沿线十几个国家的产瓷城市建立了友好城市关系,建立国际化的陶瓷电子商务平台,促进交流合作;陶溪川文创街区已累计汇聚 8 435 名来自世界各地的景漂创业青年,带动 25 600 人就业。各类机构、团队、人才在景德镇聚拢扎根,使景德镇成为新时代人们的美好家园,真正体现出"开放包容,合作交流"的精神③。

（四）大器大爱,诚信互利

"景德"是皇帝的赐名,而"景德"也有敬慕道德的意思,要的是景德镇人一直保守本心、遵守道德做事。2017 年,故宫博物院珍藏国宝"各种釉彩大瓶"在一档节目中亮相,它因工艺十分精巧而成为风靡全网的"网红"。这件清代景德镇御窑瓷器仅器身自上而下装饰的釉、彩就有 15 层,被称为"瓷母"④,可见当时匠人对一件瓷器的慎重;在西方的许多绘画作品中,也常能见到景德镇瓷器的身影。朱龙华先生根据乔凡尼·贝利尼的《诸神之宴》中 3 只瓷钵的造型、釉色和纹饰,考证这些瓷器是明宣德到成化年间的样式,可见中国瓷器在当时西方的高贵地位⑤。

御窑工艺传承人向元华说:"真正的艺术品是靠精益求精的态度、淡泊充实的内心以及精准的技艺共同打造的。"⑥他创办的御窑"元华堂"每年生产 2 万件瓷器,因十分追求达到御瓷风格标准,最后淘汰剩存 2 000 多件。从媒体辞职

① 陈鼎:《景德风骨》,《中国青年报》2020 年 5 月 19 日。
② 温春华:《古老的景德镇在历史上被称做"十八省码头"》,《景德镇日报》2013 年 3 月 12 日。
③ 景德镇发布:《美景厚德镇生活:景德镇发展模式对全国特色小镇的有益启示》,澎湃网,https://www.thepaper.cn/newsDetail_forward_10756552。
④ 新华社:《不熄的窑火,不朽的匠心》,中央人民政府官网,https://www.gov.cn/xinwen/2019-01/13/content_5357504.htm。
⑤ 《景德镇|景德镇陶瓷之路》,中国国家人文地理网,http://rwdl.people.cn/n1/2018/0711/c419506-30140864.html。
⑥ 新华社:《不熄的窑火,不朽的匠心》,中央人民政府官网,https://www.gov.cn/xinwen/2019-01/13/content_5357504.htm。

"下海"的段建平销毁处理一切次品、制瓷"作坊"诚德轩不惜将价值数百万元、略有瑕疵的产品通通砸掉……以器载道，以爱弘德；厚德崇文、诚实守信。

（五）热爱生活，特色发展

景德镇提出了"美景、厚德、镇生活"的发展理念，彰显了景德镇人对生活的热爱，继续走特色发展、绿色崛起的道路，以宜居的环境集聚人、以宜业的环境留住人、以宜游的环境吸引人。譬如：通过树立"抓环境就是促发展"的观念，因地制宜、城乡融合、保护古迹，以"双创双修"为契机，把城乡环境改造列为工作的第一重点，让美景处处可见、引人入胜。经过全市上下几年来的不懈努力，昌南湖湿地公园、森林公园、金岭湖、香山园等一批大型生态项目的推进，如今的景德镇满目皆美景、处处显生机活力，既具有地域文化特色又与世界生态文明发展接轨[①]。

"美景、厚德、镇生活"强调将生产与生活打通，融生意与生态共存，合人流与物流一体，是把文化上升为文明的社会实践、链接城市与乡村的重要纽带，是贯穿古今的美学场所展示、跨越中西的优雅生活方式，是文旅深度融合的情景再现、山水田园构成的美丽画卷，是把前工业化与后工业化完美结合的典范，更是传承与创新交相辉映的示范样板和与世界对话的崭新平台。

四、打造景德镇城市文化 IP 的策略探索

景德镇城市文化 IP 的定位原则，主要来自三个方面：资源特性、形象认知、精神文化。资源特性是指景德镇城市具备的自然与人文资源、物资特产等，其中具有独特性、唯一性的特征，并加以提炼，形成景德镇城市文化 IP。形象认知是指景德镇城市在大众心目中的稳定形象，包括景德镇城市的景观特色、产业特性、性质功能等，印刻在社会公共认知中的表现形式。精神文化是指景德镇城市的历史文化、人物精神、民族风俗等无形资产。发掘景德镇城市文化瑰宝，打造景德镇城市文化 IP，通过培育、塑造、传播、延伸等路径，以有形或无形的方式生产创造一系列景德镇城市文化 IP 产品或文化服务，构筑起新的城市文化生态，

---

① 景德镇发布：《美景厚德镇生活：景德镇发展模式对全国特色小镇的有益启示》，澎湃官网，https://www.thepaper.cn/newsDetail_forward_10756552。

形成景德镇城市独特文化DNA,将充分带动景德镇文旅产业及相关产业链持续集聚发展,进而推动景德镇城市功能布局加快优化,提升景德镇城市文化软实力和城市竞争力,促进景德镇文化创意产业发展、文化和旅游业振兴、城市综合实力整体提升。

景德镇城市文化 IP 与旅游营销相辅相成,通过景德镇城市文化 IP 的视觉系统、文化特性、城市故事和叙事空间,形成人们对景德镇城市的印象认知和情感体验。通过旅游进行景德镇城市空间的场景塑造和产业拓展,从而形成景德镇城市文化 IP 的具象表达。景德镇城市文化 IP 的打造不仅是单向的景德镇城市形象宣传,还需要通过互动和情感进行双向沟通,通过符号、形象、故事、内容和产品,实现信息的扩散和品牌的认可,形成具有独特辨识度和人格化的景德镇城市品牌,并通过广泛传播,吸引和聚集大众关注,提升景德镇城市形象认知,扩展城市品牌要素。景德镇城市 IP 形象通过塑造、传播、延伸以及创意化的运营,不仅能为景德镇城市品牌形象赋能,也能促进文化旅游经济增长。

分析城市文化、城市资源、IP 打造、受众消费的内在契合逻辑,并以此作为景德镇城市文化 IP 打造策略探索的总原则。景德镇城市文化 IP 的构建和打造需要完整和有机统一的传播体系策划,包括主题构思、符号提炼、形象策划、内容传播、受众互动、延伸产品六个步骤。

第一,景德镇城市文化 IP 的主题构思。不同城市有不同的情况,打造新型城市,提高城市文化水平和内涵,实现城市特色发展,提升城市的影响力和竞争力,需要有一条重要的、专一的特色发展道路。这一道路也需要围绕一个主题进行,这个主题是独具特色的,其他城市难以模仿的,不可替代的,能贯通经济、社会、建筑、人文等各方面的。城市在规划自己、塑造自己、表达自己、美化自己的时候,需要一个有价值和意义导向的主线,需要有一个主题构思的过程,并且通过这个主题来打造城市符号、进行形象策划、传播城市内容、与受众互动并且延伸产品。

不管一个城市是文化城市、旅游城市,还是科技城市、美食城市,每个城市都会有不同的主题。如世界上有"时装之都"巴黎、"建筑之都"罗马、"音乐之都"维也纳,国内有"英雄城市"南昌、"千年古都"洛阳、"天府之国"成都。城市主题的构思不必是严肃的,而是偏向文化性,具有娱乐趣味、社会价值和情感触动,但要具有正确的价值导向。如 2008 年开封在城市主题文化建设中,按照"全城一景"的宋文化主题战略,实施了开封府、大宋御河、双龙巷历史文化街区等宋文化复兴工程,其间布局了宫廷文化区、府衙文化区、宗教文化区、商业文化区、民俗文化区等。开封的宋都文化作为城市文化主题呈现,从 2013 年的"一河两街三秀",到 2014 年的"一湖两巷三园九馆",再到 2015 年起每年推出十大重点文化产业项目,开封"全城一景、宋韵彰显、外在古典、内在时尚"的宋都形象逐步显现①。"英雄城市"南昌、"千年古都"洛阳、"天府之国"成都,是历史文化城市;"魔都"上海、"欢乐之都"深圳、"南海明珠"广州,是经济城市;成都、重庆、西安、长沙以美食闻名。而景德镇作为"千年瓷都",陶瓷就是景德镇最易打造的主题。一是,景德镇陶瓷具有历史底蕴;二是,自古以来,相较于农业城市、经济城市,景德镇以手工业问鼎中国,在科技高度发展的今天,景德镇的手工制造可以是非常独特并具有历史回忆的名片。因此,可以按照景德镇陶瓷的历史文化基础设计一个属于"手工业城市"的主题,并让人们通过不同的活动深切感受到手工艺独有的魅力。

第二,景德镇城市文化 IP 的符号提炼。符号是一种视觉语言、一种意义的指代记号,是某种概念或意象的载体,它可以是数字、字母、图案等等二维或三维的存在。比如一般看到龙的图案,就会联想到中华民族。符号能成为一种指向,就是因为人们对其赋予价值和意义。就像符号、logo 对于一个品牌尤为重要那样,一个城市若是提炼出属于自己的独特的城市符号,那也将会使人们更容易记住、熟悉并且喜欢这座城市。城市符号不仅是设计出来的图案,更是贯穿了一座城市文脉的重要载体,它联系的是城市的历史文化、社会发展、人民生活和给予人类的深层的、抽象的、感动的意象,包含着人们对城市文化的态度和期盼。

而城市符号的提炼必须是有着自己的特色,要准确表达自身的个性特征和文化记忆。为了能使符号让人人都能够理解,并且要从城市历史文化中进行提炼,这些符号必须具备简单、独特、能引起共鸣、辨识度高、易记忆、易传播的特点。如我们提到与牡丹有关的城市,就会想到洛阳,不仅是因为洛阳的历史赋予了牡丹独特的意义,更是因为现代洛阳城市建设将牡丹花作为一个独特的、单独的符号展现在城市的各个角落。从中国洛阳牡丹文化节的 logo、洛阳公交车车身装饰、井盖设计、地铁站装饰,到独特的红绿灯牡丹图标、马路提示牌图案、斑

---

① 傅才武:《文化空间营造:突破城市主题文化与多元文化生态环境的"悖论"》,《山东社会科学》
2021 年第 2 期,第 66—75 页。

马线等候区绘图等等,洛阳把牡丹符号融入人们随处可见的地方,不仅让游客觉得耳目一新,更是增加了一抹亮丽的风景线、打造了一张别具匠心的城市名片。又如南昌近年来联系到滕王阁、"八一红""豫章金"的文化历史底蕴,设计出了"飞阁流丹"城市形象符号,并积极将这一符号用于城市宣传推广中。当我们行走在南昌的街头,就会不经意发现马路护栏中竟然镶嵌着迷你版的滕王阁了。

对于景德镇来说,打造提炼出一个城市形象符号是塑造主题、形象推广的一个切入点。景德镇不缺历史文化和人文生活,但需要挖掘出一个不仅本地人乃至全国人民都能理解的城市符号,并将此符号进行最大价值的 IP 化、特色化、私有化。它可以是基于景德镇陶瓷文化的陶瓷瓦罐图案,但其特点必须得是简单、独特、易理解和记忆,具有唯一性、排他性,并且要有足够的趣味性和可应用性,才能将其实践在城市各个地方的设计之中。

第三,景德镇城市文化 IP 的形象策划。城市形象是他人对一个城市的政治措施、经济发展、历史文化、人口条件、地理环境等多方面的整体性认知,是城市内在文化的外显、精神风貌的展现,体现了城市的综合实力。城市形象作为城市的虚拟性"名片",是对外展现"城市气质"的最直观的方式。如在海外城市形象传播报告中,对于上海的印象就是经济发展快速、科技水平高、生活便捷的城市;义乌是"世界小商品之都"的城市,塑造良好的城市形象对于当地发展具有强化性的作用。

景德镇的形象策划该从三个方面入手。首先,精神形象。城市精神是对于该区域历史文化、地理气候、风土人情等要素的概括,以及生活在该地域中的人的群体精神主流意识的升华。从"解放思想、团结拼搏、求真务实、奋力争先"到"大器成景、厚德立镇"的精神表述语,景德镇一直在塑造精神形象。在新的建设中,可以按照"务实笃行,创新创造;自强不息,厚德载物;开放包容,合作交流;大器大爱,诚信互利;热爱生活,特色发展"的精神文化品格,打造"文化景德""诚信景德""手艺人景德"等新的精神形象。其次,行为形象。城市行为形象是对于该区域人们过去和现在行为认知的总和,代表城市的整体行为文化。景德镇要在行为形象的各个方面都贯彻出精神形象,在手工业生产者的行为方面体现出创新创造、在政策措施方面体现出开放包容、在市场交易方面体现出诚信互利等等。最后,视觉形象。城市形象是人们通过各种感官在大脑中形成对于某个城市的整体印象,其核心要素包含城市标志、城市色彩、城市吉祥物等等。景德镇需要通过打造符合主题策划的标志符号、色彩设计、吉祥物或者代表物等实体化的存在,来帮助人们进行整体性认知①。

第四,景德镇城市文化 IP 的内容传播。宣传推广对于一个城市的发展来说至关重要,城市形象传播不仅是向大众介绍抽象性的城市文化,更是要吸引人流、拉动经济发展。在新时代,城市的形象传播需要多种手段并行。首先是新旧结合的传播渠道,打造“线上＋线下”从线上发展到线下的宣传举措。单一的传统宣传媒介已不能满足新时代的流量,我们需要延续传统媒介手段的优势,并且探索新媒介手段的可能,从横向和纵向进行叠加和重复性的传播。如 2023 年的话题“淄博烧烤”的话题火爆之后,抖音、快手、火山、西瓜、美拍以及传统媒体的新媒体平台等及时跟进,设置“淄博烧烤”新话题,网友也非常乐于在各种社交软件分享淄博烧烤的参与行为②。其次是传播内容要显示年轻态。目前网络传播的主力军是年轻人,以年轻人为主体创造年轻化的传播内容是一种新的思考和手段,再利用热度引领中老年流量。景德镇需要传播符合年轻人价值导向和喜爱方向的内容,引起人们的情感共鸣,善用网络热梗和流行语,把握形象主动。

第五,景德镇城市文化 IP 的受众互动。要想更好地传播城市形象,就要“接地气”,顺应人们消费的风尚,营造潮流时尚的氛围,利用创意的互动玩法提升受众的趣味体验。如今,评价一个城市的潮生活指数是依靠奶茶店、咖啡馆、酒吧、电影院、运动馆、博物馆、书店、潮玩店等的建设情况。在《中国潮经济·2021 网红城市百强榜》报告中,发现珠海、三亚的 GDP 在全国排名虽不靠前,但凭借其较高的茶饮、咖啡、电影院、运动馆的覆盖密度,深度迎合了当代年轻人的消费习惯,因此登上了网红城市的榜单前列③。现代城市的文化空间由一系列的空间和休闲活动有机构成,景德镇可通过图书馆、博物馆、酒吧、咖啡馆、学校、年节民俗活动、戏剧活动等打造满足人们消费需求的 IP。

第六,景德镇城市文化 IP 的产品延伸。成都、重庆两座城市的热度,带动了成都串串店、重庆火锅店的建设,在全国各个城市的大街小巷都能看到这些品牌食物连锁店、自营店的身影;开封在其“全城一景”城市主题策略的建设下,以“大宋·东京梦华”代表的宋文化旅游品牌,以“千回大宋”为代表的文化演艺品牌,

---

① 鲁乾辉、明芳:《城市形象的多维建构和立体传播:以淄博市为例》,《新闻潮》2023 年第 6 期,第 9—11 页。
② 鲁乾辉、明芳:《城市形象的多维建构和立体传播:以淄博市为例》,《新闻潮》2023 年第 6 期,第 9—11 页。
③ 《舆情课 | 2021 城市形象出圈与出新的八大经验盘点》,澎湃网,https://www.thepaper.cn/newsDetail_forward_16094098。

以汴绣、北宋官瓷、木板年画等为代表的宋文化特色产品,以开封菊花文化节和中国(开封)清明文化节为代表的节会品牌等也受到人们的关注,助力了城市经济的发展,支撑了开封的文化软实力建设①。城市文化 IP 需要通过大量周边产品和相关产业的衍生,调动起文旅产业的协同发展,通过多产业共同努力,如政府可通过联合景德镇各个景点打造惠民旅游品牌,陶瓷工坊联合博物馆、书店、文化馆等打造景德镇特色周边商品,生产商向外推广建设陶瓷、茶叶品牌等等,丰富景德镇城市文化 IP,获得更高的知名度和美誉度,在相关产业中形成景德镇城市文化 IP 的全方位推广。

---

① 傅才武:《文化空间营造:突破城市主题文化与多元文化生态环境的"悖论"》,《山东社会科学》2021 年第 2 期,第 66—75 页。

第七章
"千年瓷都景德镇"IP 与区域产业高质量发展^①

党的二十大报告强调以中国式现代化全面推进中华民族伟大复兴,对文化领域的守正创新提出了明确要求。习近平总书记指出,"中华民族在几千年历史中创造和延续的中华优秀传统文化,是中华民族的根和魂""要推动中华优秀传统文化创造性转化、创新性发展"。文化 IP 是一个国家的代表性符号,同时也是国家号召力与凝聚力的象征。景德镇瓷器作为世界商品,"匠从八方来,器成天下走"的盛况绵延数百年,如今浓缩为承载中华民族过去—现在—未来的超级文化符号,继续支撑着中华民族屹立于世界民族之林。以"千年瓷都景德镇"IP 为核心,构建新文创平台生态圈,可以激活"一带一路"沿线各类陶瓷文化资源,推动文创、旅游、教育、科技等关联产业的发展;又可以唤醒游客对中华民族精神家园的历史记忆,在体验、认同中华陶瓷文化的过程中,构建起自我的身份认同与国家认同。国外游客通过陶瓷文化"窗口",可以增进对中华文化的理解,推进文明交流互鉴。因此,塑造"千年瓷都景德镇"新文创平台生态圈具有促进新旧动能转换,推动区域经济高质量发展,增强国家文化软实力等方面的重要意义。

一、文化 IP 发展简述

IP(Intelligence Property)本义为知识产权,是指基于文化元素,如历史、传统、艺术、文学、音乐、电影等内容的知识产权。唐绍仪等认为,文化 IP 是基于文化创意产生的具有知识产权的产品或服务,具有商业化的价值。杨惠婷认

---

① 本章原文经民盟江西省委推荐参加第九届民盟中央经济论坛(2023 年),被评为"优秀论文"。本次论坛由民盟中央经济委员会、民盟江西省委会联合主办,民盟景德镇市委会承办。论坛共收到 30 个省级组织和民盟中央经济委员会提交的论文 228 篇,其中 46 篇被评为"优秀论文"。

为,文化 IP 是以文化为基础的知识产权,主要表现为对文化的传承、发展、创新和营销。在文化创意产业的理论框架内,IP 被认定为复合知识产权下的内容矩阵,是以特定社群基因为基础,以特定消费价值观为引领的一种商业权力[①]。

在我国,最早的 IP 开发可以追溯到将文学名著改编为影视剧作品的价值拓展行为。进入 21 世纪后,以 IP 为核心的文化创意产业蓬勃发展,出现了文学 IP、影视 IP、动漫 IP、游戏 IP、地标 IP 等专门概念。在商业推广活动的加持下,IP 一词变得家喻户晓,同时也导致其概念窄化。人们普遍认为,IP 只是拥有知识产权的主体进行二次创作或内容生产而获得经济收益的溢价活动。事实上,IP 作为特定文化符号,在多个方面具有的广泛影响力、号召力与商业应用价值,以及由此形成的复合知识产权矩阵。文化 IP 特指那些来源于文化产业,专注度高、影响力大并且可以被再生产、再创造的创意性知识产权。不同的文化 IP,产权矩阵有大有小,有的局限于某一领域,有的则已经超越其原初的、特定的内涵与功能,如长城、故宫、敦煌、埃菲尔铁塔以及文本所探讨的景德镇。这类 IP 的共同特征是突破了行业、地域和特定产业链的畛域,被称为超级 IP。超级 IP 是一个国家、一个民族的代表性符号或者标志性象征,具有历史价值、文化价值、审美价值、经济价值和象征价值,并且承载着本民族和全体国民的精神家园。

单从经济的视角看,文化 IP 是对传统知识、文化表现形式和文化遗产资源的所有权和控制权,是一个复杂且有争议的话题[②]。作为现代文化产业的核心,文化 IP 是一种可持续的商业模式,能够提升工业产品附加值,为企业带来长期收益,还能够促进产权经济的健康有序发展。然而现实的难题是,文化遗产资源、传统知识和文化表现形式的价值往往被市场低估,如何以文化 IP 为核心,构建新文创平台生态圈,提升文化产品的经济价值与历史意涵,为区域产业高质量发展创造更好条件,实现中国经济质的有效提升与量的合理增长是一个引人深思的问题。

---

① 傅才武、程玉梅:《"文化长江"超级 IP 的文化旅游建构逻辑:基于长江国家文化公园的视角》,《福建论坛(人文社会科学版)》2022 年第 8 期,第 13—25 页。
② 宁虹雯、吕本富:《历史文化资源 IP 化的价值实现路径研究:以海南儋州为例》,《管理评论》2022 年第 5 期,第 332—229 页。

二、塑造"千年瓷都景德镇"新文创平台生态圈的意义

（一）"千年瓷都景德镇"IP是经过市场检验的情感载体

作为第一批国家历史文化名城,景德镇拥有 2 000 多年的冶陶史,1 000 多年的官窑史,600 多年的御窑史和新中国成立 70 多年来的陶瓷生产史,手工制瓷工艺体系传承有序。有了陶瓷文化底蕴的依托,景德镇不再是一个单纯的地理概念,而是千百年来中华民族积累形成的历史文化遗产和现代社会生活场景共同构成的超级文化空间。"千年瓷都景德镇"这一 IP 是一个承载了中华民族生存智慧、历史记忆、工匠精神、文化遗产以及生产生活方式、城市文化系统、乡村文化系统的复合文化符号系统,也是一个兼具历史文化价值、艺术审美价值、情感价值的统一体。"千年瓷都景德镇"IP 涵盖的范畴远远超出了作为地理标志的景德镇,被赋予了各种丰富内涵,在文化再生产过程中发挥着承载形象、表达故事和彰显情感的重要作用,不再是知识产权的单纯简写,而是一种经过市场验证的情感载体,一种有故事内容的人格权。

民族情感与历史记忆、集体记忆相关。作为中华民族的历史空间,"千年瓷都景德镇"承载了族群的集体记忆。哈布瓦赫认为,集体记忆要以处在一定空间和时间内的群体为载体,地点和场所是族群集体记忆的"砖石"。扬·阿斯曼认为,"集体回忆注重时空关联性,正是因为空间在回忆文化中发挥着重要作用,记忆之场的概念才应运而生"。景德镇作为地理空间和历史文化空间,本身具有族群共同文化记忆的基础,正是共同的文化记忆使地理空间具有了社会意义和象征价值。凯文·凯勒在《战略品牌管理》一书中论及地理空间作为传播媒介的作用时说:"像产品和人一样,地理位置或空间区域也可以成为品牌……品牌的功能,就是让人们认识和了解这个地方,并对它产生一些好的联想,人和经济的流动性都增强了,旅游业也在蓬勃发展。诸如此类的原因,推动了一个地区的宣传营销活动的不断增多。城市、州、地区和国家,如今都在通过广告、邮件和其他方式积极地向外界推销自己。"在保留文化价值内核不变的情况下,对"千年瓷都景德镇"IP 传播的特定内容进行包装与重塑,揭示或赋予其特殊的情感联结,可以实现从观念价值到形象识别,到品牌矩阵,再到新文创平台生态圈的逐步提升,可持续地进行商业价值转换。

（二）促进新旧动能转换，为高质量发展创造更好条件

众所周知，"成本病"一直是困扰文化产业发展的首要弊端。技术进步和资本积累带来的经济发展对不同类型的生产过程产生了极为不同的影响，个体生产的增长速度远远跟不上工业化生产，相对价格效应导致那些具有"手工艺属性"的产品或艺术形式更加昂贵①。现代生产效率刚性与传统文创产品需求柔性之间的对立关系制约着文化产业系统升级。当前，我国经济由高速增长阶段转向高质量发展阶段，创新驱动发展战略深入实施，数字技术为文化 IP 高质量发展注入新活力，通过价值链内异构知识的高效聚合、重组和转移，促进文化 IP 跨界转型。各级政府在总结文化产业发展经验的同时，也在探索更加高效的文化 IP 创新发展方式，促进新旧动能转换。"千年瓷都景德镇"IP 具有强大的生命力与巨大的号召力，在景德镇国家陶瓷文化传承创新试验区约有十万人投身文化创业活动，基于中国陶瓷文化底蕴，探索开发满足现代生活需求的文创产品与服务。"千年瓷都景德镇"IP 在数字转型的引领下，以产品创新、业态创新、商业模式创新与平台生态圈创新为核心，以知识、技术、信息、数据等生产要素为支撑的发展新动能正在形成。

经济学诺贝尔奖得主保罗·罗默指出，对多样性的偏好和专门化会使资本获得持续的正回报，从而避免边际收益递减，创意的积累是长期经济增长的来源。塑造"千年瓷都景德镇"IP 具有一次投入多次产出、规模报酬递增的特征，能够推进"大众创业、万众创新"，改造提升传统动能，加快培育壮大新动能，促进新旧动能转换，有利于推进区域经济增长模式由投资驱动的外延式增长向创新驱动的内涵式增长转变，为高质量发展创造更好条件。

三、塑造"千年瓷都景德镇"新文创平台生态圈的对策与建议

为了抓住"千年瓷都景德镇"经久不衰的文化价值，打造商业价值，实现区域文化产业质的有效提升与量的合理增长，带动文创、旅游、教育、科技等关联产业发展。塑造以"千年瓷都景德镇"IP 为核心的新文创平台生态圈，使各方共赢共

---

① 陈莎莉、郭凯欣、龚克、欧阳桃花：《中国传统文创产品与用户匹配机制研究：以宇弦陶瓷为例》，《外国经济与管理》2021 年第 7 期，第 141—152 页。

生,具体步骤如下:第一步,创造优质内容;第二步,长线构建 IP;第三步,衔接商业价值;第四步,联动多元产业,打造新文创平台生态圈。

(一)"千年瓷都景德镇"的场景、内容、社群与消费者连接

根据互联网时代的新 4C 法则①,"千年瓷都景德镇"IP 可以在合适的场景(Context)下,针对特定的社群(Community),通过传有传播力的内容(Content)或话题,随着社群网络结构进行人与人连接进而实现快速扩散或传播(Connections),获得有效的商业传播及价值。首先,依据场景设定产品。通过设置特定的需求场景、消费场景和使用场景,清晰界定时间、地点,唤醒此场景下的心理需求(情绪),引导关联的消费动作(产品),即在合适的时间、合适的地点,给消费者提供相应的服务来支撑购买。其次,重视内容产生环节,保持内容创新的持续性。文化 IP 吸引消费者的最直接因素就是内容,通过内容沉淀用户,并把用户群培养成社群。再次,培养用户社群思维。将用户视为"千年瓷都景德镇"IP 商业价值的主要来源,以用户为中心尽可能提供更多的产品和商业价值。最后是建立链接,包括人与人的连接(社群网络之间的关系)、人与物的连接(消费者与产品之间的联系)、物与物的连接(物联网)。通过具有传播能力、传播热度的话题,将特定的用户社群连接起来,实现文化 IP 商业价值的迅速提升。

近几年,景德镇在文化场景打造上成绩显著,陶溪川文创街区、陶阳十三里、御窑场和三宝村等文化场景成为自带流量的"国际网红打卡地"。精益求精的"工匠精神"为优质的内容输出提供保障,"景德镇制",即意味着工艺精湛、不惜成本。然而,如何将好的产品与消费者连接起来是一直困扰着"景德镇"文化 IP 建设的首要问题,如何将大数据资源、网红直播资源与景德镇优质陶瓷资源相连接,与消费者产生良性互动②?在流量经济与注意力经济盛行的当下,庞大的平台公域流量、高转化率的账号私域流量、活跃的新媒体平台用户、兴趣导向型的粉丝买单习惯等这些潜在的消费基因,同样适用于传统文化 IP 的打造。"线上平台+线下体验"等新销售渠道,逐渐成为"千年瓷都景德镇"IP 的主场。"文化+科技"融合的方式优化了产品与用户之间的连接,可以随时随地通过新媒体交互获取海量用户数据,打通陶瓷文创产品的研发、制造、流通环节,实现全渠道

---

① 唐兴通:《引爆社群:移动互联网时代的新 4C 法则(第 2 版)》,机械工业出版社 2017 年版。

② 黄春萍、王芷若、马芩等:《跨界营销:源起、理论前沿与研究展望》,《商业经济研究》2021 年第 4 期,第 80—82 页。

营销。在研发阶段，通过新媒体事先调研用户画像；在制造阶段，随时根据用户反馈情况调整市场投入的规模；在流通阶段，实现新媒体多平台精准传播。用户互动数据流动于各个环节，为文创产品开发注入活力，由此实现用户价值与产品价值的最大化。

（二）长线构建"千年瓷都景德镇"IP

由于文化 IP 具有较强的延展性，通过打造优质 IP 产品，可以吸引大量粉丝群体，扩大企业产品的用户范围，从而增加市场份额。同时，IP 的打造需要对内容进行深耕，包括确定主题、精准定位目标群体、制造引爆点、寻找差异化、注重情感者等五个关键步骤。首先，精准定位。明确客群定位，决定文化 IP 在产品设计上的偏向；明确产品定位，使产品兼具好看好玩好用的特性；明确价格定位，不同的客群有不同的消费能力，设计不同系列全方面满足消费需求。其次，丰富设计。"千年瓷都景德镇"最吸引人的地方就在于它的文化底蕴，要想在众多 IP 中脱颖而出，产品设计在满足消费喜好的同时，更要体现其背后的历史故事。具体有两种方式，一是围绕同一内容主题进行深度创作实现价值链纵向延伸，创造相应的周边产品并打造新的 IP，如将网络文学作品拓展为图文书籍；二是围绕核心 IP 进行多元化衍生，实现价值链横向跨界辐射多个关联产业，如影视作品、游戏产品、主题公园等，形成以"千年瓷都景德镇"IP 为核心的共赢共生的平台生态圈。

从互动关系上看，文化 IP 与粉丝经济密不可分，需要在与粉丝的互动中实现 IP 的强化与变现。因此，IP 也可被看作是一种粉丝经济。粉丝经济实质上是一种商业运作模式、一种经营性创收行为，其通过增强用户黏性以及口碑营销的方式来实现企业的经济效益和社会效益。在互联网快速发展、新媒体被广泛应用的背景下，IP 经济已经成为由产品、粉丝、商家和第三方平台组成的新经济模式。优质内容是 IP 的核心，企业是 IP 的生产者，粉丝是 IP 变现的购买者，第三方平台则 IP 运作的载体，微信、抖音、微博、知乎、B 站、小红书等都能为"千年瓷都景德镇"带来流量。四者相辅相成，构造了输出优质文化 IP 的完整闭环。

（三）衔接商业价值，叠加体验价值

不同于泛娱乐，"新文创"指的是新时代下用一种更加系统的发展思维，通过更广泛的主体连接，推动文化价值和商业价值的互相赋能，从而实现更高效的数字文化生产与IP构建。新文创"新"在对文化价值的尊重,更加系统地关注IP文化价值的构建与提升。通过连接不同的文化内容、产业、创作者、用户等,以数字化等商业手段,使文化获得更好地传播和商业化;同时为商业注入文化底蕴,使商业获得正确的方向和长线的文化价值,实现文化价值和商业价值相互赋能。

美国著名经济学家凯夫斯指出,文化产品是一种经验商品,它在最终买家还未实际消费之前不可能被准确评价,大量沉没成本造成了高度不确定性的回报。由于买者保留价格的不确定以及文化产业普遍存在的"无人知晓"原理,文化产品的定价分歧较大。基于信息处理的逻辑,文化产品的价值被分为使用价值、情景价值、观念价值三个层次。其中,情景价值是实物在使用场景中带给消费者的体验感受,观念价值是产品或服务中包含的能使消费者产生精神"共鸣"的无形价值。因此,伴随着文化产业的繁荣发展,体验经济强势崛起。产品体验可以分为以下三种类型:一是完美终端,即产品要"有用";二是价值群落,即产品要"有爱";三是云端服务,即产品要"有趣"。三种产品体验叠加在一起,一共有七种模式。互联网时代的价值创造正是以叠加体验的方式进行的[1],如终端叠终端,即"完美终端+价值群落",用户参与迭代驱动爆款出货的模式;如终端叠云端,即"完美终端+云端服务",大数据捕获长尾需求的模式。无论是有用的终端,还是有爱的终端,都是云端的基础,有了终端就有流量,云端才有无限精彩。此外,"价值群落+云端服务""完美终端+云端服务+价值群落"都是叠加体验、实现文化价值与商业价值相互赋能的重要方式。

(四)联动多元产业,实现新文创平台生态圈价值共创

在万物互联的时代背景下,互联网为个性化信息的碎片化传播创造了条件,大数据技术为海量信息的及时搜索和管理提供了支持,经过数据挖掘的有效信息可以独立参与价值创造活动,与其他生产要素一并发挥作用。同时,智能时代的互联网具备着便捷性、多样性、开放性、智能性、个性化和隐私性,其应用服务是互联网服务的核心,通过互联网与终端(特别是移动端)的可移动、可定位和随身携带等特性相结合,为消费者提供个性化服务,实现价值创造与升级[2]。

---

[1] 穆胜:《叠加体验:用互联网思维设计商业模式》,机械工业出版社2014年版。
[2] 江小娟:《数字时代的技术与文化》,《中国社会科学》2021第8期,第4—34页。

联动多元产业,构建以"千年瓷都景德镇"IP 为核心的新文创平台生态圈①,使观众置身于特定的中华文化框架内,在欣赏中成为"文化共同体"。"千年瓷都景德镇"IP 的价值创造系统包含价值发现、价值创造、价值传递、价值沟通以及价值维护。价值发现指通过调查、研究、分析等方式,探寻未来能够产生收益的价值。价值创造指发现价值后,企业产生满足用户需求的产品或服务的一系列业务活动。价值传递指把产品对用户的价值明确地告知用户,或是把某一项操作对用户的意义告知用户,同样也可以在进行运营活动时把用户能够获得的收益展示出来。价值沟通指在万物互联时代,消费模式变成"主动搜索(Search)→同类比较(Compare)→产生兴趣(Interest)→促成行动(Action)→秀出宝贝(Show)"的 SCIAS 模式,因此要根据该消费模式的特点,与用户进行互动营销和精准营销。价值维护是通过加强顾客和供应商的忠诚度来阻隔竞争对手,保护利润的竞争行为。当下,尤其要重视并发挥强关系营销的价值,注重渠道维护(即产销合一),注重基于价值链和价值网的价值共创,通过产业联动塑造一个良性循环、互利共赢的新文创平台生态圈,最终实现文化价值、商业价值和社会价值的相互赋能。

---

① 王千:《互联网企业平台生态圈及其金融生态圈研究:基于共同价值的视角》,《国际金融研究》2014 年第 11 期,第 76—86 页。

中篇

国家试验区发展研究

第八章
国家试验区实施方案解读与阐释

2019 年 7 月 26 日,《景德镇国家陶瓷文化传承创新试验区实施方案》由国务院正式批复。8 月 26 日,《景德镇国家陶瓷文化传承创新试验区实施方案》由国家发改委、文化和旅游部联合印发。2020 年 2 月 27 日,中共江西省委、江西省人民政府下发《关于贯彻〈景德镇国家陶瓷文化传承创新试验区实施方案〉的意见》(赣发〔2020〕7 号)。景德镇国家陶瓷文化传承创新试验区(以下简称"国家试验区")系我国首个国家级文化类试验区,是习近平总书记亲自关怀推动、党中央和国务院赋予江西的一项重大政治任务,肩负着推进新型人文城市建设、引领形成文化引领城市和区域发展新模式、打造对外文化交流新平台等重要使命任务。

一、国家试验区设立的背景情况

景德镇陶瓷文化的保护利用,一直受到国家和江西省的重视与支持。2006 年以来,国家发改委通过相关建设专项,已累计安排中央预算内投资 2.22 亿元用于支持明清窑作营造长廊、中国景德镇陶瓷博物馆、景德镇御窑厂遗址保护等项目建设,积极推动御窑厂遗址保护列入《国家"十三五"规划纲要》重大工程。文化和旅游部在加强陶瓷相关非物质文化遗产保护传承、推进御窑厂考古遗址公园建设及申报世界文化遗产的前期工作、加强陶瓷文化国际交流合作、创建全域旅游示范区等方面给予了积极支持。对缓解资金压力、创新传承保护思路、提振发展信心等发挥了重要作用。

2015 年 3 月和 12 月,习近平总书记先后两次对景德镇御窑遗址保护工作作出重要批示。为坚持以陶瓷文化传承保护为核心,以体制机制改革创新为引领,探索文化遗产保护与利用新路径,开辟陶瓷产业升级与创新发展新平台,更好地推动中华优秀传统文化创造性转化和创新性发展,加快景德镇资源型城市转型和老工业城市现代化建设,努力走出一条具有世界意义、中国价值、新时代特征、景德镇特点的陶瓷文化传承创新发展新路子指明了战略方向和提供了强大的精神力量。在国家各有关方面高度重视和支持的背景下,2017 年 4 月,景德镇开始谋划和推动国家试验区的创建工作。

从总体上看,国家试验区的创建工作,主要可以划分为三个阶段。

一是谋划启动阶段。通过深入学习和领会习近平总书记的重要批示精神,景德镇全市上下不断解放思想,提高站位,2017 年 5 月,确立并按照"国家所需,景德镇所能"的基本原则,从"建设优秀传统文化传承体系,弘扬中华优秀传统文化"的国家战略高度,围绕试验区的基本思路、功能定位、主要任务等先后召开数十次研讨会,进一步统一了思想和认识,为试验区的申报和建设集聚了强大的新动能,并形成了初步建设构想。

第二阶段是汇报对接阶段。2018 年 3 月,省委书记刘奇在全国两会期间向李克强总理汇报了创建试验区的有关情况。3 月 17 日,李克强总理批示"请肖捷同志阅转有关方面研究支持"。3 月 18 日,国务院秘书长肖捷批示"转请发展改革委、科技部、文化和旅游部等部门,按照克强总理重要批示精神,研究提出支持意见"。3 月 21 日,江西省委接到李克强总理的重要批示,随即着手相关工作,并于 4 月 22 日由江西省人民政府向国务院上报《请示》,恳请国务院批准景德镇创建试验区。国务院交办国家发改委和国家文旅部提出意见。国家发改委 5 月底派出调研组到景德镇市实地调研。8 月 2 日,全国政协副主席、国家发改委主任何立峰签批报请国务院同意景德镇市创建试验区的请示。9 月 11 日,李克强总理在国务院办公厅秘书三局签报意见上圈批同意景德镇市创建试验区。按照江西省委、省政府主要领导的要求,景德镇市与省发改委及时对接,成立试验区实施方案起草小组,共同抓好试验区实施方案的起草工作。

第三阶段是方案起草阶段。从 10 月 1 日开始,起草组的同志加班加点,修改完善了试验区实施方案初稿。在此期间,江西省委、省政府主要领导多次给予具体指导,省发改委、省文旅厅等部门直接参与并给予多方支持。

在实施方案初步形成以后,景德镇市召开多次研讨和论证会。经国家发改委推荐,聘请上海交通大学城市科学研究院(交大城研院)团队,对试验区实施方案进行完善提升。交大城研院长期与国家发改委、住建部、文旅部合作,曾主持或参与《国家新区审核办法》《长江经济带三大城市群发展战略》《国家十三五规划前期研究重大专项》等多项国家战略规划及政策制定。从 11 月 18 日开始，交大城研院课题组到景德镇调研，在消化吸收景德镇市前期工作成果的基础上形成实施方案初稿；12 月 1 日，召开论证会，专家组听取江西省发改委、省文旅厅以及相关市直单位的意见；12 月 15 日，课题组赴国家发改委进行沟通对接，征求修改意见；12 月 18 日，再次组织有关部门对实施方案进行论证修改。课题组先后数十易其稿，形成了国家发改委基本认可的实施方案。12 月 21 日，景德镇市召开四套班子会议，对课题组提出的实施方案进行讨论，并进行最后阶段的修改。2019 年 1 月 7 日至 8 日，景德镇市有关部门负责同志和课题组再次到国家发改委和江西省发改委汇报对接，国家发改委社会司认为，实施方案比较成熟，可以按照程序上报。直到 2019 年 7 月 26 日，该实施方案由国务院正式批复。通过对这个过程的简单回顾，就可以知道国家试验区来之不易，应该倍加珍惜和努力建设好。

二、国家试验区实施方案的基本框架

准确和全面把握实施方案的主线和重点内容，是深入领会国家战略意图，进一步深化和细化建设工作，并最终高质量建好国家试验区的大前提。关于实施方案的基本框架，可以概括为"3＋2＋18＋5"。

（一）"3"是指"三大战略定位"

其具体内容为：

国家陶瓷文化保护传承创新基地。统筹物质文化遗产和非物质文化遗产保护传承，推进文化遗产活化利用，构建陶瓷人才集聚高地，培育陶瓷产业新技术、新业态、新模式，推进陶瓷文化与相关产业深度融合，推动景德镇成为集中展示中华陶瓷文化的瓷都、全国乃至世界的陶瓷产业标准和创新中心。

世界著名陶瓷文化旅游目的地。放大陶瓷文化的品牌优势，促进旅游与文化、生态深度融合，高品质建设国家全域旅游示范区，充分发挥旅游的综合带动作用，促进旅游业全区域、全要素、全产业链发展，把景德镇打造成世界一流的国际文化旅游名城。

国际陶瓷文化交流合作交易中心。全面融入"一带一路"建设进程，加强与国内外文化机构交流合作，建设国际化陶瓷产业链交易平台，把试验区建设成为

促进全球文明互鉴的重要桥梁和高端陶瓷文化贸易出口区。

（二）"2"是指"两大发展目标"

其具体内容为：

到 2025 年，试验区建设取得阶段性成果，陶瓷文化传承保护创新体制机制初步建立，陶瓷文化保护传承、陶瓷产业创新发展、陶瓷国际贸易和文化交流合作的体系基本形成，陶瓷文化和旅游业深度融合效果显著，促进经济高质量发展和城市现代化建设的重要作用进一步发挥，为我国陶瓷及其他传统文化产业转型发展提供可推广、可复制的经验。

到 2035 年，试验区各项建设目标任务全面完成，成为全国具有重要示范意义的新型人文城市和具有重要影响力的世界陶瓷文化中心城市。陶瓷文化传承保护创新体制机制基本健全，陶瓷文化引领经济社会发展质量变革、效率变革、动力变革的新模式基本形成，陶瓷文化国际影响力全面提升，成为共建"一带一路"国家文化交流重要载体和展示中华古老陶瓷文化魅力的名片。

（三）"18"是指"18 项重大任务"

其具体内容为五个方面的 18 项具体任务：

（1）加强陶瓷文化保护传承创新：① 加大陶瓷文物保护力度；② 传承陶瓷非物质文化遗产；③ 推进陶瓷文化挖掘阐释。

（2）推动陶瓷文化产业创新发展：① 打造陶瓷特色产业集群；② 发展文化创意和设计服务；③ 构建科技创新发展平台；④ 加强陶瓷品牌建设；⑤ 大力推动绿色发展。

（3）发展陶瓷文化旅游业：① 打造陶瓷文化旅游核心产品；② 培育文化旅游新业态；③ 全面提升旅游配套服务；④ 创新旅游业体制机制。

（4）加强陶瓷人才队伍建设：① 激发陶瓷人才创新创业活力；② 加大陶瓷人才引进力度；③ 大力培养陶瓷后备人才。

（5）提升陶瓷文化交流合作水平：① 推动陶瓷产品对外贸易；② 完善陶瓷文化产品交易方式；③ 拓展陶瓷文化国际传播交流。

（四）"5"是指"5 项保障措施"

其具体内容为：

（1）加强组织领导，其中特别强调了国家发改委和文化和旅游部等的作用。

（2）加大财税支持力度，其中亮点包括对试验区企业销售自产传统手工技法制瓷产品按简易办法征收增值税等。

（3）拓宽投融资渠道，其中包括对符合条件的陶瓷产业重大技术装备及应用纳入技术改造等有关专项予以支持。

（4）强化自然资源支撑，其中提出在新一轮国土空间规划批复前，建设用地总规模确实不能满足项目用地需求的，允许在集约节约用地和省域统筹前提下，按程序调整土地利用总体规划。

（5）鼓励试验区先行先试，其中包括支持将试验区建设纳入国家文化发展等重大规划；支持试验区中欧城市实验室建设、开展美丽人文城市发展指标体系研究等内容。

在实施方案编制和报批的过程中，也有一个重要的变化需要说明。由于当时受到国办发文一般不超过 5 000 字的篇幅要求，在报送和审批过程中又做了较大的压缩，结果是 2019 年 7 月 26 日国务院批复稿，比 2019 年 1 月 10 日形成的景德镇市向江西省委汇报的万字稿，差不多压缩了近一半。其中的变化如，原来在省市广泛讨论和认可的"四地两中心"（国家陶瓷文化保护传承基地、国家陶瓷产业创新发展基地、世界著名陶瓷文化旅游目的地、世界陶瓷人才集聚高地、国际陶瓷博览交易中心、国际陶瓷文化交流合作中心），在实施方案中被浓缩为"两地一中心"（国家陶瓷文化保护传承创新基地、世界著名陶瓷文化旅游目的地、国际陶瓷文化交流合作交易中心）。其中，国家陶瓷文化保护传承基地和国家陶瓷产业创新发展基地被合并，世界陶瓷人才集聚高地被删掉，国际陶瓷博览交易中心部分被统入一中心。尽管这略有遗憾，但庆幸的是，原稿中提出的两大发展目标，即"中国新型人文城市"和"世界陶瓷文化中心城市"都完好保留下来。

关于这两大发展目标，当时我们的考虑是，陶瓷产业是景德镇名副其实的主导产业，但试验区绝非只针对这个产业本身，而是要以陶瓷文化和产业为支撑建设一个新型城市。因此对内提出了建设"中国新型人文城市"，对外提出了建设"世界陶瓷文化中心城市"。这两个目标都符合景德镇的实际，前者是因为文化产业是景德镇的支柱产业，且有利于资源型城市转型发展，后者基于景德镇的产业优势在于艺术瓷和高档日用瓷，其在当今世界的文化中心功能远强于经济集聚功能。这不仅深刻契合习近平总书记"要建好景德镇陶瓷文化传承创新试验区，打造对外文化交流新平台"的指示精神，同时在"中国新型人文城市"和"世界陶瓷文化中心城市"的两大概念内,还可以生发出更多的建设内容、目标和项目来,这也足以补偿"四地两中心"被缩减为"两地一中心"的遗憾。

三、走出一条中国特色新型人文城市发展道路

景德镇市是我国目前首个也是唯一一个被赋予建设"新型人文城市"的城市,要完成这个光荣而艰巨的使命任务,需要简单回顾和了解一下作为国家战略的人文城市的发展历程。这大概可以划分为三个阶段。首先,《国家新型城镇化规划(2014—2020 年)》首次提出"注重人文城市建设",将人文城市与智慧城市、绿色城市并列为三类新型城市,人文城市第一次成为我国新型城镇化规划的重要战略目标。其次,2016 年《国家"十三五"规划纲要》将新型城市扩展为绿色城市、智慧城市、创新城市、人文城市、紧凑城市五种类型,但人文城市仍在其列,说明其建设的必要性和重要性。最后,2021 年,《国家"十四五"规划纲要》提出"建设宜居、创新、智慧、绿色、人文、韧性城市",这标志着人文城市正式进入开展城市现代化试点示范的序列。由此可知,人文城市不仅是我国新型城镇化的重要形态之一,也是全面建设社会主义现代化国家的重要组成部分。

人文城市是对中国特色城市发展道路的新探索,但目前的理论研究还相对不仅薄弱。根据我们团队的研究,人文城市是一种以文化资源和文化资本为主要生产资料、以服务经济和文化产业为主要生产方式、以人的知识、智慧、想象力、创造力等为主体条件、以提升人的生活质量和推动个体全面发展为社会发展目标的城市理念、形态与模式。为什么要特别强调人文城市?只是因为,人文城市强调了城市的本质在于提供一种"有价值、有意义、有梦想"的理想生活方式,也是关于城市规划、建设和发展的新理论、新标准和新模式,体现了"以人为核心的新型城镇化战略"和"人民城市为人民"的时代要求。关于人文城市的内涵和功能,也是景德镇应该认真思考和领会的。

在某种意义上,景德镇具有建设人文城市的良好条件和禀赋。众所周知,景德镇是世界上唯一一座靠单一手工业维持了千年繁荣的城市。目前,陶瓷从业人员占到城区人口 36%,陶瓷产业占到城市经济的半壁江山,大师辈出,良匠云集,四大名瓷享誉世界,不仅是中国乃至世界上保留手工陶瓷技艺最完备的地区,还拥有以陶瓷工业体系、艺术瓷发展体系、创意瓷体系构成的完备瓷业产业链,具备建设新型人文城市示范样板的资源禀赋和优越条件。2019 年《国务院

关于景德镇国家陶瓷文化传承创新试验区实施方案的批复》首次将新型人文城市建设任务赋予景德镇市。景德镇是第一个被国家明确提出建设"新型人文城市"的城市。建设新型人文城市是国家试验区的主要目标，也是建设世界陶瓷文化中心城市的基础支撑。

与宜居城市、生态城市、创新城市等都容易建立评价指标体系不同，如何评价人文城市一直是一个难题。但同时这也应该是国家试验区承担的一项重要使命。关于人文城市评价指标体系设计，我们在以往曾做过一些探索，如文化产值占 GDP 的比重、文化从业人数占城市人口比重、文化资源保护利用水平、文化科技发展水平、城市承担的国家文化战略职能等等。而且，我们认为这些基本要素非常符合景德镇的实际。比如景德镇拥有陶瓷从业人员 15 万，占城区人口的36％，还拥有各类陶瓷技能人才 4.5 万人。2019 年，陶瓷工业总产值达 420 亿元，而同年全市 GDP 还不到千亿，因此陶瓷产业无疑是名副其实的支柱产业。这些指标不仅都是可以量化的，也是可以推广运用于其他城市的。

"德不孤，必有邻"。新型人文城市尽管目前还在探索中，国家还没有明确的政策体系和战略布局。但由于文化对城市和区域发展的重要性，目前还是有一些规划和建设经验可以参照的。比如在我国区域发展战略上提出的"大运河文化带"。这是在我国首次提出的不同于经济带的文化区域发展战略，《大运河文化传承保护旅游纲要》明确提出："以大运河文化保护传承利用为引领、统筹大运河沿线区域经济社会发展，制定本规划纲要。"同时在文件中还多次强调"以文化为引领推动区域高质量发展""以文化为引领促进区域经济高质量发展""社会效益和经济效益实现高度统一""以文化为引领促进支点城市经济社会全面发展""开拓区域经济高质量发展新空间""六大高地（京津、燕赵、齐鲁、中原、淮扬、吴越）凸显文化引领"。大运河文化带建设在本质上是要探索走出一条区域经济社会发展的新路子。这与景德镇建设新型人文城市是高度一致的。此外，如在《北京城市总体规划（2016—2035）》中，首次放弃经济中心的目标，而提出要建文化中心，其主要内容是："要充分利用北京文脉底蕴深厚和文化资源集聚的优势，发挥首都凝聚荟萃、辐射带动、创新引领、传播交流和服务保障功能，把北京建设成为社会主义物质文明与精神文明协调发展，传统文化与现代文明交相辉映，历史文脉与时尚创意相得益彰，具有高度包容性和亲和力，充满人文关怀、人文风采和文化魅力的中国特色社会主义先进文化之都。"这也是景德镇需要关注和研究的。

四、基本经验与路径思考

作为国家首个文化类试验区，一定要有承担国家使命、服务大局的自觉意识。目前，新型人文城市之所以还没有破题，一是因为很多城市还在拼产业，二是因为一些城市的文化产业不足以支撑一个城市的发展。景德镇具有建设人文城市的良好基础和条件，前期已经自觉不自觉地做了大量工作。因此，应该抓住机遇，把建设人文城市作为"十四五"时期的核心目标，突出文化引领城市经济发展的主题，探索形成中国新型人文城市建设标准体系和考核体系，为我国大量的文化资源城市提供经验和示范，创建文化引领经济高质量发展的国际城市。由此获得的机遇和资源将是巨大和不可限量的。

要真正洞悉和把握国家试验区带来的巨大政策红利和广阔空间，需要了解"十三五"乃至更长时期国家文化战略的布局和发展主线。

一是文化引领城市和区域经济高质量发展的主线。与国家文化部门编制文化规划的出发点和落脚点都在于"文化领域"不同，2013年，国家发改委立足于从宏观经济战略视角研究文化发展问题，在"十三五"规划前期研究重大课题中首次设立《"十三五"建设社会主义文化强国研究》，把文化建设纳入国民经济规划的"大盘子"中，既有助于规避"就文化论文化"的部门局限，也为在国家总体战略框架下促进经济与文化协调发展创造了有利条件。从规划编制上看，过去的城市和区域规划也会涉及文化方面，但由于发改系统主要关心宏观经济运行，相关文化目标一直被"束之高阁"。以2019年由国家发改委牵头编制的《大运河文化保护传承利用规划纲要》为标志，首次提出了不同于丝绸之路经济带、长江经济带的"大运河文化带"，是国家经济战略规划部门就"文化引领城市和区域经济高质量发展"发出的明确信息和强烈信号。

二是文化消费引领文化建设进入国民经济主战场的主线。在文化和经济联系日益密切的背景下，文化产业一直是文化部门介入经济建设的主要方式。在"十三五"时期，随着文化供给侧结构性改革的不断深入，异军突起的文化消费正成为文化建设进入国民经济主战场的主力军。与文化产业主要介入生产领域不同，主要介入消费领域的文化消费，不仅有助于文化领域内部供需关系的平衡、协调和优化，也为国家文化部门全面融入经济建设、促进消费升级打开了战略通道。文化部门在生产和消费两方面积极融入国民经济建设，不仅有效缓解了文化产品"质量不高""库存过大"等长期形成的结构性问题,也通过创造新需求、培育新市场、促进产业优化升级、增加经济总量等方式为国民经济作出了重要贡献。

作为国家首个文化类试验区,此前没有什么参照的经验,应紧紧把握发改委作为宏观经济战略制定部门抓文化建设的方式、方法和意图,同时,主动承接文化和旅游部促进文化和旅游消费进入国民经济主战场的主流,在"十四五"时期,应进一步探索建立推进两条主线融合协调发展的体制机制,走出一条"文化引领经济"与"经济支撑文化"良性循环的中国特色社会主义文化发展道路。其中,最需要注意的有两点:一是不忘初心、牢记使命,推动国家试验区立足新发展阶段、贯彻新发展理念、构建新发展格局,实现高质量发展;二是研究和吸收首个国家文化战略带建设中的经验教训,即把大运河文化带建设等同于世界遗产保护。要防止以文化遗产保护替代国家试验区建设,坚定走一条文化引领经济社会发展的新路子。

从发展路径上看,陶瓷文化高质量发展是"十四五"规划背景下提出的新问题,也是传承中华优秀陶瓷文化和提高社会文明程度的新要求。《国家"十四五"规划纲要》提出:把新发展理念完整、准确、全面贯穿发展全过程和各领域,构建新发展格局,切实转变发展方式,推动质量变革、效率变革、动力变革,实现更高质量、更有效率、更加公平、更可持续、更为安全的发展。具体说来,质量变革、效率变革、动力变革,是改变陶瓷文化传承创新发展方式,实现更高质量、更有效率、更加公平、更可持续、更为安全的发展的重要路径。所谓质量变革的要义在于,在解决了有没有产品和服务的问题后,核心是品牌问题,品牌意味着品质和质量,是区别粗放发展和高质量发展的关键;所谓效率变革的要义在于:在解决了有没有产出和产值的问题后,核心是规模和效率的问题,要在投入和产出上算细账;所谓动力变革的要义在于:在解决了做和不做的问题后,核心是内在动力、内生动力的培养和激活问题,从开始阶段的政治动员、行政推动到每个人的自觉自愿。

2021 年 7 月 2 日,江西省省长、景德镇国家陶瓷文化传承创新试验区建设领导小组组长易炼红在南昌主持召开试验区建设领导小组第三次会议,提出"努力闯出一条具有世界意义、中国价值、江西元素、景德镇特点的优秀文化传承创新发展新路子。"其中对实施方案中的"提出一条具有世界意义、中国价值、新时代特征、景德镇特点的优秀传统文化传承创新发展的新路子"有所修订,即把后者的"新时代特征"改为"江西元素",这个新变化是需要关注的。对此可作三方面的阐释:一是这条新路子是在新时代背景下探索的,因而必然具有鲜明的新时代特征;二是在《实施方案》的表述中,缺少了江西省这个试验区建设的重要一方,而提出江西元素,不仅彰显了作为江西省两张名片之一的景德镇陶瓷与江西省的密切联系,同时也是"举全省之力高标准高质量推进试验区建设"的重要理由与依据;三是国家试验区服务江西的功能和作用已经初步明确,即"努力为江西争取新荣光"和"为推进江西高质量跨越式发展、把江西打造成为全国构建新发展格局的重要战略支点做出新的更大贡献。"

第九章
景德镇国家陶瓷文化传承创新试验区发展报告[①]

自 2019 年 7 月 26 日《实施方案》获国务院批复以来,景德镇市认真贯彻落实习近平总书记"要建好景德镇国家陶瓷文化传承创新试验区,打造对外文化交流新平台"殷殷嘱托,全方位全领域加快推动试验区建设。在国家各部委和江西省委、省政府的大力支持下,试点试验扎实推进,政策红利日益显现,创新活力持续迸发,发展后劲不断增强,取得了阶段性明显成效。

一、国家试验区建设取得重要成果

（一）陶瓷文化传承创新取得新成效

1. 陶瓷考古全面落实

景德镇区域内现有陶瓷遗址 150 余处。其中御窑厂遗址、湖田窑遗址、高岭瓷土矿遗址的保护利用获国家文物局重点支持,御窑厂遗址、南窑遗址入选当年全国十大考古新发现,御窑厂遗址还成功获批第二批国家考古遗址公园。考古

① **课题负责人：**
　刘士林　上海交通大学城市科学研究院院长、教授
　张　纯　景德镇陶瓷大学管理与经济学院教授
　课题组成员：
　王晓静　上海交通大学城市科学研究院院长助理、副研究员
　张克林　上海数字化城市与交通研究所常务副所长、研究员
　刘　涛　河南大学文化产业管理系主任、副教授
　解敦亮　景德镇陶瓷大学教师、管理咨询师
　段金华　景德镇陶瓷大学教师
　韩　静　景德镇陶瓷大学教师
　彭文冶　景德镇陶瓷大学副教授
　姜　薇　上海交通大学城市科学研究院博士研究生
　何睿敏　上海交通大学城市科学研究院博士研究生

出土瓷片近千万片,修复器物近 4 000 件,三级以上文物 700 余件,其中 300 余件为孤品。一年来,在试验区范围内启动建设陶瓷科技检测室、陶瓷考古整理室、陶瓷文物修复室、陶瓷修复化学室、陶瓷文物标本室等,申报国家文旅部重点实验室,打造国家级研究平台,推动中国古陶瓷鉴定交易集散中心和中国仿古陶瓷标准体系建设。覆盖全市的考古 GIS 系统正在建设中,将对全市地下文物埋藏情况进行全面梳理,《景德镇市基本建设考古工作管理办法》也已颁布实施。

2. 文物保护全速推进

景德镇市共有不可移动文物 625 处,其中国保 12 处、省保 29 处、市县保 206 处,文物点 378 处。全市共有在册博物馆 21 家,其中,国有博物馆 6 家、行业博物馆 1 家、非国有博物馆 14 家,全市可移动文物总数达 19 603 件(套)。御窑遗址保护工作进展迅速,颁布了《御窑厂遗址保护管理条例》,制定了《景德镇御窑厂遗址保护规划》。御窑厂周边环境整治工程全面展开,环境整治面积达 45 公顷,投资达 100 亿元,全面杜绝了文物盗挖和火灾隐患。陶溪川工业遗产保护项目、景德镇中国陶瓷博物馆提升项目、御窑博物馆建设项目等一大批重大文物保护项目陆续实施。国家非遗馆筹建工作,景德镇陶瓷文化生态实验区创建工作取得阶段性成果。2020 年底《国家级景德镇陶瓷文化生态保护实验区管理办法(试行)》颁布实施,强调坚持"保护为主、抢救第一、合理利用、传承发展"的保护方针,"见人见物见生活"的保护理念,既保护非物质文化遗产,也保护孕育发展非物质文化遗产的人文环境和自然环境。御窑博物院在全市事业机构缩减的背景下挂牌组建,并增加编制 22 个。

3. 文物利用极大活化

陶阳里御窑历史街区保护更新项目成为全国首个文物保护利用 PPP 模式项目,御窑遗址申报世界文化遗产和创建陶阳里御窑 5A 景区同时进行,真正把文化遗产保护与合理利用结合起来。引进民间资本打造的古窑民俗博览区获批国家 5A 级旅游景区;全市 21 家博物馆中有 10 家博物馆成为"全市十大陶瓷文化景观"组成景点;陶溪川工业遗产保护项目融产业发展升级与新型城镇化为一体,是陶瓷工业遗产活化利用的典范;进坑宋代瓷业遗址群形成了集历史文化、自然生态保护与文化研究、修学、娱乐为一体的特色文化景区。一年来,围绕"一带一路",景德镇市还先后在台湾、香港、澳门等国内城市,以及欧洲部分城市举办各类陶瓷文物展览 60 余次。

4. 陶瓷文化研究与阐释有力推进

景德镇中国陶瓷博物馆成功创建国家一级博物馆,基本陈列《瓷业高峰是此都——景德镇瓷器、瓷业和城市发展史陈列》展荣获第 17 届(2019 年度)全国博物馆十大陈列展览精品奖。组建景德镇博物馆联盟,并完成理事会制度改革,正在起草《支持景德镇非国有博物馆发展的指导意见》。出版了《陶瓷文物故事》《灯耀瓷都》,启动了《中国大百科全书陶瓷文化卷》的编纂工作。赣剧《瓷·心》签订导演合同,入选国家文旅部 2020 年度剧本扶持工程。2020 年以景德镇陶瓷为关键词发表的学术论文共计 651 篇,比 2019 年增加了 54 篇。

(二)陶瓷产业创新发展迈出新步伐

1. 产业规模持续扩大

2012 年以来,景德镇陶瓷产业保持良好发展态势。2020 年,景德镇陶瓷克服新冠疫情带来的不利影响,积极复工复产,陶瓷工业实现总产值 432 亿元,同比增长 2.13%(见表 9-1,图 9-1);特别是规模以上企业数量由 2019 年 103 家增加至 121 家,增长 17.48%。

表 9-1　2020 年景德镇市陶瓷行业主要经济指标一览表

指　标　名　称		2020 年	2019 年	同比增长
陶瓷工业总产值(亿元)		432	423	2.13%
按产品种类结构分类	日用瓷	120.18	114.23	5.21%
	工艺美术陈设瓷	173.26	173.2	0.03%
	建筑卫生瓷	61.91	60.18	2.87%
	先进陶瓷	45.46	45.03	0.95%
	陶瓷辅助材料	31.19	30.36	2.73%
规上陶瓷	企业数(家)	121	103	17.48%
	总产值(亿元)	129.52	127.38	1.68%
	营业收入(亿元)	117.113 2	115.382 5	1.5%
	利润总额(亿元)	7.887 4	8.671 5	−9.04%

续　表

指　标　名　称	2020 年	2019 年	同比增长
陶瓷工业税收(万元)	28 666	44 544	−35.65%
陶瓷工业用电量(万千瓦时)	53 229.03	41 793.11	27.36%
陶瓷工业用气量(万方)	32 266.62	22 532.84	43.30%
陶瓷快递(万件)	4 876.38	3 975.85	22.65%
陶瓷海关出口(万元)	24 525.45	46 174.33	−46.89%
陶瓷电商(亿元)	78.42	71.10	10.30%

备注:

1. 数据来源于统计、工信、海关、税务等单位;
2. 总产值、陶瓷快递、陶瓷电商为测算值,总产值按窑炉进行测算。

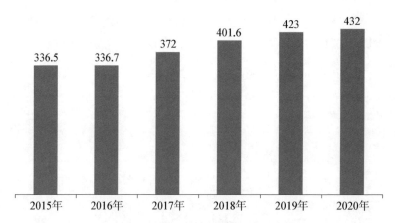

图 9-1　2015—2020 年景德镇陶瓷产业总产值(亿元)

2. 多瓷种多业态融合格局基本形成

当前,景德镇陶瓷产业处于结构优化阶段,工艺美术陈设瓷、日用陶瓷、建筑卫生陶瓷、先进陶瓷、陶瓷辅助材料竞相发展,陶瓷电商已达到总营业收入的18%,多瓷种多业态融合发展的"大陶瓷"格局基本形成(见图 9-2)。

3. 陶瓷创业平台功能不断提升

陶瓷工业园区已经成为以景德镇陶瓷集团、陶瓷智造工坊为代表的传统日用陶瓷产业升级聚集区,以名坊园为代表的高端手工制瓷聚集区,以晶达新材料和川粉体为代表的高技术陶瓷集聚区，以欧神诺、乐华洁具为代表的建卫陶瓷创意设计中心和总部基地。高新技术开发区已经成为陶瓷机械、窑炉、中高档陶瓷泥釉料、色料等陶瓷产业链配套的专业化生产和销售中心。陶溪川、三宝瓷谷、皇窑、雕塑创意园等陶瓷文化创意产业平台初具规模，呈现良好的发展态势。浮梁产业园区获批省级产业园，产业园区首位产业定位新材料，主攻产业电子信息、金属制品和建筑卫生陶瓷，产业园规划建设用地面积6 519.45亩。

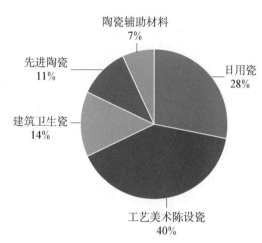

图 9 - 2　2020 年景德镇陶瓷产业结构图

4. 产业发展顶层设计持续优化

为构建陶瓷产业"从无序到有序、从低端到高端、从分散到集中"的发展格局，进一步强化顶层设计和政策引导，推动陶瓷产业不断优化升级。根据国家试验区《实施方案》和《三年行动计划》主要内容，组织编制了《景德镇陶瓷产业发展规划（2020—2035）》，从景德镇陶瓷产业发展基础条件的调查分析入手，对未来十五年的发展统筹谋划布局。设定了产业发展目标，从文化创意陶瓷、高技术陶瓷、传统陶瓷、陶瓷材料与陶瓷装备制造、陶瓷创意与设计、陶瓷博览交易、陶瓷文化旅游、陶瓷产业链金融、陶瓷教育等九个方面明确产业发展重点与任务，提出了包括文化保护、平台建设、主体培育、品牌建设、人才引育、科技创新、知识产权、数字化应用、绿色发展、招商引资等在内的十项重点工程，以及确保产业高质量发展的保障措施。为进一步延伸陶瓷产业链、提升陶瓷价值链、融通陶瓷供应链，市瓷局牵头起草了《景德镇市陶瓷产业链链长制工作方案》，围绕加工制造链、全面深化品牌链等八个方面展开，实现陶瓷产业上下游全覆盖。此外，为切实做大做强龙头企业，做优规模以上企业，做活小微企业，培育一批"中华老字号"手工制瓷企业，制定了《推动景德镇陶瓷产业高质量发展工作方案》《关于推动陶瓷企业"个转企、小升规"工作实施方案》等文件。

5. 陶瓷品牌影响力进一步扩大

为了让"景德镇"这块金字招牌在新时代绽放更加璀璨的光彩，景德镇市持续加强陶瓷品牌建设,积极组织陶瓷品牌企业参加"中国陶瓷品牌集群联盟",依托这一国家级平台推动市陶瓷品牌在引进来、走出去中创新发展;鼓励、支持市内陶瓷企业参加各类高端展会、亮相各大平台,提升景德镇市陶瓷品牌的美誉度和影响力;利用陶瓷发展基金对我市陶瓷品牌企业在国内一二线城市开设陶瓷品牌店,入驻国内标志性建筑、场所,研发国礼、国宾用瓷等项目方面给予重点支持。制定了《景德镇国家用瓷奖励办法》和《景德镇市陶瓷品牌和文化走出去扶持项目方案》等政策文件,以引导、促进陶瓷企业主动作为,塑造提升产品品牌形象。景德镇市现拥有陶瓷品牌类中国驰名商标 5 件、江西省著名商标 56 件、景德镇市知名商标 64 件。景德镇陶瓷企业或个人在国家商标局注册陶瓷类商标达到 2 449 件。投入大量人力、物力和精力,起草并进一步修改完善《景德镇市国家用瓷奖励方案》,鼓励陶瓷研发机构、陶瓷企业和个人参与国瓷的研发、设计、生产、销售,塑造良好品牌形象,讲好当代中国陶瓷故事。在第二届中国国际进口博览会上,景德镇选送的陶瓷礼品瓷"窑变三色瓷瓶""窑变花釉陶艺碗""生机盎然"青花瓷和"阳春三月"青花瓷瓶被选定为"国礼";"鱼藻乐安"粉彩堆雕宋玉茶具套组被选定为副总统、副总理礼;"青韵系列产品咖啡具"被选定为部级礼品。

(三)科技创新显现新活力

1. 企业创新主体地位进一步强化

加强与税务、统计等有关部门的协同配合,举办系列专题培训班,加强政策宣传和引导,鼓励和督促企业加大研发投入,支持条件好、有潜力的科技型陶瓷企业申报高新技术企业、科技型中小企业,进一步优化培育陶瓷科技型企业。(三年一评),景德镇市陶瓷高新技术企业由 2015 年的 4 家增长到 2020 年的 60 家,2020 年度科技型中小企业入库编号的企业 181 家,其中陶瓷企业 76 家。

2. 陶瓷产业创新平台功能有效提升

一是打造众创空间和科技孵化器。截至 2019 年底,全市共有 4 家省级以上陶瓷众创空间,哇陶众创空间、陶瓷梦工场和翰林陶瓷众创空间已经升级为国家备案众创空间。2019 年 10 月份,又推荐了"景德镇伊人如瓷众创空间"申报省级众创空间。二是工程技术研究中心(重点实验室),目前省级的拥有 5 家,涉及日用及建筑陶瓷、陶瓷材料、陶瓷设计和陶瓷企业信息化、燃料电池材料等方面;市级截至 2020 年有 12 家,通过培育,提升创新能力,争取上升为省级创新平台。

三是组建了高档卫生陶瓷洁具数字化车间技术联盟,自 2018 年底组建以来,已完成上线 ERP、CRM 及 SCM 智能化管理系统,机械手喷釉系统生产线、智能化运坯输送线以及高压注浆生产线系统方面的技术攻关。结合工业云平台,已实现高度集成协同信息管控系统的搭建,现已进入试生产阶段,生产已达到月产 6 万件产品。

3. 陶瓷科技资金支持日益多元

借助各级财政科技资金,组织实施各类科技项目,支持陶瓷企业进行创新研发,促进陶瓷技术提升、陶瓷文化传承、陶瓷产业发展。一是争取省级以上科技资金支持。2020 年组织推荐"陶瓷固体废弃物资源化综合利用"项目获得立项及 539 万元资助。"陶瓷固废资源化利用关键技术研究与示范"项目获得省科技厅 2019 年度重点研发计划重点项目立项及 100 万元资金。高技术陶瓷方面,景德镇华迅特种陶瓷有限公司承担的创新项目——轻质高性能承载结构一体化陶瓷装甲研发,获得江西省科技厅 2020 年度重大科技研发专项立项,项目支持强度 1 000 万元,省财政经费 500 万元,景德镇昌南新区出资 500 万元。二是有效发挥省财政厅下达的陶瓷产业技术创新和研发补助专项资金作用,支持陶瓷产业创新创意发展,重点支持陶瓷创新创意及文化传承方面研究开发成果的中试及产业化,促进科技与陶瓷文化的紧密融合,推动景德镇市陶瓷经济发展。2018 年立项 32 个,下达资金 900 万元;2019 年立项 30 个,下达资金 600 万元,2020 年立项 20 个,下达资金 500 万元。

4. 科技成果转化持续推进

充分利用在景高校院所优质科技创新资源,促进校(所)地、校(所)企合作。创新协同方式,不同于以往单纯的难题征集或已有成果转化的被动对接,而是采取"企业定制"的模式,通过企业"点单",由景德镇陶瓷大学、景德镇学院、中国轻工陶研所的各类专业技术人才"做单",以"沉浸"式深入企业兼职(半年),带领团队一同攻克技术难题、搭建企业研发平台、帮助培育企业技术骨干、带动创新成果本地转化等,为企业技术攻关、产品结构调整和优化升级提供技术和人才支持。2020 年,通过前期调研、供需对接沟通等,已有 51 个企业提出了 140 项技术需求,高校、院所共有 101 位专家(团队)提出对接需求,经筛选已选派 23 支帮扶专家与团队入驻 22 家企业。

5. 知识产权保护与利用成效明显

知识产权保护是维护景德镇陶瓷品牌合法权益的有效途径,景德镇市结合当前实际,对《景德镇陶瓷知识产权保护管理规定》进行修改,切实为陶瓷企业实施品牌战略撑起法律的保护伞;在净化陶瓷市场方面,组织开展了全国性"景德镇"商标维权打假,公证留存证据1 044家,进入一审立案及诉讼程序602家,结案36家。为更好地保护陶瓷知识产权,制定《景德镇瓷器地理标志产品试点工作方案》,拟选择3—5家我市知名品牌企业开展试点。2020年我市陶瓷专利授权量总计868件,同比增长8.1%;景德镇市陶瓷版权快速维权中心完成版权登记6 500余件。

表9-2 2018年以来景德镇市陶瓷行业专利获得数统计表

类　　型	2018	2019	2020
发明(件)	77	78	72
实用新型(件)	192	242	257
外观(件)	732	799	811
合计(件)	1 001	1 119	1 140

备注:资料来源景德镇市科技局。

（四）陶瓷文化旅游目的地建设凸显新亮点

1. 全域旅游方向进一步明确

以构建层级分明、功能互补的文化旅游体系为目标,依托丰富的陶瓷文化资源,大力发展"个性定制＋参与体验＋文化旅游"的陶瓷文化旅游新业态新模式;依托自然保护区、森林公园、湿地公园,大力发展康养体育游、健身休闲游、山地户外游;依托景德镇—瑶里、景德镇—蛟潭旅游带和乐平现代农业示范园等,大力发展乡村民宿游;依托浮梁县的历史文化,发展古城茶文化游;依托乐平戏曲文化创意产业园,发展古戏台文化游。通过精心培育文化旅游新业态,深入推进景德镇陶瓷文化旅游业协同发展。

2. 旅游产业链项目全面推进

全力调度15个板块58个重点文旅项目,促进陶阳里历史街区、陶溪川一二期、高岭·中国村等点位品质大幅提升。高端酒店、会场、美食街区、旅游演艺、智慧旅游、旅游公路等旅游产业链项目全面推进。

3. 旅游品牌创建工作成效显著

昌江区成功创建国家全域旅游示范区,浮梁县、珠山区通过省级验收,公告为江西省全域旅游示范区,陶阳里御窑景区创建国家 5A 级旅游景区总体规划通过专家评审,完成景观质量省级初评,三宝国际瓷谷、高岭·中国村创 4A 景观质量评审通过省级评定,新增 2 家江西省 4A 级乡村旅游点,3 家国家 3A 级旅游景区,"十五景、三宴、三剧"等一批有品质的旅游景点和旅游产品已面市并将在旅发大会期间正式推出。

4. 旅游交通和旅游配套设施不断完善

构建立体交通网,开辟北京大兴机场、南京航线,景瑶公路、洪岩小镇樱花大道全线贯通,设计安装 187 块旅游交通指示牌,加强景德镇机场软硬件建设,提升服务保障能力。实施旅游基础设施提升工程,加强旅游、旅游服务设施网、"智慧智能"旅游互联网等配套建设;建设了一批星级酒店、绿色旅游饭店建设项目,发展精品民宿和度假村;挖掘景派美食,打造美食文化街区;加强旅游机构的规范化管理和旅游从业人员的培养培训;建设了一批全国中小学生研学实践教育基地,大力发展文化创意体验和研学实践。打造旅游新业态,推动文旅深度融合,促使景德镇市向世界著名旅游目的地建设迈进。

5. 旅游企业疫情防控和有序开放复工形成良性互动

发行"陶醉瓷旅卡",通过携程线上平台发放景德镇旅游补贴优惠券共计 50 万元,完成旅行社质保金暂退工作,惠及旅行社 37 家,暂退质保金金额达 408 万元。旅游业对住宿和餐饮业支撑比较明显。

表 9 - 3 景德镇旅游业发展一览表

年 份	旅游总收入 (亿元)	同比增长(%)	旅游总人数 (万人次)	同比增长(%)
2016	359.26	——	3 981.37	——
2017	528.89	47.22	5 454.87	37.01
2018	684	29.33	6 735	23.47
2019	888	29.82	8 506	26.29
2020	363.39	−59.08	2 247.45	−73.58

备注:资料来源景德镇统计年鉴。

表9-4　景德镇住宿业、餐饮业发展情况一览表

年　份	住宿业（万元）	同比增长（%）	餐饮业（万元）	同比增长（%）
2016	23 417	——	357 161	——
2017	26 168	11.75	399 128	11.75
2018	26 536	1.41	404 740	1.41
2019	35 546	33.95	568 128	40.37
2020	87 507	146.36	466 162	—17.95

资料来源：景德镇统计年鉴。

6. "夜游经济"成为新增长点

"夜游经济"是文化、旅游、消费融合发展的新潜力、新动能。发展城市夜间经济是促进消费、扩大内需的重要驱动。为此，景德镇提出着力打造多台高端化、国际化的文旅演艺项目或夜游项目，大力培育"夜游经济"。陶文旅集团在陶阳里历史街区打造沉浸式旅游演艺或在陶溪川文创街区引入"陶乐"表演；黑猫集团在高岭·中国村建设文化旅游休闲商业演艺综合体；昌南新区建设《窑坞·印象》旅游演艺；市文旅局推动古窑景区打造"夜游古窑"项目。

（五）陶瓷人才队伍建设再上新台阶

1. 吸引人才环境进一步提升

一是在创优政治环境上，景德镇市以"虚拟机构、实体运行"模式设立了市招才引智局、景漂景归人才服务局，负责统筹全市人才职能、政策、资金、项目，实现人才政策"一个口子报、一个口子出"，已累计接待人才来访近3 000人次，解决问题100多个。二是注重对人才的政治引领和政治吸纳，建立了市领导联系服务专家和"景漂""景归"人才制度。三是创优发展环境，从开展城市环境综合整治，在全市范围内进行棚户区改造，到做好"治山理水、显山露水"文章，实施一批城市基础设施和公共建设项目，再到打造"双创双修"升级版，打出一套优化环境的"组合拳"，整个城市从建设到管理、从形象到功能、从面子到里子都发生了可喜的变化。四是创优社会环境上，对外，积极推动新华社、《人民日报》、央视新闻联播等中央主要新闻媒体前来调研采访"景漂""景归"现象、宣传报道景德镇市

的人才工作成效和创新举措；对内，组织市属媒体统一开设专题，推出了 30 多个"境外景漂"系列报道……

2. 留住人才政策进一步完善

政策，是留住人才的坚实基础。为留住人才，一是实施机制改革，制定出台了《中共景德镇市委关于深化人才发展体制机制改革的实施意见》及其分工方案，对人才使用管理体制、人才引进集聚战略、人才培养发展平台、人才评价激励机制、人才服务发展环境、人才优先发展格局 6 个方面提出了重要改革意见，对编制、住房、医疗、税收、配偶安置、子女入学等方面开辟绿色通道列出了具体行动目标。二是出台"3＋1＋X"产业人才政策。从平台建设、金融扶持、财税奖励、生活保障等 12 个方面提出支持政策，从制定孵化载体、推动对外交流、落实养老保险等 15 个方面制定了实施细则，形成了"1＋N"政策。根据"1＋N"政策，"景漂"在子女就学等方面可以享受市民待遇甚至超市民待遇。三是推出专项政策。根据人才群体结构多样性的特点，景德镇市出台了促进陶瓷科技成果转移转化、"景漂"贷、"人才"贷、职称申报条件放宽等若干专项配套政策，满足了不同人才的具体需求。以"景漂"群体为例，针对他们最为关注的职称评定问题，出台了只要是在景创新创业或者缴纳社保的"景漂"人才，在参加职称评审时可以不受户籍限制的宽松政策，使他们可以更安心地留在景德镇从事艺术创作。同时，针对人才群体贷款难、担保难的问题，推出了"景漂"贷、"人才"贷政策，给予免担保、贴息优惠政策，最高额度达到 50 万元。截至目前，已累计向 38 位人才发放贷款 1 148 万元。

3. 聚集人才平台进一步夯实

试验区建设以来，我市不断加大引才、育才、用才平台建设。围绕"3＋1＋X"重点产业，积极引进重要人才项目，依托驻外办事机构、商会等组织，在北上广深建立了 4 家招才引智联络站，促成了景德镇国际科创智谷项目的洽谈，以及洛客设计谷、猎豹移动猎户星空等重要人才项目的落地；加强了与艺术类、文化类、智库类机构的合作，与清华大学签署横向课题合作协议，开展国际合作办学，与央美、国美、中规院、故宫博物院等大院大所开展项目对接、人才交流，为打造国际范的品质城市获得人才专家和综合智库的支持；依托航空、陶瓷等优势产业，开展院士工作站建设，引进 9 名院士，建成 2 家"海智计划"工作站、2 家博士后科研工作站、3 家博士后创新实践基地，组建了 8 支市县两级招才引智小分队，构建起了较为完善的引才平台体系。此外，景德镇市评选出 12 家首批市级人才创新创业示范基地建设,完善技能大师工作室、创业大学等育才载体,推动"八大美院"、清华美院及中国美协创作基地(暨"9+1"创作基地)项目、陶文旅中德工业4.0智能制造职业教育实训基地落户,有力提升了景德镇人才队伍的内生能力。围绕建设"对外交流新平台"的要求,不断加快以御窑厂遗址为核心的陶阳里历史街区、以陶溪川为代表的文创街区、以三宝国际瓷谷为载体的陶源谷艺术景区和以陶大小镇为主体的东市区"三陶一区"文创空间建设,为一大批创意创业人才提供了发展空间。其中,陶溪川积极贯彻国家"双创"战略,按照"国际范、强体验、混合业态、跨界经营"发展思路,将陶瓷工业遗存变成了年轻时尚的文创街区,为青年创客和创意企业搭建平台,目前集聚了1.5万名国内外双创青年,成功孵化创业实体2 356家。

(六)陶瓷文化交流交易合作形成新格局

1. 陶瓷文化交流交易合作活动丰富多彩

积极倡导并开展陶瓷线上+线下、展会+电商的新型经贸交流,景德镇陶瓷产业展现出强大而蓬勃的生命活力。多次组织陶瓷企业参加经贸会展,如江西·香港线上展览、第十七届上海国际茶业交易(春季)博览会、无锡找食材·2020第七届国际食材节等大型展览,特别是在北京国际精品陶瓷展上,我市布置了近百个展位,约1 200 m² 的景德镇陶瓷展区,集中展示我市近年来在艺术陶瓷、生活陶瓷、文创设计等领域发展取得的优秀成果。景德镇陶瓷影响力和美誉度得到进一步提升。

2. 陶瓷产业"非接触性"经济呈井喷之势

按照国内国际双循环的新发展格局,尽快形成陶瓷市场需求牵引陶瓷企业供给、陶瓷企业供给创造陶瓷市场需求的更高水平动态平衡,2020年及时引导发展以直播、网红带货、电商为核心的陶瓷产业"非接触性"经济。一方面,着力拓宽陶瓷线上推广渠道,在江西移动电商中心"和我信"平台搭建"景德镇陶瓷频道",推荐32家陶瓷品牌企业产品第一批上线运营;另一方面,积极与各大电商平台对接,以组团形式,让景德镇陶瓷在各大平台集中亮相,各显风采。如:与淘宝平台对接,推荐诚德轩、真如堂、炼玉文化等37家陶瓷品牌企业参加"淘宝手艺人"专场活动;与抖音公司合作,组织景德镇陶东方、景岚大瓷馆、北鱼手作等14家陶瓷企业参加717"百城好物"活动,并携手开展《守护匠心》之《千年瓷文化"手"护赣技艺》项目直播,观看人数总计超过11万人;组织40余家非遗及文创企业参加省文旅厅组织的江西非遗购物节直播、淘宝匠心活动、东家匠人活动等。参加活动的陶瓷企业既涵盖了非遗品牌，也集中了众多特色手工艺商家，从传统到现代，从艺术到生活，产品类别齐全，丰富多彩。2020 年，陶瓷快递达到 4 876.38 万件，比 2019 年增长 22.65%，陶瓷电商实现营业收入 78.42 亿元比 2019 年增加 10.30%。

3. 瓷博会平台作用进一步显现

中国景德镇国际陶瓷博览会是商务部主办唯一的陶瓷类专业展会，是一个市场化、专业化的国际性陶瓷博览平台，已成功举办 17 届，已经成为国际陶瓷文化交流、世界陶瓷贸易展示、全球陶瓷产业招商的重要平台。2020 年第十七届瓷博会紧紧围绕“弘扬千年瓷都文明，博览世界陶瓷精品”的办会宗旨，以“招商引资的大会、贸易交流的大会”为主题，采取“线下＋线上”的展会新模式，举办了贸易洽谈、研讨论坛、竞技评比、文化展示等 30 余项活动。该届瓷博会展览面积达 20 000 平方米，共设 1 500 个标准展位。展品涵盖了艺术陶瓷、日用陶瓷、高技术陶瓷、国内各大名窑代表传承精品、茶器、香器、文器等创意产品。在该届瓷博会上，直播带货的互联网营销模式显著提高了瓷博会的贸易成交率。首次与天猫 & 淘宝直播合作打造的“云瓷博会”直播中心总销售额达 59.45 亿元，其中会场销售额 7.8 亿、天猫平台销售额 20.98 亿、抖音平台销售额 15.09 亿、快手平台销售额 15.58 亿元。直播观看总人次达 623.2 万人次，其中天猫直播观看量 251 万人次、抖音直播观看量 197 万人次、快手直播观看量 175.2 万人次。

（七）新型人文城市建设焕发新魅力

1. 创文创卫成果丰硕

以创建全国文明城市和国家卫生城市为抓手，大力开展城市功能与品质提升三年行动，扎实推进城市基础设施建设，不断强化城市精细化管理，广泛开展群众性创建活动和志愿服务活动，获评全国文明城市、国家卫生城市，被列为全国城市体检样本城市、全国无障碍环境示范市、全国禁毒示范城市，被授予全国未成年人思想道德建设工作先进城市、全国无偿献血先进市等称号。

2. 名城保护走深走实

以御窑厂为核心，对周边 150 多处老窑址、108 条老街区、“十大瓷厂”老厂房等文化遗存实施系统性保护修缮，原汁原味地保护老城的风貌风格、文化肌理。比如交通畅通行动，建成旸府大桥，建设大桥两座跨江大桥、昌南大道、红塔路、新安路等 10 多条新改建道路竣工通车,"两横三纵五联"的城市骨架路网基本形成。优化改造了 43 条主次干道和 40 个主要路口,有效缓解了城市东西不畅、南北不通的问题。比如社区优化行动,中心城区完成了 24 个老旧小区、8 000 户城市棚户区改造,建成了 8 个城区农贸市场、10 个城乡居家养老服务中心和 4 个智慧停车场,新建改建 160 座城乡公厕,升级改造了一批垃圾中转站,让群众切身感受到城市文明实力硬件、软件水平的明显提升。

3. 城市功能品质进一步提升

2019 年以来,新建 120.15 公里污水管网,完成西城区瓷都大道、新风路、浮桥西路、金鱼山路及沿线毛细支路雨污分流改造工程,完成东城区湖田桥、下窑、何家桥片区道路雨污分流改造工程,市第二污水处理厂提标改造工程投入试运行,老南河黑臭水体完成销号,新增 4 个城市街心花园。2 582 套城镇棚户区改造和 2 万户老旧小区改造完成。教育社会满意度调查全省第一,82 个城镇小区配套幼儿园专项治理完成,新建公办幼儿园 65 所,公办幼儿园在园幼儿比例达52.4%,中心城区新增 3 所中小学投入使用,义务教育大班比例降至 5%。

二、国家试验区发展经验

(一)统一领导,高位推动

在省里成立国家试验区建设领导小组后,景德镇市对标对表,迅速成立国家试验区建设领导小组,由市四套班子主要领导担任组长,确保国家试验区建设统一领导、高位推动。组建国家试验区管委会筹备组,积极谋划建立"管委会+平台"推进机制,确保国家试验区建设有机构、有人员、有保障。同步建立调度推进机制,建好工作台账,对 147 项重点任务事项进行每月常态化调度,确保任务推进有实效。抢抓部省恳谈会契机,就纳入国家"十四五"规划、罗家机场迁建、六安景铁路建设、转设景德镇艺术职业大学、御窑遗址申报世界文化遗产、创建国家文物保护利用示范区、陶阳里御窑景区申报 5A 级景区、设立景德镇知识产权法庭等事项进行协商讨论,进一步赋能国家试验区发展。

(二)优化顶层设计,坚持规划引领

在科学规划空间布局上,突出"一轴一带一区多点"空间布局,即珠山大道陶瓷文化保护传承轴、昌江百里风光带、新平先行区以及高岭矿山公园、南窑遗址、

瑶里古镇等 10 个能够集中体现景德镇陶瓷文化的典型点位,着力以重点突破带动全域发展。

在落实落细实施方案上,出台了《中共景德镇市委关于用心用情落实习近平总书记殷殷嘱托全力推进景德镇国家陶瓷文化传承创新试验区建设的决定》《景德镇国家陶瓷文化传承创新试验区建设三年行动计划(2019—2021 年)》,印发了《贯彻落实〈中共江西省委　江西省人民政府关于贯彻景德镇国家陶瓷文化传承创新试验区实施方案的意见〉的通知》,进一步细化工作措施,压实责任、合力推进。

在加快国家试验区规划编制上,上海交大刘士林专家团队联合景德镇市相关部门,共同编制国家试验区发展规划,一体推进全域空间总体规划和基础设施、文化保护、产业布局、区块功能等规划,并坚持把国家试验区建设贯穿市"十四五"规划,作为"十四五"规划的主线。

（三）凝聚全社会共识,形成强大内生动力

2019 年以来,继省里召开国家试验区建设领导小组第一次会议、国家试验区建设新闻发布会、国家试验区建设动员大会等一系列省级层面动员部署会议后,景德镇市广泛开展舆论宣传,坚持全城动员、全民参与、全域行动,在市属主要新闻媒体开辟专栏,推出国家试验区建设专题报道。新华社、国务院发展研究中心等智库机构推出 20 余篇分量重、篇幅大的系列报道。人民网、新华网等主流媒体推出相关报道 900 余篇,形成全方位、多层次、立体化的宣传氛围,全面提升国家试验区的知晓率、参与度。

同时,通过召开景德镇市委理论学习中心组学习扩大会、市四套班子成员围绕"我的景德镇——试验区建设怎么看怎么干"主题进行研讨交流等方式,进一步统一思想、凝心聚力。各县(市、区)、市直各部门开展了为期两个月的建言献策大讨论,94 家单位、1 000 多名副县级以上干部提出工作建议 3 600 余条。

（四）聚焦战略目标,坚持项目化推进

国家试验区建设启动以来,景德镇市坚持项目化推进,着眼于建设标志性工程,谋划梳理了三年内启动实施的重点项目 152 个,总投资约 1 035 亿元。2020 年度启动项目 50 个,计划投资 160.6 亿元,实际完成 195.05 亿元,超额完成 34.45 亿元。

在打造国家陶瓷文化保护传承创新基地方面,实施了御窑厂国家考古遗址公园整体提升等工程,异地迁建景德镇学院,加快建设江西省陶瓷工艺美院新校区,筹划新建景德镇艺术职业大学,引进落户"八大美院"、清华美院、中国美协创作基地和中德工业4.0智造实训基地等一批艺术类、文化类、产业类机构。同时,推进智造工坊、陶瓷原料及检测项目、国际陶瓷产业合作园等项目建设,培育壮大以陶瓷产业为首的"3+1+X"特色产业体系。

在打造世界著名陶瓷文化旅游目的地方面,推动陶溪川二期、高岭·中国村、获湾乡村振兴开发等一批标杆式旅游项目建设。加快建设景德镇水利枢纽工程,谋划实施御窑码头、古县衙码头等18个古码头项目,彰显出"一江两河出平湖,十八码头通古今;百里昌江风景美,千年瓷都展新颜"的独特魅力。

在打造国际陶瓷文化交流合作交易中心方面,规划建设了凤凰·世界传承文化中心、景德镇国际陶瓷博览交易中心等项目,加快建设紫晶国际会议中心、国际保税物流中心等项目,打造对外文化交流新平台。

(五)用好金字招牌,充分释放政策红利

在省直有关厅局的大力支持下,景德镇市围绕"手工制瓷减按3%征收增值税"等147项政策和任务事项,持续开展汇报对接,成果颇丰。

一批财税政策顺利落地。财政部、国家税务总局印发了《关于景德镇传统手工技法制瓷产品有关增值税政策的通知》,自2020年2月1日起执行。专项资金支持力度加大,发放试验区公共文化专项补助资金和省级旅游发展专项资金(瓷博会项目)。

成功争取地方政府专项债限额88.92亿元,获得老旧小区改造专项中央预算内资金4.18亿元。同时,注册陶瓷文化产业引导基金,规模达10亿元;设立景德镇特陶股权产投基金,基金一期规模1亿元。

用地规模不断扩大。2019年对88个项目用地进行了"两规"修改,土规调入建设用地规模达7 300亩。2020年土地调规8 000亩。

先行先试创新发展。成功入选国家生态文明建设示范市;获批设立景德镇陶瓷文化生态保护实验区、创建全国版权示范城市、国家级外贸转型升级基地(陶瓷);获得全国首批城市体检评估试点城市、全国老厂区老厂房更新改造利用试点城市、国家产教融合试点城市、直饮水试点城市等一批国家级试点。

（六）寸积铢累，做实做细

在加强陶瓷文化保护传承创新上，形成了《景德镇市陶瓷文化创新传承条例》草案初稿。加大陶瓷考古力度，御窑博物院挂牌组建，保护现代工业文化遗产，明清御窑厂遗址、国营为民瓷厂入选第三批国家工业遗产名单，景德镇成为全国拥有国家工业遗产数量仅次于北京的城市。扎实推进陶瓷文化进校园、进教材，全市各学校每周至少开设一节陶瓷文化课，69 所中小学建成了陶艺操作室。

在创新发展陶瓷文化产业上，编制《景德镇陶瓷产业规划 2030》，出台了《关于支持景德镇国家陶瓷文化传承创新试验区产业集聚发展的若干措施》，景德镇陶瓷制品产业示范基地（景德镇陶瓷工业园区）获评国家新型工业化产业示范基地五星级。筹建省艺术陶瓷标准化技术委员会，成立中国陶瓷数字经济（区块链）产业研究院，与阿里巴巴集团签订合作协议，探索中国艺术陶瓷评估标准，建立景德镇"陶瓷链"。3 家企业获批省级技术创新中心（重点实验室），红叶陶瓷获批省级工业设计中心。

在推动陶瓷文化旅游业发展上，打造陶瓷文化旅游核心产品，获批承办 2021 年全省旅游产业发展大会，全力协调推进实施总投资 150 亿元的 38 个市级调度的重点文旅项目，昌江区创建国家全域旅游示范区通过省级验收，御窑、浮梁古县衙创 5A 景区通过规划评审。

在加强陶瓷人才队伍建设上，承办了第五届全国陶瓷行业职业技能竞赛，省人社厅同意在工程技术职称系列下直接设置陶瓷工程专业，积极开展"海智计划"工作站建设，2019 年以来，新增省级海智工作站 1 家，创新首建市级海智工作站 1 家。

在提升陶瓷文化交流合作水平上，打造陶瓷电商集聚区和电商孵化基地，启动建设了总投资 3 亿元的电商产业园项目和总投资 2.6 亿元的电商产业孵化基地项目。推动陶瓷文化走出去，在欧洲举办了"陶瓷传统成型技法现场展示活动""丝路瓷行"系列陶瓷展。景德镇市人民对外友好协会正式成立并召开第一届理事会。制定有关政策细则，畅通了外国人来景签证渠道，放宽了签证申请要求。2020 中国景德镇国际陶瓷博览会，首次采取"云模式"。

（七）加大金融支持，创新服务方式

金融是经济的血脉，国家试验区成立以来，人行景德镇市中心支行及全市主要商业银行主动扛起金融支持试验区建设责任,均成立工作领导小组,并成立金融服务专班,制定项目行动规划,以项目直销团队的形式,主动落实试验区方案要求,定期跟进金融服务效果;通过注重政策引导,推动金融创新,严防金融风险三个关键环节,为试验区建设不断注入活水。一是为助力国家试验区建设,人行景德镇市中支牵头印发《关于金融支持景德镇国家陶瓷文化传承创新试验区建设举措的通知》,推出18条涵盖"项目+金融"在内的具体措施,助推金融资源不断向重点领域集聚;明确提升货币政策工具使用效率,创设"景瓷通""景航通""景微通""景绿通"四类票据融资通道,设立10亿元专项再贴现额度等,全方位、多角度落实金融扶持政策。二是强化政银横向联动,积极发挥政银合力,先后召集政府职能部门、银行机构及融资平台召开金融支持试验区建设会议累计30余次,推动辖内银行机构主动对接试验区152个重大项目,加大资金支持力度,确保项目顺利推进,试验区获批以来,贷款新增主要投向推进城镇化及国家陶瓷文化传承创新试验区建设,8家银行机构已对接并授信的试验区项目有34个,贷款余额57.37亿元。三是立足陶瓷产业升级需求,从本地实际出发,景德镇当地金融机构因地制宜,针对性地推出了一系列便捷高效的金融产品,有效助推民营、小微陶瓷企业发展。如当地交行运用"燃气贷"及"景瓷贷"等产品,设立陶瓷金融服务中心,累计为62户陶瓷企业提供1.87亿元担保贷款;中行通过"陶瓷电商通宝"向12户陶瓷电商小微企业主累计发放贷款2 675万元;景德镇农商银行积极通过"科贷通"产品解决小微陶瓷企业缺少抵质押物的难题。据统计,2020年景德镇市金融系统用心用情,用足用好一系列金融支持政策举措,共发放各类贷款73.4亿元,其中陶瓷文化传承保护项目资金10.6亿元、陶瓷产业发展项目资金18.2亿元、陶瓷文化旅游及基础设施配套项目资金28.6亿元、陶瓷小微企业资金16亿元,陶瓷产业发展资金需求得到极大满足。

三、国家试验区发展展望

(一)文化引领高质量发展进一步走向深入

国家试验区建设以来,景德镇结合自身的城市发展定位,注重保护利用好自身所具备的独特的陶瓷文化资源,用生动鲜活的语言向国内外讲述中国陶瓷故事、传递中国陶瓷声音,打造彰显中国文化自信、展示中国形象的亮丽名片。文化之美,美在发展。景德镇牢牢抓住国家试验区建设的历史性机遇,开启了文化发展的主战略,并以此引领全市高质量发展。通过持续加强陶瓷文化遗产保护与利用,大力传承创新陶瓷非物质文化遗产,系统深入地阐发了景德镇陶瓷文化,获批设立了景德镇陶瓷文化生态保护实验区。从当前景德镇陶瓷文化传承创新取得的成效来看,一批批陶瓷文化工程落地开花,现存陶瓷文化遗址遗迹活态化发展,与世界对话的文化自信渐趋稳重成熟。完全可以肯定的是,陶瓷文化的丰富内涵所承载的内生动力托举了景德镇旅游名城建设,陶瓷文化作为主战略的实施极大地推动了景德镇高质量发展。

（二）新型人文城市建设形成一系列重要示范

人文城市强调了城市的本质在于提供一种"有价值、有意义、有梦想"的理想生活方式,体现了"以人为核心的新型城镇化战略"和"人民城市为人民"的时代要求。景德镇是世界上唯一靠单一手工业维持了千年繁荣的城市,不仅是中国乃至世界上保留手工陶瓷技艺最完备的地区,还拥有完备的陶瓷产业链,具备建设新型人文城市示范样板的资源禀赋和优越条件。2019 年《国务院关于景德镇国家陶瓷文化传承创新试验区实施方案的批复》首次将新型人文城市建设任务赋予景德镇市。建设新型人文城市既是国家试验区的主要目标,也是建设世界陶瓷文化中心城市的基础支撑。国家试验区实施方案中明确了到 2035 年,使景德镇成为全国具有重要示范意义的"新型人文城市",其核心区擘画了"一轴一带一区多点"的空间格局。未来,景德镇将坚持"新型人文城市"的发展目标,并以此为突破口,大力推动陶瓷文化成为城市形态演进与经济社会发展的核心力量与主要机制,全力建设历史底蕴深厚、时代特色鲜明、陶瓷文化和旅游、产业、民生融合发展的人文魅力空间,为全国人文城市建设提供可复制可推广的经验。

（三）各类项目和各项工作取得重大进展

一是对陶瓷产业、陶瓷文化的多角度全方位研究,将形成陶瓷文化传承创新的理论研究高地。二是最完整的陶瓷教育体系、特色优势学科专业的建设、产教融合等将形成陶瓷人才教育的制高点。三是师授徒承的机制,首席技师与首席设计师制度的实施,为"景漂""景归"优秀人才提供住房优惠、配偶随迁安置、子女就近入学、创业帮扶贷款等等配套政策与措施,将形成人才汇聚制高点。四是科研能力和水平的提高,先进陶瓷大力发展,"两化融合""两业融合",各类标准的制定、科技成果有效转化将抢占科技创新的制高点。

（四）多方位融合战略将创造更多新亮点

一是"旅游＋"。旅游＋瓷体验活动，让更多的游客参与到说瓷、做瓷、知瓷、赏瓷、购瓷等一系列活动中，将培养更多的陶瓷热爱者；旅游＋茶文化节，让更多的人认知茶道、以器载道，使古老的浮梁茶更有韵味；旅游＋地方民俗风情体验、旅游＋特色小吃节、旅游＋乐平戏曲文化等等让更多人体会到"美景厚德镇生活"。二是"瓷博会＋"。瓷博会迄今已举办17届，已成为景德镇一年一次的盛会。瓷博会＋陶瓷狂欢节将会涌现无限的商机，瓷博会＋陶瓷核心市场将"天下人到景德镇买天下瓷"的核心市场，瓷博会＋各类发布会、各类评选将提升瓷博会能级和公信力。三是"收藏＋"。随着"收藏＋考古""收藏＋鉴瓷培训班""收藏＋当代大师作品拍卖会""收藏＋大型藏品展示交流会""收藏＋陶瓷文化传承与创新现场研讨会"等活动的有序开展，不仅会吸引无数陶瓷收藏家和爱好者齐聚景德镇，更重要的是传播陶瓷文化、弘扬陶瓷文明。四是"直播＋"。电商直播改变了景德镇陶瓷产业的生态，让整个景德镇在互联网数字化的浪潮下再现"器成天下走"，全市陶瓷直播电商年交易额达70亿至75亿元，占全国陶瓷直播电商交易量的70％左右。"火热"的陶瓷直播带货不仅为陶瓷产业发展带来更大的促进提升，更为重要的是能够加速汇聚起景德镇陶瓷文化传承创新试验区建设中所需的社会资源。五是"教育＋"。景德镇现有与陶瓷有关的专科以上学校5所，5所院校在校生已经超过4万人，已超过城市人口总量的7％，这些学生来自全国各地，既是陶瓷文化学习者，更是陶瓷文化的传播者，这种传播能量是不可低估的；此外，各类研学游也推动了陶瓷文化的交流与互鉴。

（五）更多的"政策效应"转化为更强大的"动力效应"

一是成功入选第六届全国文明城市，不仅用文明擦亮"与世界对话"的底色，更为重要的是全方位提升城市品质，让文明城市更有高度、厚度、深度和温度。随着常态长效创建全国文明城市，一系列文化铸魂行动的开展，崇德向善的荣耀感、文化厚重的获得感、和谐宜居的归属感、嘉言懿行的亲切感将进一步提升。二是江西内陆开放型试验区建设，不仅为陶瓷文化走向世界提供更多便利性，更为重要的是将吸引全球资源，汇聚全球力量共同建设试验区。三是国家级景德镇陶瓷文化生态保护实验区的建设，既保护非物质文化遗产，也保护孕育发展非物质文化遗产的人文环境和自然环境，实现"遗产丰富、氛围浓厚、特色鲜明、民众受益"。四是一系列先行先试将为试验区建设积累宝贵经验。2019 年,获批创建全国版权示范城市、国家级外贸转型升级基地(陶瓷);获得全国首批城市体检评估试点城市、全国老厂区老厂房更新改造利用试点城市、直饮水试点城市等一批国家级试点。2020 年,获批设立景德镇陶瓷文化生态保护实验区。2021 年,景德镇成为全省唯一首批国家产教融合型城市建设试点城市;获批第二批国家文化出口基地。

第十章
国内外陶瓷文化贸易发展趋势研究^①

　　习近平总书记指出，加强和改进中华文化"走出去"工作，要坚定中国特色社会主义道路自信、理论自信、制度自信、文化自信，加强顶层设计和统筹协调，创新内容形式和体制机制，拓展渠道平台，创新方法手段，增强中华文化亲和力、感染力、吸引力、竞争力，向世界阐释推介更多具有中国特色、体现中国精神、蕴藏中国智慧的优秀文化，提高国家文化软实力。

　　陶瓷作为中华文明的重要名片，不仅是在世界范围被广泛认知和需求的商品货物，更是中国走向世界、世界认识中国的重要文化符号。历史上，中国通过陶瓷贸易，在实现商品销售的同时，还展示了中国的文化艺术，实现了商品贸易与文化传播的互动发展，成为以商品贸易促进文化"走出去"的经典案例。推进陶瓷文化贸易研究，把握当前陶瓷文化贸易的发展现状和基本规律，对于探索以陶瓷文化贸易促进国际文化交流合作，讲好"中国故事"，传播好"中国声音"，促进我国文化强国建设，具有理论和现实意义。

一、我国陶瓷贸易的历史演进与价值意义

　　陶瓷是中国对外贸易史上存在最久远的商品之一，是我国一张十分重要的文化名片。一部陶瓷外销史，其实就是中国文化走出去的真实历史，是文化走出去的鲜活案例。从晚唐时期开始，在随后1 000多年的时间里，陶瓷作为承载中

① 课题组组长：
蒋金法　江西省社会科学院党组副书记、院长
成　员：
陈德明　江西省社会科学院哲学所助理研究员、博士
刘　宇　江西省社会科学院文化所助理研究员、博士
方蕴翔　江西工程学院马克思主义学院讲师、博士

国文化的世界级商品走出国门,并在中国对外贸易中一直担任主力军,中国陶瓷的足迹遍及世界各个角落,中国的文化影响也因此遍布世界。从文化的角度看,陶瓷贸易大概可以分为三个历史阶段:第一个阶段是我国悠久的制陶历史,对东南亚等周边落后地区文明的发展具有重要促进作用;第二个阶段是陶瓷作为中国对外文化传播最重要的载体,陶瓷贸易有力地传播了中国文化;第三个阶段是中国根据国外客户的使用习惯和文化审美,大规模生产定制陶瓷,有效促进了中西方文化双向互动交流。

（一）早期陶瓷贸易促进人类文明进步

瓷器是中国高度发达文明的体现,中国的瓷器享誉世界,与人们的生活密切相连,在中国与东南亚地区互通贸易的时候,东南亚的许多地区还处于原始部落状态,没有合适的饮食器具。宋代赵汝适所著的《诸番志》中曾有记载,在东南亚地区的许多国家"饮食以揲叶为碗,不施匙筯,掬而食之",揲叶就是芭蕉叶,用芭蕉叶盛饭,以手代筷而食。还有的"饮食不用器皿,缄树叶以从事,食已则弃之",或者"无器皿,以竹编、具多叶为器,食毕则弃之"。直到中国的陶瓷传入后,改变了他们原来的生活饮食习惯,瓷器制品成为他们眼里精美合适的饮食器具,被人们所广泛地接受和使用,直接推动了这些区域文明的进步,实现了跨越式发展。这种情况也适合于欧洲社会,在中国瓷器出口到欧洲之间,欧洲上层社会贵族多使用金银器,大多数社会民众使用陶器等,但瓷器的大规模引入,促使欧洲形成了分餐制,加快了社会制度的变革。

（二）陶瓷贸易促进中华文化对外传播

陶瓷是让世界了解中国最重要的产品,特别是"一带一路"共建国家和地区的皇室和贵族把陶瓷作为生活中的工艺品、奢侈品,并纳入他们的经济、政治、宗教和艺术事务之中。晚唐、五代时期开始,波斯、阿拉伯商人就聚集在广州、扬州、泉州等港口,将中国陶瓷东输朝鲜、日本,或贩运到南海诸国,并转运到世界各地。这一时期海上的陶瓷贸易,就已经形成了一次贸易达到数万乃至数十万件的规模。[①] 宋代是中国陶瓷业发展的蓬勃时期,大批阿拉伯人和波斯人前来

---

① 秦大树:《中国古代陶瓷外销的第一个高峰:9～10世纪陶瓷外销的规模和特点》,《故宫博物院院刊》2013年第5期,第32—49＋162页。

贸易,瓷器贸易风靡印度洋,中国瓷器广泛地流传到南亚、西亚和非洲各地。何鸿认为,据荷兰东印度公司的记载,从 1602 年至 1682 年的 80 年里,有 1 600 万件中国瓷器从中国运到荷兰以及世界其他地方,每年仅巴达维亚一地运往欧洲的瓷器就达 300 万件之多,① 按照其他学者的估计,明清时期中国出口到西方的瓷器大概有 1.5 亿件或更多。② 随着陶瓷的大规模出口,中国传统人物、山水、鸟兽、花草、祥瑞等主题通过陶瓷呈现,中国文化传播到西方国家。比如,《西厢记》这种以"世俗爱情"为题材的古典小说,不但受到中国大众的广泛喜爱,也被当作具有浓郁中国世俗情调的媒介远舶西方,甚至有人称,这或许是中国古典小说中呈现在西方人面前最早的文本之一。③ 16 世纪到 19 世纪中期,欧洲人非常崇尚中国文化,欧洲人所购买的瓷器,不仅在装饰上流行中国风格,而且许多中国式的陈设瓷造型也非常流行。比如,当时欧洲上流社会,都以设置"瓷器室"、陈列中国瓷器为时尚。如法国国王路易十四有专门收藏瓷器的凡尔赛镜厅,还特地建筑了"瓷宫";波兰国王约翰三世在维拉努哈宫侧殿有专门陈列瓷器的"中国厅";英国经济学家亚当·斯密也曾提到,他在爱丁堡和巴黎的人家中看到大量炫耀摆设的中国瓷器。④

(三)陶瓷贸易促进世界文化交流互动

陶瓷贸易在促进中国文化传播的同时,由于欧洲国家的政治观念、宗教信仰、审美取向等与国内有较大差异,因此外销瓷器与内销瓷器的题材往往有所不同。据 T. 佛尔克编著的《荷兰东印度公司与瓷器》记载,万历年间我国瓷器就已经按照欧洲的需要进行专门生产且出口量大。⑤ 到了清代,大量销往欧洲的瓷器都弥漫着浓郁的异国风情,动物图像、希腊罗马神话、宗教故事等都体现在外销陶瓷上。比如,17 世纪,鹦鹉的图案出现在珐琅彩瓷上,18 世纪中后期,神话场景在销往欧洲的外销瓷上大行其道,特洛伊木马、手持雷电的朱庇特等欧洲脍炙人口的神话情节纷纷登上外销瓷的舞台。另外,欧洲皇室贵族还根据自己的使用习惯、文化审美以及家族标志,从中国定制特殊样式的陶瓷,形成了独特标志的纹章瓷,并以此引领文化交流的潮流。正是在欧洲上层消费理念的引领下,

① 马斌:《明清瓷器出口的阶段和数量》,《收藏·拍卖》2005 年第 10 期。
② 马斌:《明清瓷器出口的阶段和数量》,《收藏·拍卖》2005 年第 10 期。
③ 舒曼:《待月西厢:古代瓷器上的〈西厢记〉》,《艺术品鉴》2015 年第 11 期。
④ 武斌:《文明的力量:中华文明的世界影响力》,广东人民出版社 2019 年版。
⑤ 冯先铭、冯小琦:《荷兰东印度公司与中国明清瓷器》,《江西文物》1990 年第 2 期。

整个欧洲在 16 世纪到 18 世纪开启了模仿中国生活方式的"中国风"。实际上，陶瓷文化也影响到了西方的艺术绘画，例如，著名意大利画家乔凡尼·贝理尼(Giovanni Bellini)在 1514 年创作的名作"诸神的盛宴"中就画有明代中国瓷盘，由此也可以看出中国瓷器在当时欧洲的崇高地位。

可见，陶瓷是中国人民对世界文明的重大贡献之一，不仅陶瓷在世界经济贸易史中具有举足轻重，陶瓷文化贸易也同样意义重大，在文化交流史和文明互鉴史中都发挥了重要的作用，产生了影响的深远。

二、近年来国际陶瓷文化贸易的基本态势

在当今时代，陶瓷技术飞速发展，陶瓷的种类更加丰富多样，不仅有传统意义上的日用陶瓷、艺术瓷，还有特种陶瓷、卫生陶瓷等等。当前陶瓷贸易中，特种陶瓷、卫生陶瓷主要是商品属性，基本不具有承载文化交流功能，继承陶瓷文化交流的功能的，主要是高端日用陶瓷和艺术陈设瓷等。

（一）当前国际陶瓷文化贸易的基本情况

从全球日用陶瓷进出口数据看出，国际日用陶瓷进出口贸易规模较大，2015—2019 年的五年间，全球日用陶瓷的国际贸易大概在 100 亿美元上下波动（见表 10-1）。其中，2015 年达到一个高峰，为 103 亿美元；在 2016 年较大幅度地下降之后（主要原因是欧美国家对中国的反倾销），实现了恢复性增长。

表 10-1　2015—2019 年国际日用陶瓷贸易情况表①

年　份	出口总额(亿美元)	出口总量(亿千克)	单价(元/千克)
2015 年	103.00	27.96	3.68
2016 年	86.42	26.02	3.32
2017 年	91.19	28.05	3.25
2018 年	98.43	29.06	3.38

---

① 数据来源：中国轻工业陶瓷研究所，《中国日用陶瓷年鉴》，江西高校出版社 2020 年版。

从贸易主体看,中国持续保持日用陶瓷贸易第一大出口国的地位(见表10‑2),出口量占全球贸易总量的60%—70%。排名第二的德国近五年的出口额都没有超过5亿美元,2018年的出口额仅为中国的6.4%左右。从出口地区分布看,除了中国之外,全球日用陶瓷出口地区主要集中在欧洲地区;另外,阿联酋、泰国和美国也有一小部分出口。

表 10‑2　2015—2018 年世界主要国家日用陶瓷出口情况 Top10[①]

(出口额:亿美元)

名　称	2015 年	2016 年	2017 年	2018 年
中　国	70.660	53.830	58.507	63.373
德　国	4.442	4.336	4.328	4.527
英　国	2.803	2.561	2.621	2.804
阿拉伯联合酋长国	1.425	1.383	1.463	1.359
法　国	1.609	1.647	1.695	1.797
泰　国	2.223	2.107	2.176	2.117
意大利	1.298	1.293	1.345	1.441
葡萄牙	2.079	2.263	2.404	3.030
波　兰	1.017	1.193	1.417	1.583
美　国	1.556	1.401	1.358	1.345

从陶瓷文化品牌看,中国拥有悠久的制瓷历史,是当今世界上最大的陶瓷生产国和输出国,也是最大的陶瓷消费国。从全球陶瓷文化贸易的角度看,中国主要以中低端的日用陶瓷生产和销售为主,真正能够彰显陶瓷文化艺术,推动文化交流的高端陶瓷品牌较少。中国知名的日用陶瓷品牌有红叶、华光、硅元、华联等品牌。但是和国际知名陶瓷品牌相比,陶瓷企业文化等各个方面还不够成熟,中国

---

① 数据来源:中国轻工业陶瓷研究所出版的《中国日用陶瓷年鉴》整理而来。

日用陶瓷没有形成较强的品牌和规模效应。[①] 而欧洲和日本等地区,高端文化陶品牌几乎都是从传统日用陶瓷延续发展而来,形成了众多高端陶瓷文化品牌(见表10-3),很多都已经有几百年的历史,在陶瓷文化贸易中具有重要的影响和地位。

表 10-3　2017 年国外知名日用瓷产区及相关品牌[②]

1	英国斯托克	9	匈牙利赫伦瓷
2	西班牙雅致瓷	10	俄罗斯格热利
3	意大利马约里卡陶器	11	美国莱诺克斯瓷
4	法国塞夫勒	12	韩国 HANKOOK CHINAWARE
5	法国利摩日	13	日本有田町
6	德国梅森	14	日本日光瓷
7	德国宁芬堡皇家瓷器工坊	15	日本鸣海瓷
8	荷兰代尔夫特	16	日本则武瓷

(二) 当前陶瓷文化贸易发展的基本特征

从陶瓷文化贸易发展的历史和现实看,陶瓷贸易实现文化传播和交流的主要规律和基本特征有以下方面。

1. 陶瓷贸易是中国文化传播的重要载体

瓷器既是实用器皿,也具有文化艺术性。中国陶瓷贸易创造了巨额利润的同时,也给当地的人们带来了全新的文化艺术享受。从早期全球化的进程看,瓷器是中国文化象征和民族文化展示的重要符号,也获得了世界其他文明的认可,并形成了以中国为核心的瓷器产品和文化的传播交流圈。早在晚唐的时候,陶瓷就开始充当中外交流的使者,吸引了大批海外人士到中国来。无论是帝王作为礼物赠送给他国的陶瓷珍品,还是通过陆路、海路对外输出的外销瓷等精美的中国陶瓷都承载着中国人的价值观和审美观,给予世界不同国家以巨大的影响,让世界了解了中

---

①　数据来源:中国轻工业陶瓷研究所,《中国日用陶瓷年鉴》(2018),江西高校出版社 2017 年版,第333 页。

②　数据来源:中国轻工业陶瓷研究所,《中国日用陶瓷年鉴》(2018),江西高校出版社 2017 年版,第333 页。

国。这也启示我们,在新的时期,必须把陶瓷作为重要的文化交流载体,加大力度推进陶瓷文化贸易,推动中国文化"走出去",讲好中国故事,传播中国声音。

2. 市场偏好是影响陶瓷风格的重要因素

随着陶瓷文化贸易的深入推进,海外不同群体的差异化需求,对中国瓷器的烧制、器形和纹饰起到了直接或重要的推动作用。从晚唐时期的陶瓷贸易开始,中亚地区最喜欢青瓷和色彩斑斓的唐三彩,从影响来看,唐三彩和釉下彩瓷的对外影响更大。明清时期,陶瓷贸易中青花瓷和釉上彩瓷最受欢迎。以景德镇为例,清朝时期大量的内销瓷器都沿用了明代流传下来的传统人物、山水、花卉、禽鸟等题材。但对于外销瓷,景德镇陶工在遵循传统制瓷技艺和艺术形式的基础上,努力仿制和摹绘海外瓷商带来的模型和画稿,并将这些外来的艺术语汇和文化观念加以扬弃和重新编码,内化成景德镇瓷器的艺术要素和表现形式,最终形成明清景德镇陶瓷艺术的多样性特征。① 这也是我们中国能够在长时期主导陶瓷贸易的重要原因之一。克拉克瓷和纹章瓷更是按照西方人的要求定制生产的,迎合国外的使用习惯和文化审美,是中西文化艺术相互交流和碰撞的产物。这启示我们,促进陶瓷文化贸易必须注重文化交流,创造满足海外市场需求的作品。

3. 实现科技、文化和功能的融合发展是陶瓷文化贸易的发展方向

从当前日用陶瓷的发展趋势看,欧洲国家的陶艺产业较偏向于实用性与艺术性相结合,这一点,从梅森等代表性品牌就能发现。在过去,欧洲陶瓷强调艺术与工业的结合,讲究造型的单纯化、合理化,重视实用与美观,并注重作品的雕塑与装饰效果;受 20 世纪 80 年代末期与 90 年代简约风尚的影响,当前欧洲陶瓷的作品有偏向柔性、个人色彩的趋势。② 日本陶瓷则朝向精致化、高科技化方向发展。日本陶瓷产业非常兴盛,占据日本所有传统产业产值的 50%。③ 整体来说,日本陶瓷产业仍以精致、艺术设计为主。除此之外,日本也将工业用精密陶瓷视为决定未来竞争力前途的高科技产业,生产的先进陶瓷元件已占据了国际市场的主要份额。而中国则是全面推进,日用陶瓷以实用性为主、艺术性为辅,纯手工绘制的方式主要保留在艺术陶瓷领域,科技陶瓷正在不断追赶。这种发展方式反映了中国的陶瓷历史传统与现代需求。

---

① 牟晓林:《海外需求对明清景德镇瓷器的影响》,中国艺术研究院博士论文。
② 中国轻工业陶瓷研究所:《中国日用陶瓷年鉴》(2018 年版),中国轻工业出版社 2018 年版,第 333 页。
③ 中国轻工业陶瓷研究所:《中国日用陶瓷年鉴》(2018 年版),中国轻工业出版社 2018 年版,第 333 页。

三、近年来我国陶瓷文化贸易发展情况

中国是陶瓷的发源地,无论是古代还是当代,中国陶瓷出口对世界经济、文化发展和社会生活都产生了深远影响。陶瓷具有文化艺术和实用双重属性,从陶瓷文化贸易的角度看,就需要同时考虑日用陶瓷与文化艺术陶瓷的贸易情况。

根据全国陶瓷工业信息中心统计数据显示(见表 10 - 4),2019 年全国陶瓷行业完成累计主营业务收入为 3 098.12 亿元(未包括建筑陶瓷),同比增长 4.86%,其中日用陶瓷主营业务收入 627.09 亿元,陈设艺术陶瓷 643.73 亿元,园艺制瓷 71.03 亿元,其他陶瓷 63.07 亿元。

表 10 - 4　2019 年全国陶瓷行业主营业务收入情况[①]

种　　类	2017 年	2018 年	2019 年
特种陶瓷制品	1 276.98	822.51	895.48
卫生陶瓷	881.87	778.09	797.72
日用陶瓷	1 174.15	744.26	627.09
陈设艺术陶瓷		510.99	643.73
园艺陶瓷	1 004.3	45.68	71.03
其他陶瓷		115.41	63.07
合计	4 337.43	3 016.94	3 098.12

从 2017—2019 年的数据可以看出,虽然当前国内陶瓷发展稳中有降,但是陈设艺术陶瓷在 2019 年实现了较好的增长态势。这说明陶瓷作为一种文化艺术的功能在不断凸显,并且得到市场的肯定。

（一）我国文化陶瓷贸易发展情况

在国际贸易数据统计上,海关并不单独将文化艺术陶瓷作为一个单列的项

[①]　数据来源:中国轻工业陶瓷研究所、中国陶瓷工业协会、中国轻工业信息中心主编:《中国日用陶瓷年鉴》(2018 年、2019 年、2020 年)整理而来,中国轻工业出版社。

目来统计。通过走访海关和商务部门,了解到陶瓷文化艺术品的协调制度(以下简称"HS")编码主要有两个:一个是瓷制塑像及其他装饰品(HS:691310);一个是陶制塑像及其他装饰品(HS:691390),这里大体对应的陶瓷分类是陈列艺术陶瓷和园艺陶瓷两类的出口。另外,在海关统计上,陶瓷文化贸易还包括年成超过一百年的古董,但由于这个进出口规模较小,并且与当前的陶瓷文化贸易关系不大,因此不列入本课题研究的范围。

国家海关统计数据显示,2017—2020 年,我国陶、瓷制塑像及其他装饰品的出口总额分别为 14.26 亿美元、15.47 亿美元、16.81 亿美元、16.02 亿美元(表10-5)。从陶瓷出口的产品结构看,瓷制品大约占 2/3,而陶制品大约占 1/3。从近 4 年的数据看,我国陶瓷文化贸易的总额在 14 亿—16 亿美元上下波动,虽然出口额略有起伏,总体而言保持稳定。值得关注的是,近 4 年的数据与2012 年的高点 32 亿美元相比,下降超过了 50%。究其原因,主要是欧美发达国家对中国的反倾销,并且欧洲、日本等国陶器文化产品不断兴起,在国际市场上所占比重日渐增加。

表 10-5　2017—2020 年我国陶瓷制塑像及其他装饰品出口金额

(单位:亿美元)①

	2017 年	2018 年	2019 年	2020 年
瓷制塑像及其他装饰品(HS:691310)	10.24	10.94	11.68	11.04
陶制塑像及其他装饰品(HS:691390)	4.02	4.53	5.13	4.98
总计	14.26	15.47	16.81	16.02

从我国陶瓷文化产品的出口目的地看,排在前 10 位依次是:美国、韩国、荷兰、德国、沙特阿拉伯、新加坡、英国、马来西亚、日本和澳大利亚。除了美国作为第一大消费大国,其余国家主要是"21 世纪海上丝绸之路"沿线的国家和地区。

(二)我国日用陶瓷贸易情况

我国是世界上最大的陶瓷生产地和出口地。仅就日用陶瓷的生产而言,

---

① 数据来源:海关总署进出口查询系统。

2015 年我国日用陶瓷主营业务收入就突破千亿(见表 10‐6)。从类型上看,日用陶瓷大体以陶瓷餐具为主,还包括部分陶瓷容器、礼品瓷等。日用瓷特别是高端日用瓷携带的文化符号、文化内涵,对扩大对外文化交流,促进文化传播具有重要意义。近年来,受到资源和环境约束,日用陶瓷规上企业主营业务收入的总量明显呈下降趋势,但行业利润水平基本上都能达到 7% 左右,说明日用陶瓷仍然具有较为稳定的利润增长点。基于陶瓷文化贸易视角,本课题主要分析陶瓷制餐具情况。①

表 10‐6 2015—2019 年我国日用陶瓷主营收入与利润情况②

时 间	主营业务收入(亿元)	利润(亿元)	利润水平
2015 年	1 067.89	66.18	6.20%
2016 年	1 139.47	79.41	6.97%
2017 年	1 174.15	83.56	7.12%
2018 年	744.26	52.71	7.08%
2019 年	627.09	45.59	7.27%

中国是世界上最大的日用陶瓷出口国,2016—2020 年,中国陶瓷制餐具出口保持稳定发展态势(表 10‐7)。从出口单价看,虽然餐具陶瓷出口的平均单价在稳步增长,但 2019 年的平均价仍然只有 3.05 美元/千克。这充分说明我国日用陶瓷出口附加值较低,处于日用陶瓷产业链发展的中低端。

表 10‐7 2015—2019 年中国日用陶瓷出口情况③

时 间	出口额(亿美元)	出口量(万吨)	价格(美元/千克)
2016 年	50.38	—	—
2017 年	51.57	194.68	2.65

① 从海关的统计口径看,日用陶瓷主要对应的是陶瓷制餐具(海关编码:69111011、69111019、69120010)以及陶瓷制厨房及盥洗器具(海关编码 69111021、69111029、69119000、69120090)。
② 数据来源:中国轻工业陶瓷研究所、中国陶瓷工业协会、中国轻工业信息中心:《中国日用陶瓷年鉴》,江西高校出版社。
③ 数据来源:中国轻工业陶瓷研究所、中国陶瓷工业协会、中国轻工业信息中心:《中国日用陶瓷年鉴》,以及海关总署。

时　间	出口额（亿美元）	出口量（万吨）	价格（美元/千克）
2018 年	54.94	199.19	2.75
2019 年	62.42	204.61	3.05

从出口目的地看,我国日用陶瓷主要销往美国以及"一带一路"共建国家和地区(表 10-8)。具体而言,美国是我国日用陶瓷第一大出口国,我国日用陶瓷对美国出口占我国出口总额 30％以上。越南、马来西亚、新加坡、土耳其、哈萨克斯坦、沙特阿拉伯、阿联酋等"一带一路"共建国家成为我国日用陶瓷出口的主要对象,每年对这些国家的出口额都超过了 1 亿美元。

表 10-8　中国日用陶瓷出口排名前十的国家① （单位：亿美元）

地　区	2015 年	2016 年	2017 年	2018 年	2019 年
美　国	14.61	9.46	10.43	12.62	12.35
新加坡	2.7	1.93	1.65	1.59	2.35
英　国	3.22	2.29	2.54	2.55	3.56
沙特阿拉伯	1.72	1.17	1.27	1.31	2.42
马来西亚	2.25	1.22	1.49	1.84	1.93
德　国	2.63	1.9	2.01	2.09	2.28
土耳其	1.79	1.06	1.28	1.29	0.83
越　南	5.08	4.66	3.85	3.29	3.68
阿联酋	1.69	1.09	1.33	1.31	1.32
哈萨克斯坦	0.84	1.06	1	1.08	1.31

从我国陶瓷产区的分布看,日用陶瓷出口和陶瓷产业的历史基础有明显关

① 范银妮：《基于"一带一路"视角下景德镇日用陶瓷产业发展对策研究》,景德镇陶瓷大学硕士论文,2021 年。

联,广东、福建、河北、山东、江西、浙江、湖南等地区均有陶瓷主要产区(表
10-9)。但从出口的实际看,广东省日用陶瓷出口额遥遥领先,这与广东作为传
统的对外开放口岸有明显关系;而拥有历史上著名陶瓷产区景德镇的江西出口
则相对较少,处于一个比较落后的位置。

表 10-9　中国日用陶瓷出口主要地区及出口金额[①]　　　(亿美元)

地　区	2015 年	2016 年	2017 年	2018 年	2019 年
广东省	41.9	29.13	30.96	32.31	37.15
福建省	8.49	8.63	8.51	3.23	3.41
浙江省	2.61	2.41	2.74	9.41	10.78
河北省	1.58	1.47	1.43	1.28	0.96
山东省	3.92	3.68	4.05	4.21	4.51
湖南省	3.24	2.79	3.11	3.8	3.86
江苏省	0.89	0.85	1.16	1.07	1.34
江西省	0.6	0.33	0.34	0.32	0.27
河南省	0.86	0.76	0.96	1.06	1.02
广西壮族自治区	2.47	1.62	1.67	1.81	1.8

(三)景德镇陶瓷文化贸易基本情况

作为中国陶瓷文化的最重要的代表,景德镇陶瓷贸易有着光辉的历史。
2019 年,景德镇陶瓷工业总产值 423 亿元(表 10-10),同比增长 5.33%;实现税
收 44 554 万元,同比增长 68.51%;陶瓷出口 46 174.34 万元,同比增长
45.38%。2020 年,受新冠疫情影响,景德镇陶瓷出口和税收都有明显下降,但
陶瓷总产值达到了 432 亿元,保持了正增长;规模以上企业数更是达到了 121
家,同比增长了 21%。其中,工艺美术陈设瓷的产值从 133.2 亿元上升到
173.2 亿元,增长了近 30%(见表 10-10)。可以说,虽然景德镇工艺美术陈设瓷

① 范银妮:《基于"一带一路"视角下景德镇日用陶瓷产业发展对策研究》,景德镇陶瓷大学硕士论文,
2021 年。

增速虽然不快,但是相比近年来全国陶瓷发展平均增速以及其他种类陶瓷的发展情况而言,景德镇工艺美术陈设瓷还是表现出良好的发展态势。

表 10‑10　2016—2021 年景德镇陶瓷产业发展情况①

年份	产值(亿元)		出口(万元)		税收(万元)		规上企业
	产值	增速	出口	增速	税收	增速	
2016	336.7		25 599		22 452.1		
2017	372	10.48%	30 306.70	18.39%	25 714.4	14.53%	91
2018	401.6	7.96%	31 760.86	4.80%	26 496	3.04%	94
2019	423	5.33%	46 174.34	45.38%	44 554	68.15%	100
2020	432	2.13%	24 525.45	−46.89%	28 666	−35.65%	121

从结构看,景德镇的日用陶瓷的生产和出口也面临一定的转型期。景德镇的日用陶瓷生产与销售具有悠久的历史,但当前发展较为缓慢。从 2019 年的数据看,景德镇 423 亿元产值中,日用陶瓷产值 114.23 亿元,占比 27.82%;工艺美术陈设瓷产值 173.2 亿元,两项合计占陶瓷总产值的 68%。卫生陶瓷、高科技陶瓷、辅助材料等三项合计产值 135.57 亿元,占比 32%(表 10‑11)。可见,景德镇陶瓷产业基本上继承了传统发展方式,日用瓷和艺术瓷占据主要位置。

表 10‑11　2019 年景德镇陶瓷产业结构情况

	产值	增速	占比
日用陶瓷	114.23 亿	9.51%	27.82%
艺术陈设瓷	173.2 亿	3.68%	40.95%
建筑卫生瓷	60.18 亿	4.42%	14.23%
高科技陶瓷	45.03 亿	3.52%	10.65%
陶瓷辅助材料	30.36 亿	4.29%	7.18%

① 数据来源:由景德镇市陶瓷产业发展局提供。

2019 年景德镇工艺美术陈设瓷的 173.2 亿元产值中,占比达到 40.95%(表 10‑12),与近年来景德镇工艺美术陈设瓷发展的总体占比水平基本一致。可见,景德镇陶瓷产业继承了其陶瓷文化传统,艺术瓷在整个陶瓷产业中占据了主要位置。

表 10‑12　2019 年景德镇陶瓷产业结构情况[①]

	工艺美术陈设瓷产值(亿元)	占　比
2016 年	133.2	39.56%
2017 年	156.9	41.94%
2018 年	166.8	41.53%
2019 年	173.2	40.95%
2020 年	172.0	40.11%

从工艺美术瓷出口看,由于景德镇地区没有单独统计艺术陈设瓷的出口贸易情况,但结合江西省文化艺术陶瓷出口情况以及景德镇陶瓷出口情况可以大致推出景德镇近年来的陶瓷文化出口额不断缩小。从南昌海关获取的数据看,2016—2020 年的 5 年时间里(表 10‑13),江西文化艺术陶瓷的出口总额从 2016 年的 9.42 亿元人民币(约 1.35 亿美元)下降到了 2020 年的 3.13 亿元人民币(约 0.45 亿美元),下降了 75%。而 2020 年,江西全省出口的陶瓷文化产品为 2.39 亿元(约 3 400 万美元)。

表 10‑13　2016—2020 年江西艺术陶瓷出口情况表　(单位:亿元)

	2016 年	2017 年	2018 年	2019 年	2020 年
瓷制塑像及其他装饰品(HS:691310)	8.34	5.25	3.38	2.53	2.39
陶制塑像及其他装饰品(HS:691390)	1.08	1.80	1.09	0.88	0.74
合计	9.42	7.05	4.47	3.41	3.13

---

①　数据来源:由景德镇市陶瓷产业发展局提供。

四、当前我国陶瓷文化贸易发展特征、机遇和挑战

（一）基本特征

从近年来日用陶瓷和陈设艺术陶瓷的贸易数据分析，可以得出以下趋势性结论。

1.“一带一路”共建国家和地区是陶瓷文化贸易的重要目的地

国际日用陶瓷贸易市场增速平稳，在未来仍然有一定的市场。中国为日用陶瓷第一大出口国，且遥遥领先其他国家，美国是日用陶瓷第一大消费市场，2019年末，我国出口美国市场日用陶瓷达到12.35亿美元。“一带一路”共建国家和地区是陶瓷文化贸易的重要目的地，受到中国陶瓷对外出口的历史传统影响。“一带一路”共建国家和地区不仅是文化艺术陶瓷的重要消费市场，还是重要的生产市场。德国、英国、法国、葡萄牙、意大利、波兰等地区不仅有较大的陶瓷消费，而且有一定的陶瓷出口规模，在国际陶瓷文化贸易中发挥了重要的作用。这就说明，陶瓷作为一项拥有悠久历史的国际贸易商品，世界对其认知和接受与历史文化密切相关。预计在未来的陶瓷文化贸易中，美国和“一带一路”沿线国家和地区仍然将成为国际陶瓷文化的主要出口市场。

2. 我国陶瓷文化贸易虽然规模大，但产品处于价值链的中低端，并且面临的国际竞争压力加大

从日用陶瓷看，我国日用陶瓷出口量虽然稳居世界第一，约占世界贸易总额的60%，但产品单价低，出口价格为每千克3美元左右。从艺术陶瓷的国际贸易看，国际竞争更加激烈，陶瓷文化贸易已经从2012年左右的高峰期逐年下降，当前较为处在一个较低水平，并且从近4年的数据看，短期内难以有较大突破。从陶瓷文化企业和品牌看，我国江西、浙江、湖南、福建等传统知名陶瓷产区的企业的国际品牌力不强，与欧洲、日本等地延续数百年的知名陶瓷企业相比，还有比较大的差距。甚至可以说，中国作为一个日用瓷产量和占有率第一的国家，却没有一个占有国际日用瓷市场份额的优秀品牌，这个现实值得深思。另外，中国陶瓷还面临东南亚等新兴国家在中低端领域的竞争，受到两头挤压。

3. 江西作为曾经的陶瓷文化贸易大省，近年来陶瓷文化国际贸易持续快速萎缩，出口额占全国比重很小

江西历史上同时拥有景德镇御窑和吉州窑两大重要陶瓷产区，是中国陶瓷

文化的极端重要的典型代表。但是,江西陶瓷贸易在全国的地位,比重不断下降,特别是近些年所占的份额极少。景德镇陶瓷作为中国文化的符号,产区影响力仍然很大,但产品影响力明显下降。虽然景德镇延续历史传统,以生产日用瓷和文化艺术陈设瓷为主导,但是,景德镇陶瓷产业的总量不大,知名品牌缺失,与历史上御窑的历史地位相比,当今缺少在世界上有较大影响力的著名企业、著名品牌,重塑景德镇的历史荣光还有很长的路要走。可以预见,未来景德镇仍然会以陶瓷文化贸易为主要发展方向。另外,具有地方特色和显著文化属性的景德镇艺术陈设陶瓷,产值虽然较大,但主要是在国内交易,国际市场出货量很小,陶瓷文化的国际贸易功能不断下降。

（二）发展机遇

1. "一带一路"高质量发展带来新机遇

陶瓷是中国对外贸易史上存在最久远的商品之一,是中国传统文化的重要组成部分,是民族文化高度发展的产物,也是民族文化的结晶,也是古代"海上丝绸之路"上最重要的商品。我国提出共建"一带一路"倡议以来,取得了重大成效,当前"一带一路"合作已经进入高质量发展阶段。"一带一路"倡议的实施,为陶瓷的文化贸易提供了重要的发展机遇。一方面,陶瓷作为代表中国文化的经典商品,在推动文化融通、民心相通方面发挥更加重要的作用,国家将把陶瓷文化作为传播中国文化,促进中西文化交流的重要方式,积极推动陶瓷文化产品对外出口;另一方面,"一带一路"共建国家和地区对陶瓷文化艺术具有天然的偏好,随着"一带一路"合作的深入推进,沿线国家对陶瓷文化的内在需求正在逐渐增加,带动了我国陶瓷文化贸易发展。

2. 建设文化强国提升文化自信带来新机遇

党的十九届五中全会明确提出到 2035 年建成文化强国的远景目标,强调在"十四五"时期推进社会主义文化强国建设,标志着文化建设进入了一个新阶段。陶瓷是我国一张十分重要的文化名片,一部陶瓷外销史,其实就是中国文化走出去的真实历史,是文化走出去的鲜活案例。代表中国文化走出去的中国瓷器做到了。既然我们的先人能够做到,我们今天也应该秉承陶瓷的精神,让中国优秀的文化再次走出国门走向世界,这对我国建设社会主义文化强国,提升民族文化自信具有重要意义。国家在资金、政策、项目、技术等领域全力支持陶瓷文化贸易发展,为陶瓷文化贸易发展提供新机遇。

3. "互联网+"时代陶瓷文化贸易发展的新机遇

通过多年创新发展,中国互联网发展速度已跻身世界前列,为我国数字经济发展奠定了坚实基础。互联网技术的广泛运用,能够有效打破信息不对称,降低交易成本,促进专业化分工,优化资源配置,提升劳动生产率,为我国经济转型升级提供了重要的途径和发展机遇。在"互联网+"蓬勃发展的时代下,各种新兴的交流平台和贸易渠道应运而生,为我国陶瓷文化贸易带来了新的竞争优势。我国应顺应潮流,抓住互联网经济的有利契机,拓展我国陶瓷文化贸易之路。

(三)问题挑战

1. 国际贸易环境复杂多变

当前,世界百年未有之大变局正加速演变,部分西方国家和地区保护主义抬头,局部地区出现"逆全球化"现象,我国陶瓷文化贸易面临"反倾销"的压力仍在,对陶瓷文化贸易产生不利影响。另外,新冠疫情仍在流行,部分国家和地区疫情防控形势极为严峻,我国"外防输入,内防反弹"的压力仍然存在。这一方面制约了陶瓷文化产品"走出去",影响陶瓷文化对外交流合作;另一方面也不利于陶瓷文化"引进来"。例如,全世界 40 多个国家和地区的数万名的"景漂""洋景漂"艺术家在景德镇交流,因为新冠疫情的原因,已经影响到他们在江西的创新创作。

2. 陶瓷文化内涵仍需持续积淀

中国曾是世界上第一个生产瓷器的国家,很长一段时间内,中国制瓷业在世界保持着无可比拟的绝对优势。而如今,中国的陶瓷文化已经基本失去了这一巨大优势。例如,西方及日本知名的瓷器品牌往往有数百年的历史文化积淀,在陶瓷文化上有绝佳的历史故事,并长期保存了陶瓷制作的材料、技术和模具;而中国主要产区虽然影响力仍然很大,但由于本土品牌主要都是近几十年甚至十几年形成的,文化的国际影响力却非常有限。例如,景德镇红叶陶瓷品牌力在全国位居前列,但是从陶瓷主营业务收入看,红叶陶瓷与其他国内知名陶瓷品牌相比,排名还是相对靠后。

3. 陶瓷文化交流与贸易结合不够

近年来,特别是以习近平同志为核心的党中央提出"一带一路"倡议以来,陶瓷文化服务国家战略,对外交流更加频繁,我国每年开展政府、科研院所、民间社团等不同形式、不同规模的陶瓷文化对外交流活动多达千场,向全世界充分展示了中国陶瓷文化的独特魅力,有力地传播了中国陶瓷文化,促进了国际文化交流。但同时,陶瓷文化与贸易相互促进较少,以文化交流带动陶瓷贸易的机制还没有完全建立。以景德镇陶瓷为例,景德镇每年对外的陶瓷文化展览、人才交流十分频繁,但文化艺术陶瓷的出口量不断下降。景德镇陶瓷贸易额产值达到了170亿元,但是每年艺术陶瓷的出口额仅有3亿元左右,境外市场占比不足2%。

4. 专业人才缺口较大

目前,一方面是海外推广及营销的高素质人才短缺,无法将我国优秀的陶瓷文化艺术品推广至世界各国,尤其是"一带一路"沿线的新兴市场,我们要努力加强海外推广营销人才和研发人才培养,建立一支懂业务、识商法、熟英语、善交际、能创新的高素质人才队伍,为陶瓷文化艺术品的出口提供人才保障;另一方面,国内会操作电脑又了解陶瓷的网络营销人才也十分匮乏,比如精通陶瓷知识的人才、研究陶瓷工艺技术的人才、设计陶瓷包装的人才等等。

五、促进陶瓷文化贸易高质量发展的对策建议

陶瓷不仅具有商品属性,更是承担着推动对外文化交流传播,展示中国文化、中国风格的使命责任。在新发展格局下,我国陶瓷文化贸易既要立足于国内大循环,优化陶瓷生产的供给结构,更要增强陶瓷的文化属性,把陶瓷作为讲好中国故事、传播中国声音的重要载体,让陶瓷文化贸易优势与中华文化传播优势同步实现。景德镇陶瓷文化传承创新试验区是我国第一个文化类的试验区,承载着国家的重大使命,更是应该在推进陶瓷文化高质量发展上作示范、勇争先。

(一)推动科技文化融合,构建高质量供给体系

陶瓷不仅是国际商品,更是推进文化交往、文明互鉴的重要载体,基于陶瓷文化贸易具有的商品销售和文化交流的双重属性,必须推动科技与文化融合,形成高质量的陶瓷文化产品供给。

一是加大研发投入,不断提升科技含量。技术创新是推动陶瓷产业发展的核心动力,也是我国历史上长时期处于世界陶瓷巅峰的根本原因。不论是高科技陶瓷,还是工艺美术陈设陶瓷、日用陶瓷,都需要不断深入开展技术研发,提升陶瓷产品的科技含量。中国作为陶瓷的发源地,在新时期更是需要在继承传统制作工艺的基础上,加快推动技术改造与原料创新,实现陶瓷文化产品的升级换

代。需要瞄准国家在世界陶瓷产业发展中的战略需求和世界陶瓷科技前沿,加强陶瓷企业技术中心、材料研究中心、工程研究中心等科研机构的引进和合作,打造重点产区的特色产业集群。要以产学研为纽带,推动生产全流程的技术创新和数字化改造,促进产品从"制造"向"创造"的根本性转变。

二是增强文化内涵,不断强化文化属性。以陶瓷文化贸易推动中外文明交流,这就要求我们适应国际化大众化的文化新需求,推进陶瓷与中华优秀文化、现代审美相结合,努力增强陶瓷的文化属性和艺术属性。应着力推动陶瓷文化传承创新发展,要适应生活艺术化、艺术生活化的时代发展趋势,着力推动景德镇陶瓷文化创造性转化,推动陶瓷产业创新性发展。要设计具有地域特色、文化标识的艺术瓷和高端日用瓷。推进人文、科技、时尚等元素融入陶瓷,设计更多"创意＋创新"的产品,推动传统设计向高端综合设计服务转变;推动陶瓷文化艺术融合发展,积极推动陶瓷传统文化与时尚文化、流行文化、亚文化等相融合,以多元思想和人文精神推进陶瓷艺术创新,不断丰富陶瓷的文化创意内容。

三是强化标准建设,构建产地标准体系。我国陶瓷文化贸易在国际市场已经有比较高的渗透率,但是存在的主要问题在于产业链、价值链、创新链处于世界陶瓷贸易的中低端,其中的重要原因就是标准化的缺失。景德镇、醴陵、佛山、泉州等陶瓷重点产区,需要积极合作,制定陶瓷文化产品的技术标准,采用制定原产地标准和官方背书相结合的形式,标明陶瓷品牌产品的产地,保证消费者的权益,促进企业从"卖产品、卖资源"向"卖标准、卖品牌"的转变。

(二)做大做强龙头企业,打造高规格品牌体系

推动陶瓷文化国际贸易,重点突破方向在于强化龙头企业引领,打造具有中国特色、中国形象的特色品牌,推动陶瓷文化品牌向中高端迈进。

一是弘扬文化传统,持续扩大产区影响力。我国有众多历史悠久的陶瓷产区,形成了深厚的文化积淀,打造产区品牌,提升陶瓷文化认可度,是提升陶瓷文化国际影响力的关键所在。需要进一步发挥产区品牌优势,大力发展艺术陶瓷和高端日用陶瓷,把产区文化影响力转变为产地的文化优秀品牌。需要加强本土知名陶瓷品牌的宣传推广,引进新型传播媒介,加大宣传推广力度,打造整体效应,让陶瓷商家"愿意来、留得住、赚得了"。

二是打造龙头企业,积极提升行业引领力。与欧美等长达数百年的陶瓷企业品牌相比,我国陶瓷企业的历史沉淀、文化影响还存在明显不足,这直接制约

了我国高端文化艺术陶瓷和日用陶瓷的销售。推进陶瓷国际贸易,需要坚持陶瓷文化的"高精尖"导向,大力支持红叶陶瓷、华联瓷业培育一批具有核心竞争力和国际影响力的国家级陶瓷文化企业;需要以产品带动产业,以项目带动产品,鼓励陶瓷文化企业上下游企业合作;推动国有重点企业抱团发展,打造若干影响力大的陶瓷企业品牌。

三是推动创新创意,实现品牌特色化发展。各个重点陶瓷产区需要立足发展优势,走差异特色化发展之路。用好互联网、人工智能等新一代技术,推进"互联网+工业设计",助推陶瓷与设计大融合,为广大设计师提供更有市场竞争力的陶瓷设计以及更好的创作服务。广泛应用"陶瓷+设计+用户体验"的模式,探索 VR、AR 等技术在线上陶瓷定制设计领域的运用。推进陶瓷文化与旅游融合,陶瓷产学研一体化建设,开展沉浸式体验陶瓷制作,在弘扬传统手工制瓷的同时,推动体验式陶瓷创意产品产业化发展。

（三）创新贸易方式,打造高标准贸易体系

紧密围绕陶瓷文化贸易的文化特色,特别是针对景德镇、醴陵这类内陆地区陶瓷文化贸易,要积极扩大开放,推动贸易方式创新,形成贸易合作与文化交流相互促进的陶瓷文化贸易体系。

一是构建国际化陶瓷贸易网络。需要探索贸易新模式,要围绕国家文化"走出去"战略布局和江西"走出去"工作总体布局,主抓"一带一路"共建国家和地区、港澳台地区和欧美发达国家等对陶瓷认可度较高的地区,构建国际化专业化陶瓷文化贸易网络,推动陶瓷文化产品"走进去"。需要整合陶瓷贸易各类网站,推出由政府部门运营的陶瓷文化艺术官方认证的国际综合服务平台。需要加强与国际国内高端的拍卖、鉴定、交易机构合作,重点打造若干陶瓷商户云集、资本云集、文化云集的国际陶瓷交易中心。

二是积极争取陶瓷跨境电商平台试点。推动重点陶瓷产区设立跨境电商平台,探索"跨境电子商务企业对企业直接出口"新模式,扩大陶瓷文化贸易规模。鼓励国内陶瓷文化企业联合开展海外建仓项目,推动企业客户对接、物流成本核算、报关、检验检疫等抱团发展。完善本地物流、仓储服务平台建设,积极发展跨境电子商务,打造陶瓷电商集聚区和电商孵化基地等,不断提高我国陶瓷文化产品的综合竞争力。

三是以陶瓷文化交流推动陶瓷贸易发展。融入国家文化"走出去"战略,鼓励陶瓷文化企业参与"感知中国""欢乐春节"等重大文化交流品牌活动,依托海外中国文化中心、孔子学院等机构,设置中国陶瓷文化馆,推广陶瓷文化、陶瓷技艺,促进陶瓷文化产品的销售。构建国外陶瓷艺术家、陶艺爱好者到景德镇开展常态化交流等平台,发挥港澳台地区文化创意理念,提升我国陶瓷文化产品"走出去"在设计、研发、营销的能力。在面对欧美发达国家的贸易上,积极开拓陶瓷工艺美术品、陶瓷日用品及陶瓷拍卖在欧美国家的市场。

(四)优化平台功能,建设高水平市场体系

推动陶瓷文化贸易,需要加快建设国内陶瓷文化市场体系建设,带动陶瓷文化国内贸易发展。

一是构建规范的市场体系。针对各个产区陶瓷文化贸易普遍存在的企业规模普遍较小,作坊化、市场混乱等问题,需要积极引导,形成合理有序的市场规范。需要根据城市整体规划,按照城市脉络和肌理、城市功能服务、城市业态需求、城市发展需求、城市社会功能、市政配套功能等城市建设以及满足人们对美好生活的向往的原则,做好市场的差异化调整规划,建设分片式、专区式市场,实现高中低端陶瓷市场的优化分布。要服务于城市总体建设目标,赋予其新的特质,针对不同功能区因区制宜地制定提升改造方案。

二是推动数字化销售平台建设。充分用好网络营销,积极探索电商平台、智能终端、电视购物等新销售模式,强化线上线下深度融合,打造专业、权威、可靠的陶瓷文化网上销售平台,将小、散企业以及个体经营者的产品实现网络化推广,不断壮大陶瓷文化产品的网络销售规模。加大培养陶瓷文化销售管理人才的引进和培育力度,培养各种类型专业的陶瓷营销人才。加快陶瓷文化行业发展和贸易数据的信息库建设,利用平台的大数据进行营销数据的统计分析,适时调整产品开发方向和销售节奏,并及时分享最新的陶瓷文化贸易信息。

三是优化陶瓷贸易市场环境。打造公开透明的陶瓷文化市场价格体系,在消费者中树立起"有口碑、有影响、有魅力"的良好形象。针对中高端陶瓷文化产品,按照中国工艺美术大师、中国陶瓷艺术大师、中国陶瓷艺术设计艺术大师等获得称号的作者,构建相对公开透明的陶瓷销售价格体系;针对一般性陶瓷文化产品,加强各产区本地陶瓷的认证验证工作,严控本地产品质量,实现陶瓷文化产品的标准化生产。可以在景德镇陶瓷设立全球陶瓷文化交流合作中心,打造集创意、设计、定制、展示、鉴定、交易、物流、产品发布于一体的国际陶瓷博览运

营平台,提升中国陶瓷文化品牌形象。

（五）做优配套服务,形成高效率服务体系

强化陶瓷文化贸易和文化交流的综合服务,为企业提供包括政策支持、金融支持、风险防控、法律援助等方面的服务。

1. 完善贸易综合服务

打造智慧陶瓷公共服务平台,如建设陶瓷大数据管理系统、"一网通办"服务平台等,通过各类数据的收集、整理,分析供求信息、消费趋势、发展态势,为陶瓷文化贸易提供全方位的服务。加强陶瓷文化贸易大型仓储中心、拼箱中心、智能联运中心、智慧云仓、智能立体仓、共享微仓功能中心建设。加强对陶瓷文化国际贸易企业的"走出去"支持服务,探索建立陶瓷文化贸易企业"走出去"联盟,引导和帮助景德镇陶瓷企业"以老带新""强强联合",实现抱团发展。

2. 优化金融税收服务

大力发展陶瓷创新创业金融支持,推进陶瓷文化网上金融、小额金融、文化金融的发展,更好地服务陶瓷小微企业的发展。积极筹建专业化的陶瓷银行,推广陶瓷贷等金融服务产品和服务,为陶瓷产业发展提供金融支持。

3. 强化人才支撑服务

围绕文化交流的人才服务,探索相关人才资本支撑体系建设。瞄准国内外陶瓷品牌运营人才、金融、信息人才、国际市场运营人才、国际设计人才、高技术陶瓷人才开展招才引智工作。加大力度推进包括"非遗"传承人培养,创新创业支持、项目孵化、天使投资等方面的支持,以"政策洼地"打造"产业高地""文化高地""人才高地"。

第十一章
景德镇国瓷文化传承与新时代国瓷系列产品开发研究报告[①]

2021年5月31日,习近平总书记在主持中共中央政治局第三十次集体学习时强调,"要更好推动中华文化走出去,以文载道、以文传声、以文化人,向世界阐释推介更多具有中国特色、体现中国精神、蕴藏中国智慧的优秀文化。"中央财经委员会第十次会议指出,"要促进人民精神生活共同富裕,强化社会主义核心价值观引领,不断满足人民群众多样化、多层次、多方面的精神文化需求。"景德镇作为千年瓷都和海上丝绸之路主要起点城市,生产的瓷器精品具有思想性、艺术性、观赏性、实用性有机统一的突出特点,完美融合了具有创造性的手工劳动和因材施艺的个性化制作,历朝历代都被皇室选用尊享,中华人民共和国成立以后仍被作为国宴、国礼和国家领导人用瓷。在向第二个百年奋斗目标迈进的大背景下,围绕满足国内外民众对更高层次美好生活的需要和共促构建人类命运共同体,聚焦形成陶瓷文化引领经济社会发展质量变革、效率变革、动力变革的新模式,景德镇陶瓷文化传承创新发展的宏伟蓝图已经绘就,景德镇新时代国瓷史继往开来、推陈出新的序幕正徐徐开启。

一、景德镇国瓷生产历史源流

从唐至清,景德镇陶瓷一直是我国的基本文化符号和中华民族的重要文明

---

① **课题负责人:**
刘士林,上海交通大学城市科学研究院院长、景德镇陶瓷大学特聘教授
成　员:
王晓静,上海交通大学城市科学研究院院长助理、副研究员
刘　涛,上海交通大学城市科学研究院特聘研究员
何睿敏,上海交通大学城市科学研究院博士研究生

标识。唐代开始,景德镇就成为承制宫廷用瓷、封贡和外交用礼品用瓷的重要基地之一。到了元代,除了继续生产宫廷和国家外交用瓷,又开始烧制在中国陶瓷史上大名鼎鼎、以"烧小足印花者,内有枢府字"的枢府釉瓷。"枢府窑"由国家军事机关枢密院和廷祭祀机构裡院联合设置,其产品主要用于在中国有"国之大事"之称的"祀"与"戎"。明清两代,朝廷在景德镇专门设置了为皇家烧造碗、碟、瓶、盆、罐、缸等各类用瓷的御窑厂,并严禁民间仿制、使用与皇室用瓷花纹、颜色相同的瓷器。如《明实录》记载,明英宗正统年间,朝廷下令禁止江西饶州府私造黄紫红绿青蓝白地青花等瓷器。命令都察院在饶州张贴告示"有敢仍冒前禁者,首犯凌迟处死,籍其家资,丁男充军边卫,知而不以告者连坐。"

民国时期,景德镇依然是当时国家和政府的纪念瓷、宴会瓷、国礼瓷的首选生产基地。1946年7月,适逢抗日战争胜利一周年前夕,国民政府在景德镇订制一批仿乾隆时代风格的抗战胜利纪念瓷,赠送给盟国的元首和政府首脑。经过多方征求意见,最后报批为6个品种投入生产,其中陈设瓷3个品种,单件一个品种,中西餐具各一套。参与设计和制作的有时任江西省立陶业专科学校校长的汪璠和彭友贤、张志汤、吴仁敬、潘庸秉、赵全生、余昌骏等。经过3个月的紧张工作,由景德镇承制的抗战胜利纪念瓷共计378件(套)顺利交付,以中华民国政府的名义,分别赠送给美国总统杜鲁门、英国首相丘吉尔、苏联领导人斯大林。如今保存在南京市博物馆的万花瓷餐具,正源于彭友贤1946年的设计制造。这套万花瓷,不同于传统的中式餐具设计,以吉祥图案为装饰,并用赤金在餐具四周书写"纪念胜利"四个字,其画面饱满灿烂,兼顾"古色古香,富丽堂皇"的国瓷要求和西方审美观念,自从送到南京后,就一直保留在总统府,并当作宴会上的主要餐具。1947年,汪璠和彭友贤等人接受了第二批南京定瓷,其中以赠给英国王储伊丽莎白公主(即后来的英女王伊丽莎白二世)的婚礼瓷为重点,要求是:器型和画面都要体现中国传统风俗,又要为英国人所接受,制作上,要达到御窑水平。经征求英方意见,彭友贤在原有的基础上进行调整,设计出"双龙戏珠"的瓷器画面,器型更为古朴,有康乾风韵。画面上,两条金龙在彩云间抢戏龙珠,龙的外沿绘"万"字连方图案,内侧绘桃形连续图案,中心有"囍",周围盘绘五只蝙蝠。器底有"英皇储伊丽莎白公主大婚纪念""蒋介石、蒋宋美龄敬赠"字样。

二、中华人民共和国成立后景德镇国瓷生产体制的构建完善

1950 年 5 月和 6 月,刚成立的景德镇建国瓷业公司相继接到来自北京的订单,为中央人民政府制作 400 套加彩茶具和为中央行政办公处制作 180 套加彩餐具。1952 年,时任中央人民政府政务院副总理郭沫若提出:"中国是瓷器之国,新中国成立,就应鲜明表现新中国风貌,应该把历史上好的经验总结,创制新中国的国家用瓷与国家礼品瓷。"对郭沫若关于研发"建国瓷"的建议,周恩来总理亲自批示:"我国作为瓷器发明地的陶瓷大国,应有标示新的历史内涵的新瓷器。"当时的轻工业部迅速成立了以景德镇为主、其他产瓷区参与的生产建国瓷创制领导和设计小组,其中不仅有黄炎培、郑振铎、江丰、徐悲鸿、齐白石、张汀、叶麟趾等文化艺术名人,景德镇陶瓷名家王步、段茂发、任庚元、施于人、汪璠、黎浩亭等也都参加了研制。经各方协作和反复试验,在 1954 年新中国成立五周年大庆前夕,中华人民共和国第一代国家庆典用瓷——"建国瓷"横空出世,千年瓷都景德镇浴火重生,再次惊艳世界。这是新中国成立后第一个由国家策划组织实施的陶瓷创新工程,也是拥有 1 000 年官窑史和 600 年御窑史的景德镇第一次与"新中国的国家用瓷与国家礼品瓷"联系在一起。

1952 年"建国瓷"小组是新中国国瓷史的开端,在景德镇城市史上具有划时代的意义。此后,景德镇承担的国家用瓷研制任务不断增多,逐渐成为新中国国瓷的首选生产基地。从国瓷生产与景德镇当代城市发展互动融合的角度,有若干标志性事件需要特别关注:一是 1956 年 7 月,国家用瓷制作委员会设立,这是在景德镇成立的第一个以国瓷命名的组织机构,在短短几年内先后组织生产了国家定制瓷 125 016 件;二是 1959 年,景德镇市国庆用瓷办公室成立,专门负责承制共和国十周年庆活动用瓷,同时还制作了 100 多个驻外使领馆用瓷、国家领导人出访礼品瓷;三是 1964 年,经周恩来总理等批准成立江西省瓷业公司,同时成立公司直属的国家用瓷办公室。四是 1972 年,"文化大革命"期间一度撤销的国家用瓷办公室,以江西省陶瓷工业公司革委会生产组管理、陶瓷加工服务部国家订瓷组具体负责的方式再次复出。五是 1979 年 3 月,经中共景德镇市委批准,正式成立独立经营的国家用瓷办公室,并明确将中南海、人民大会堂、中央办公厅等列为其服务对象。六是 1984 年,国家用瓷办公室不再独立运营,与景德镇市陶瓷加工服务部、江西省陶瓷工业公司销售科合并组建江西省陶瓷工业公

司经销部，即 1989 年 3 月更名为江西省陶瓷工业公司经销公司的前身。七是 1992 年 2 月，以江西省陶瓷工业公司国家用瓷办公室为名，国家用瓷办公室再次从所属公司划出，此后一直延续至今。

国家用瓷办公室是新中国设在景德镇的专门机构，"只此一家，别无分号"，是在中国众多陶瓷城市中只有景德镇才具有书写国瓷史资格和资历的证明。20 世纪 50 年代以来，景德镇国瓷生产的组织机构经历了"建国瓷创制领导和设计小组""国家用瓷制作委员会""国家用瓷办公室"等名称变化，生产出从新中国成立初期的"建国瓷""外交用瓷"到改革开放以来的"国徽瓷""国宴用瓷"等一系列陶瓷精品，总数达两千多万套件，真实记录了新中国成立后中华陶瓷传承创新和发展的光辉历程。如：邓小平访泰时赠送给泰国国王的"六鹤同春"瓷雕、访美时赠给卡特总统的青花松鹤大瓷瓶、江泽民在中日邦交正常化 20 周年访日时赠送的特级高白釉温酒炉、1992 年景德镇宇宙瓷厂为外交部生产的代表着中国青花瓷餐具最高水平的 70 套"国徽瓷"、陶瓷股份有限公司 2003 年被人民大会堂管理局首次命名为"国宴用瓷"的《富贵牡丹》系列、2009 年新中国六十周年庆典用于天安门城楼贵宾招待的"红叶"系列等。

三、景德镇整合推广国瓷文化品牌面临的主要困难挑战

景德镇国瓷生产历史悠久，各个时期的国瓷文化资源高度聚集，相关重大事件记载完整有序，国瓷生产与城市发展深度融合、相互促进。基于千年国瓷文化植根于城市文脉延续传承、城市规划建设发展历史进程的特殊资源优势，以优秀传统文化中经典性元素和标志性符号的研究阐释、活态利用为重点，在古为今用、洋为中用和推陈出新中，开发更多具有中国文化特色、体现中国审美精神、蕴藏中国创造智慧的陶瓷艺术精品一直是景德镇陶瓷产业的主流。然而，由于"国瓷"并不像国旗、国徽一样对图案和尺度比例、使用场景有严格统一的规定，加上公共财力薄弱、持续投入不足、机制体制不活等多种因素的制约，与同为"瓷都"的众多陶瓷城市相比，景德镇国瓷文化开发利用在知名度、美誉度、市场竞争力和塑造城市形象方面都还没有形成显著优势，充分展现景德镇陶瓷文化保护传承创新的蓬勃生机和国瓷品牌的独特文化魅力，还需要克服许多困难挑战。

（一）不同"国瓷"产地之间存在激烈竞争，"国瓷"商标有被抢注滥用的趋势

根据公开披露，毛泽东生前长期使用的"主席用瓷"的产地主要是江西景德镇与湖南醴陵。景德镇人最爱提及"7501"，而醴陵人则更念念不忘毛主席与家乡不舍的情缘。醴陵群力瓷厂先后承制几代国家领导人生活用瓷、以国家名义赠送外国政要的礼品瓷、中央机关用瓷、重要国事活动场馆和国家级博物馆用瓷等。2003年，前全国人大常委会副委员长李铁映视察醴陵群力瓷厂，亲书"红官窑"以表嘉奖。2005年，群力瓷厂更名为湖南醴陵红官窑瓷业有限公司。2008年，中国日用陶瓷行业巨头湖南华联瓷业股份有限公司入主红官窑，高度重视打造红官窑品牌文化，提出"红官窑奠定作为新中国国家用瓷重要生产基地与第一品牌的至尊地位，更在官窑血统的历史沉淀中，注入了新中国的红色内涵与意义和举世无双的红色荣耀！"；官窑文化、红色文化、釉下五彩文化、华瓷文化共同构成红官窑的"品牌文化之根"；华瓷文化就是华联瓷业先进的企业文化，倡导"艺术陶瓷艺术化，日用陶瓷艺术化"的产品创新理念，要做中国陶瓷产业伟大复兴的旗手、人类优秀传统陶瓷文化的弘扬者、新陶瓷文化的倡导者与传播者和陶瓷新生活的引领者。华联瓷业已经被证监会核准首次公开发行股票，于2021年10月8日开放申购6 296.67万股。其母公司新华联集团拥有全资、控股、参股企业100余家，其中包括12家控股、参股上市公司，企业综合实力连续16年跻身中国企业500强行列。2015年，醴陵将黄泥坳街道改设为国瓷街道，辖老龙井、华塘、石子岭、姜村、横店、石埚、古城、土株岭、竹湖、樟墩10个建制村，八里庵、姜湾、国光、车顿桥、五里牌5个居委会，总面积49.15平方千米。国瓷街道辖区内先后建设陶瓷产业园、湖南醴陵经济开发区、中国陶瓷特色小镇、中国陶瓷谷等项目。2020年6月，原湖南省陶瓷研究所整体成建制划归醴陵市管理。该所在20世纪50年代到70年代先后为毛泽东、周恩来等党和国家领导人制作了生活用瓷及国家礼品瓷1 500余件，开创了醴陵从粗瓷生产到细瓷开发的新纪元，代表着湖南乃至全国釉下五彩最高工艺水准。

经查询国家知识产权局商标局官方网站，截至2021年6月4日，共有96件与"国瓷"有关的商标被合法注册，申请主体覆盖陶瓷、白酒、牙科器材、国学教育、文化传播等行业领域，涉及贵州、湖南、香港、江西等地，文字内容有"国瓷酱酒""国瓷奢""国瓷天香""国瓷 国茶""国瓷 大宋官窑""国瓷先生""国瓷特贡"

"国瓷红官窑""国瓷醴陵""国瓷汾"等。其中,与景德镇有关的只有景德镇陶瓷工业园区管理委员会注册的"国瓷小镇"和景德镇元明清官窑文化传承有限公司注册的"国瓷易购 GUOCIYIGOU. COM""国瓷易购明清 GUOCIYIGOU. COM"。冠以"国瓷"之名的上市企业山东功能材料股份有限公司是专业从事功能陶瓷材料研发和生产,成立于 2005 年 4 月,2012 年 1 月在创业板上市。主要产品包括:纳米级钛酸钡及配方粉、纳米级复合氧化锆、高热稳定性氧化铝、氮化铝、蜂窝陶瓷、喷墨打印用陶瓷墨水、陶瓷球及陶瓷轴承等。

(二)缺少对"御窑"与"国瓷"关联性的全面和深刻认识,没有结合御窑文化的扬弃构建起有影响力的国瓷话语和叙事体系

就符号价值和使用功能而言,虽然"御窑"与"国瓷"之间确实存在明显的继承关系,但却不能将二者简单混同。御窑是官窑中的一种特殊类型,是专门负责御用瓷器生产的机构。它的产品专供皇室和皇宫使用,严禁民间仿制烧造,不能进入流通市场。御窑制度的建立与演进与景德镇关系密切。明代洪武二年正式在景德镇设立御器厂,清代康熙年间改称景德镇御窑厂。承造御用瓷器的任务通常不考虑成品率和生产成本,只为满足皇帝的喜好,为求独享尊崇还会将选送御用之后的成品悉数打碎掩埋。景德镇 2 000 年冶陶史、1 000 年官窑史、600 年御窑史中,最为当地人称道的就是奉旨造瓷、直贡大内的御窑。现代所称的国瓷则主要指国宴使用的瓷器、国家领导人使用的瓷器和作为国礼赠送给外国元首、国际组织的瓷器,其产地往往并非固定一处,生产形式与通常所说的高端定制瓷并无明显差异,往往也不禁止仿制和市场交易。值得注意的是,目前景德镇各界对品牌化、符号化"御窑"的重视程度要远超出"国瓷"。查询与"御窑"有关的商标,截至 2021 年 7 月 22 日,共有 166 件被合法注册,申请主体与景德镇有关的至少占一半。

历史上,御窑瓷器以精工细作、仿古创新闻名,制瓷技术精益求精,成品筛选几乎是万里挑一,常常被评为冠绝古今,其艺术风格对民间瓷器生产有着"风向标"式的强大影响力。明朝前期曾禁止民间烧造青花瓷,但禁绝却是妄想。嘉靖以后,景德镇民窑的主要产品类型之一就是青花,在民间也涌现出许多仿造御窑青花能达到以假乱真的高手,即所谓"青色狼藉,有司不能察,流于民间,其制不复分"。根据清代景德镇人蓝浦所著《景德镇陶录》的记载,唐英在乾隆年间任景德镇御窑厂协理官,在他的监督指导下,御窑瓷器的艺术水平有极大提升,"慎选

诸料，所造俱精莹纯全。又仿肖古名窑诸器，无不媲美；仿各种名釉，无不巧合；萃工呈能无不盛备。又新制洋紫、法青、抹银、彩水黑、洋乌金、珐琅画、法洋彩、乌金、黑地白花、黑地描金、天蓝、窑变等泑色器皿。土则白壤而埴，体则厚薄惟腻。厂窑至此集大成矣。"但在本质上，不同时期御窑瓷器的审美倾向主要反映的却是皇帝个人的意志与审美情趣，官员委派、原料选取、器型纹样都要听命于皇帝本人，是专制皇权统驭下盛行权力崇拜的集中表达。党的十八大以来，习近平总书记多次强调反对特权思想、特权现象。2013 年 3 月，国务院机关事务管理局、中共中央直属机关事务管理局、财政部、审计署、国家工商总局等五部门联合发出通知，严禁中央和国家机关各部门及所属行政事业单位使用、自行或者授权制造、销售冠以"特供""专供"等标识的物品，自觉维护中央和国家机关良好形象。当下，坚持以人民为中心的创作导向、促进人民精神生活共同富裕已经成为文化建设的主流方向，过度强调景德镇与御窑的历史关联难以对"以陶瓷艺术语言讲述习近平新时代中国特色社会主义思想"产生直接的促进作用，还可能导致"以陶瓷艺术精品记载习近平新时代中国特色社会主义实践"误入形式主义、名不副实的歧途。

（三）缺少对景德镇外销瓷历史的深入研究，对讲述中国陶瓷故事的历史经验、历史教训重视不够

相对于"御窑"成为景德镇各界关注的焦点，对景德镇外销瓷器辉煌历史与没落原因的梳理分析、深入研究当下较少被人提及。习近平总书记在主持中央政治局第三十次集体学习的讲话中指出，"要善于运用各种生动感人的事例，说明中国发展本身就是对世界的最大贡献、为解决人类问题贡献了智慧。"在我国日益走近世界舞台中央的新时代，为形成同我国综合国力和国际地位相匹配的国际话语权，营造有利于改革发展稳定的外部舆论环境，必须立足五千多年中华文明，充分运用中华民族 5 000 多年来积累的伟大智慧，必须依托我国发展的生动实践，充分发挥全党全国各族人民今天所具有的伟大智慧，向世界阐释推介更多具有中国特色、体现中国精神、蕴藏中国智慧的优秀文化，全面阐述我国的发展观、文明观、安全观、人权观、生态观、国际秩序观和全球治理观。作为文明古国，我国以瓷器、香料为主要商品的文化贸易曾经十分繁荣，对塑造经济繁荣、文化灿烂、政治稳定的文明大国形象发挥过关键作用，使中国与亚洲各国、欧美国家之间的人文交流和文化联系得以强化。正如郭沫若在《访景德镇》诗作中所

说,景德镇之所以成为"瓷业高峰",很重要的原因就是在瓷器外销中长期扮演主要生产基地的关键角色,"宋代以来传信誉,神州而外有均输。"要通过创制陶瓷艺术精品、讲好中国陶瓷故事让国外民众在审美过程中感受人文魅力,加深对中华文化的认识和理解,必须重视借鉴和运用历史经验,从历史教训中获得警示。

明清时期,欧洲社会经济飞速发展,文化兴盛,加上美洲白银的大量流入,导致社会财富激增,形成了新兴的消费品市场;郑和七下西洋、新航路的开辟,把瓷器产地景德镇和欧美等海外市场有机地连为一体,使得景德镇瓷器在当时成为具有全球意义的大宗商品,景德镇也由中国瓷业中心发展成为享誉全球的世界瓷都。明代早期的外销瓷器以龙泉青瓷为主,到明中期已逐渐被景德镇青花瓷所取代。根据器物造型与纹饰的组合,可以将明中期外销的景德镇窑瓷器分为四种类型。第一类是与中国流行的造型和纹饰一样的制品,这一类器物数量最多,广泛分布于全球各地;第二类是具有中国器物造型,但绘异国风格纹饰的制品;第三类则是外国器形、中国纹饰的器物;第四类是外国器形、融合中外纹饰的器物。乾隆后期开始,广彩瓷成为外销瓷的新品种。广彩瓷是一种专用于外销的瓷器,取景德镇烧制的白胎,运至广东后在当地进行绘制,而后用于出口。西番莲纹、结网纹、雏菊纹等纹饰题材明显来源于西方,在一定程度上体现出中西文化的差异;从风格上看,多采用开光技法,甚至采用不规则开光、扭瓜棱开光、多边形开光等技法,具有典型的克拉克风格。在与境外经营主体合作开拓市场方面,从 18 世纪初期开始,来景德镇贸易的主流人群就逐渐由荷兰人转为英国人。至 18 世纪中期以后,外销瓷市场彻底成为英国人的天下,荷兰已无力匹敌,景德镇瓷器由英国的船队装运至海外诸国。欧美市场这一时期仍然占据主流但逐渐偏向于美洲市场。乾隆中期就是景德镇明清外销瓷由盛转衰的转折点。在闭关锁国的政策、东印度公司的解散、机械化时代的来临、欧洲瓷业兴起的多重打击之下,景德镇乃至整个中国的瓷器外销贸易都开始走下坡路。尤其在鸦片战争爆发以后,清廷与列强之间战争不断,国力衰退,景德镇瓷器更是失去了国际竞争力。

四、景德镇开发新时代国瓷系列产品的对策建议

《实施方案》以国家陶瓷文化保护传承创新基地、世界著名陶瓷文化旅游目的地、国际陶瓷文化交流合作交易中心为战略定位,"推进景德镇瓷器地理标志

的传承保护,研究整合景德镇国瓷文化品牌。"《景德镇国家陶瓷文化传承创新试验区发展规划(2019—2035)》部署实施"以陶瓷艺术语言讲述习近平新时代中国特色社会主义思想,以陶瓷艺术精品记载习近平新时代中国特色社会主义实践"重大创新工程,讲好新时代中国陶瓷故事,让世界更多了解"发展中的中国""开放中的中国""为人类文明做贡献的中国"。

陶瓷既是中华文明的重要名片,也是我国传统工艺美术与科学技术发展成就的杰出代表,集中表达了中华文化历久弥新的精神内涵和审美风范,赓续传承了中华文化道不远人、日用即道的深厚脉络与特色基因。历史上,规模化的国际性陶瓷贸易曾对塑造可信、可爱、可敬的中国形象发挥过重要的基础性作用;今天,日益深入的国际陶瓷文化交流合作仍然是世界认识中国、中国走向世界的重要文化符号和传承中华优秀文化的重要载体。为推动用开放自信、谦逊谦和讲好新时代中国陶瓷故事,促进塑造可信、可爱、可敬的中国形象,需要从以下几个方面着力创新,重点突破。

(一) 在景德镇设立国瓷文化研究会,引领国瓷话语体系和叙事体系"正本清源"

国家形象是公众对特定国家的总体印象或综合评价。完整的国家形象应该包括内部形象和外部形象两个部分,它们既有区别,又相互协调、彼此影响。前者以国内公众为认知主体,后者以国际公众为认知主体,它们的客体则同是国家本身(历史积淀、文化传统、社会制度及民族构成等)和国家在政治建设、经济建设、社会建设、文化建设等方面的实际举措和建设成就。回顾东西方文明史,由于艺术具有审美性、思想性、概括性、创造性的特点,能够在潜移默化中引起人们思想感情、人生态度、价值观念的变化,在许多情况下,用艺术的方式通过建构历史来塑造国家(民族)的形象、凸显本民族独特的精神气质、再现特定时代的文化精神也就必然会成为各国塑造国家形象的重要手段之一。

建议由国家用瓷办公室牵头,联合中国历史研究院、中国艺术研究院、中国工艺美术协会等相关机构,在景德镇成立高规格的国瓷文化研究会,通过定期举办论坛、研讨会和组织课题招标等形式,推动加强对国家形象塑造与御窑文脉传承、国瓷文化创新的研究阐释,促进对使用与"国瓷"有关的文字、图样进行规范化管理。瓷器是中国人的伟大发明,是中华文化发展历史进程中产生的最重要的物质文化成果之一,官窑、御窑和民窑都对塑造经济繁荣、文化灿烂、政治稳定的文明大国形象发挥过重要作用。在国内,以御窑瓷器为代表,社会上层统治者的审美倾向对包括景德镇民窑在内的民间工艺品生产的影响十分突出。像明代陶瓷中著名的青花瓷,由于宣德皇帝好风雅,当时各窑口烧制的青花瓷中砚滴、水丞、笔洗、笔盒等文具就比较常见,就连鸟食罐、蟋蟀罐上的花鸟也常为绘画式,装饰富有诗意;嘉靖皇帝笃信道教,嘉靖年间出产的青花瓷中八卦、云鹤、八仙等道教元素出现频率明显增加。在外销方面,民窑发挥的作用显然更为关键。9 世纪下半期,我国的瓷器就已输出东南亚地区。在古代中国与波斯的贸易关系中,瓷器历来是主要货品之一。至今在伊朗各博物馆保存的萨菲王朝收藏的中国明代瓷器,其数量之巨,品种之多,都是举世罕见的。至于那些联结东方和西方的沙漠绿洲上的古老城镇和那些接受海运物资的波斯湾沿岸旧港口,也仍然不断出土许多中国古瓷。中国瓷器大量销往欧洲,是从 16 世纪初由葡萄牙人开始的。其后 300 年间,瓷器在中欧贸易中占有极其重要的地位,同时也成为欧洲社会最珍贵的礼物。随着瓷器的流行,欧洲人的审美方向也开始向中国靠拢,在 17 世纪的欧洲家庭中,很多人都会以中式的家具、用品作为彰显自己品位的标志。众多艺术家将瓷器和中国文化作为自己艺术创作的灵感来源,最终推动了"洛可可艺术"的出现。近代以来,延续官窑、御窑"但求品质,不计工本;千中选十,百里挑一,尽皆选材高端、工艺高妙、品质精"的高端瓷器生产传统,以专供党和国家领导人生活用瓷和被选作代表重大外交活动礼品瓷、中央机关用瓷、国宴专用瓷与人民大会堂、中南海、天安门城楼、钓鱼台国宾馆、中国军事博物馆陈设瓷为标志,"国瓷"作为国家形象重要载体的理念逐渐流行。

（二）建立健全促进公众积极关注、有序参与国瓷创意研发的体制机制,扩大景德镇国瓷品牌的传播力和影响力

党的十八大以来,站稳人民立场,牢记共产党人的初心与使命,努力赢得民心民意、汇集民智民力,为夺取新时代中国特色社会主义伟大胜利筑牢执政之基,成为全党上下和全国各族人民的牢固共识。2014 年 10 月,习近平总书记在文艺工作座谈会上的讲话中强调,坚持为人民服务、为社会主义服务这个根本方向,是决定我国文艺事业前途命运的关键,"以人民为中心,就是要把满足人民精神文化需求作为文艺和文艺工作的出发点和落脚点,把人民作为文艺表现的主体,把人民作为文艺审美的鉴赏家和评判者,把为人民服务作为文艺工作者的天职。"反映在国家形象塑造和国瓷创意研发上,也必然要求相关机构和个人深入

理解人民是历史的创造者,懂得、相信人民是决定党和国家前途命运的根本力量,能够将宣传教育、新闻传播、艺术创造与满足人民需求、顺应人民意愿、反映人民关切完美融合。

与国际形象比起来,内部形象才是国家形象最基本和最重要的构成要素。东西方各国政体虽有不同,但通过卓有成效的爱国主义教育不断强化公众对国家在社会主义核心价值观层面的认同,培育国家在国民心目中神圣、崇高、庄严、不容亵渎的"内部形象",却是各种类型国家机器所共有的重要职能。人民性是马克思主义最鲜明的品质。2005 年,文化部和财政部联合启动了包括中国画、油画和雕塑(包括壁画、浮雕)三种艺术形式在内的国家重大历史题材美术创作工程,以"1840 年至今,中国人民波澜壮阔的反帝、反封建、反殖民主义斗争和社会主义革命、建设的重大历史事件"为主要内容,投入 1.05 亿元专项资金,采取公开申报与约请创作的方式,动员和组织国内优秀美术家在 5 年时间内完成了104 件具有"民族史诗性质的,能够与伟大时代相匹配并传之久远的美术精品"。2017 年 7 月,为迎接新中国成立 70 周年、中国共产党成立 100 周年,文化部又启动了"中国共产党与中华民族伟大复兴——国家重大题材美术创作工程",以文化部正式公布的选题参考范围为依据,立足现实题材、兼顾历史题材,分阶段推出 100 件左右的主题性美术作品,于 2019 年和 2021 年举办新中国成立 70 周年、建党 100 周年大展,与中国美术馆等机构收藏的经典作品共同展出,其中的优秀作品还将由中国美术馆代表国家予以收藏。正式发布的 101 个选题根据时代进程分为"革命:实现民族独立和人民解放""创业:社会主义革命与建设""改革:创立中国特色社会主义""复兴:决胜全面小康"四大板块。

借鉴上述两大国家美术创作工程实施的经验,参照原文化部、财政部于2005 年 12 月颁布的《国家重大历史题材美术创作工程实施办法》,景德镇在组织新时代国瓷产品的创意研发时,也应该跳出以往"小圈子选人选创意"的窠臼。建议设置总额不少于 5 000 万的国瓷创意研发专项基金,资金主要来自中央财政拨款,同时依法接受国(境)内外自然人、法人或者其他组织的捐赠,基金运行自觉接受国家立法机关和国家财政、审计、纪检监察、文化和旅游等相关部门监督检查,并接受社会监督。可以建立由社会科学研究、历史(近现代史)研究、中共党史研究、军史研究、文献研究以及相关学科专家、全国政协委员和人大代表参与的选题委员会,聘请美术界知名专家、工艺美术研究院所专家、陶瓷类工艺美术大师和中宣部、文化和旅游部、外交部负责业务工作的有关人员组成艺术委员会。选题委员会将围绕全面、真实反映"发展中的中国""开放中的中国""为人类文明做贡献的中国",坚持弘扬主旋律、传播正能量和激发全社会团结奋进强大力量的基本原则,负责策划、论证、提出国瓷研发的主题内容,由国家用瓷办公室审核确定后,通过全媒体传播渠道向社会公布,面向全国有专业水准、创作意愿的个人和单位进行项目创作的申报。艺术委员会负责筛选、审核申报者提供的创作小稿,一经认可,即准予进入创作阶段并由国家用瓷办公室与作者或其所在机构签订创作合同,支付创作资助经费。创意完成后,由国家用瓷办公室参照有关国家标准确定应用于陶瓷制品的技术指标要求,按照法定程序向社会公开招标国瓷生产商。

（三）坚持美人之美、美美与共、与时俱进、创新发展,推进国瓷文化的全球化表达、区域化表达、分众化表达

作为宣传中国形象、展示中华文明、彰显文化自信的亮丽名片之一,新时代的国瓷创制必须站稳中华文化立场、传承中华文化基因、展现中华审美风范。2019 年 5 月 15 日,习近平总书记在亚洲文明对话大会的讲话中提出,"各种文明本没有冲突,只是要有欣赏所有文明之美的眼睛。我们既要让本国文明充满勃勃生机,又要为他国文明发展创造条件,让世界文明百花园群芳竞艳。""激发人们创新创造活力,最直接的方法莫过于走入不同文明,发现别人的优长,启发自己的思维。"追根溯源,中华文明是在同其他文明不断交流互鉴中形成的开放体系,在兼收并蓄中革故鼎新、与时俱进是中华文明永恒的精神气质。中华美学讲求形神兼备、意境深远,强调知、情、意、行相统一。传承和弘扬景德镇国瓷文化,传承和弘扬中华美学精神,绝不是简单复古和盲目排外,而是要"以古人之规矩,开自己之生面",在古为今用、洋为中用中辩证取舍、推陈出新,实现新时代国瓷产品的创造性转化和创新性发展。

历史上,景德镇御窑瓷器和民窑外销瓷器的繁荣发展都离不开与其他文明的交流互鉴,正是以兼收并蓄的态度汲取其他文明养分,用创新增添文明发展动力的典范。如明代王世懋所著《纪录汇编》中所说,"宋时窑器,以汝州为第一,而京师自置官窑次之。我朝则专设于浮梁县之景德镇。永乐、宣德间,内府烧造,迄今为贵。其时以鬃眼甜自为常,以苏麻离青为饰,以鲜红为宝。至成化间,所烧尚五色绚烂,然而回青未有也。回青者,出外国,正德间,大珰镇云南得之,以炼石为伪宝,其价初倍黄金。已知其可烧窑器,用之果佳。嗣是阖镇用之,内府

亦有输积,而青价稍稍贱矣。"苏麻离青又称苏泥麻青、苏勃泥青、苏泥勃青等,产地在古代波斯湾沿岸的萨马拉,属低锰高铁类钴料,最先被崇尚蓝色的伊斯兰教徒用于陶器烧制,在中国则被用作青花瓷器的主要着色剂。16世纪开始,景德镇瓷器工匠开始烧制适应欧洲人生活方式和审美喜好的瓷器,大多数题材来自宗教教义、贵族家族、室内外场景、地理风情及生活情景等,也可以分为人物、植物、动物、风景图样。其特点是绚彩华丽、金碧辉煌、构图丰满、繁而不乱,既有我国传统彩绘艺术的风格,又吸收了欧美的艺术精华。在当时欧洲流行的风俗画中,可以看到中国瓷器频繁地成为画中主角,尤其瓷器花瓶更是时常出现在欧洲贵族家中的茶桌上和室内装饰中。

"美人之美、美美与共"的伦理观念是共建人类命运共同体的重要人文基础,主张在尊重差异和多样性的基础上谋求人和事物内在的和谐统一,肯定开放包容、互学互鉴价值,强调克服狭隘民族中心主义、社会制度对立和意识形态桎梏,为展示和传播文明之美打造交流互鉴平台。当今世界正经历百年未有之大变局,新一轮科技革命和产业变革深入发展,国际力量对比深刻调整,我国已转向高质量发展阶段,但发展不平衡不充分的问题仍然突出,重点领域的关键环节、改革任务仍然艰巨。吸取中国陶瓷在"走出去"与"引进来"中达到"五色交辉,相得益彰,八音合奏,终和且平"的历史经验,借鉴景德镇瓷器外销历史中与目标国家社会大众的实际生活密切结合、影响渗透不同区域、不同国家、不同群体受众日常文化活动的成功路径,新时代国瓷的创制研发尤其需要顺时应势、推陈出新,注重以全球化表达、区域化表达、分众化表达的不同形式,以海纳百川的宽广胸怀打破文化交往的壁垒,彰显跨越时间空间区隔的永恒人文魅力,展示丰富多彩、生动立体的中国形象。未来的国瓷产品可以按材质的珍稀程度、制作工艺中手工劳动的比例分为高中低不同档次,中低档产品以市场化方式推广,高档产品除供应中央国家机关和国宴、国礼需求外,也应赠送或以优惠价格限量销售给国家勋章获得者、国家荣誉称号获得者。配合新中国成立、建党、建军和抗战胜利、召开第一届中国人民政治协商会议和第一届全国人民代表大会等重大节庆周年纪念活动,经有关部门审核批准,可以面向国内外制作发售主题纪念瓷,瓷器规格大小和售价应适合中等收入家庭购买选用。所有作为国礼赠送给外国元首和国际组织的陶瓷精品,都可以同时生产结合有关国家特色文化与国际组织宗旨纲领的"实用型普及版"。

第十二章
关于加强和凸显景德镇国家陶瓷文化传承创新试验区"江西元素"的研究报告①

　　景德镇作为我国历史文化名城,是千年古镇,也是世界瓷都,是世界上唯一一座以陶瓷产业支撑千年发展的城市,陶瓷成为景德镇传扬千古、驰名中外的器物载体、文化名片。景德镇是一个有历史、有文化、有故事的地方,它有着2 000多年的冶陶史、1 000多年的官窑史、600多年的御窑史、70多年的"建国瓷"生产史,"三面青山一面水,一城瓷器半城窑",千年窑火至今不熄,创造了"工匠八方来,器成天下走"的繁荣景象,景德镇瓷器"集天下名窑之大成,汇各地良工之精华",沿着古老的丝绸之路和海上丝绸之路"行于九域、施及外洋",对"一带一路"沿线国家人民的生活方式、价值取向和审美情趣产生了广泛而深远的影响。

　　早在2015年3月和12月,习近平总书记曾先后两次对景德镇御窑厂遗址保护工作作出重要批示。2019年5月,习近平总书记在视察江西时指出:"要建好景德镇国家陶瓷文化传承创新试验区,打造对外文化交流新平台。"②2019年8月28日,经国务院同意,国家发改委、文化和旅游部印发《景德镇国家陶瓷文化传承创新试验区实施方案》,明确提出建设"两地一中心",即建设国家陶瓷文化保护传承创新基地、世界著名陶瓷文化旅游目的地、国际陶瓷文化交流合作交

---

① **课题负责人:**
刘士林,上海交通大学城市科学研究院院长、教授,江西文化强省建设研究中心首席研究员,景德镇陶瓷大学特聘教授,景德镇国家陶瓷文化传承创新试验区发展智库负责人
课题组成员:
何世剑,南昌大学艺术与设计学院教授
王晓静,上海交通大学城市科学研究院院长助理、副研究员
刘　涛,河南大学文化产业管理系主任、副教授
秦　璨,澳门城市大学文化产业管理博士生
② 帅筠、毛思远:《建好景德镇国家陶瓷文化传承创新试验区　打造对外文化交流新平台》,2019年10月11日,https://www.sohu.com/a/346156923_114731。

易中心。这一国家级战略给古老的景德镇带来了新机遇,千年瓷都激发了巨大的发展潜能。建设好景德镇国家陶瓷文化传承创新试验区,打造好新时代景德镇陶瓷文化传承创新品牌,不仅成为景德镇未来发展的方向,也成为中国走向世界、认识世界、与世界交流对话的重要文化名片。

一、景德镇"国家试验区"加强与凸显"江西元素"的背景与机遇

2018年7月30日,原中共江西省委书记、省长刘奇在《从更高层次贯彻落实习近平总书记重要要求　共绘新时代江西物华天宝人杰地灵新画卷——在省委十四届六次全体(扩大)会议上的讲话》就提出:"要大力推进文化创造性转化、创新性发展。……加快发展文化事业和文化产业,推动文化业态创新,突出'江西元素',讲好'江西故事',提升江西文化影响力。……要把创建景德镇陶瓷文化传承创新试验区,作为建设文化强省、弘扬江西地域特色文化的重大载体,切实加强陶瓷文化的保护、传承、创新。充分利用景德镇陶瓷这个千年品牌,以文化交流合作为纽带,深度融入'一带一路',促进中外文化交融,讲好新时代'中国故事',把习近平新时代中国特色社会主义思想和当代中国发展成就、深刻变革生动展示在世人面前,为促进民心相通、打造人类命运共同体做出更多'江西探索''江西贡献'。"较早地予以强调,将突出"江西元素"作为创建景德镇陶瓷文化传承创新试验区的重要内涵、有力抓手,充分利用好景德镇陶瓷这个千年品牌,做出更多更好的"江西探索""江西贡献"。2021年7月2日,江西省省长、景德镇国家陶瓷文化传承创新试验区建设领导小组组长易炼红在南昌主持召开试验区建设领导小组第三次会议。易炼红指出:"要认真学习贯彻习近平总书记在庆祝中国共产党成立100周年大会上的重要讲话精神,全面落实习近平总书记重要指示精神,举全省之力高标准高质量推进试验区建设,让千年瓷都景德镇续写新的荣光、焕发新的活力,为推进江西高质量跨越式发展、把江西打造成为全国构建新发展格局的重要战略支点作出新的更大贡献。"他进一步强调:"要紧扣'国家陶瓷文化保护传承创新基地、世界著名陶瓷文化旅游目的地、国际陶瓷文化交流合作交易中心'战略定位,围绕'一轴一带、一区多点'空间布局,科学谋划和推进试验区建设,始终坚持陶瓷为本、项目为王、人才为先,既做好顶层设计,又善于落子实施。要把握重点求突破,做到格局大、下手准,紧紧抓住试验区建设的核心内容和关键环节,积极推进科技创新、产业升级、交流合作,加快打造全

国陶瓷科技创新高地,做精艺术陶瓷、做大日用陶瓷、做特工业陶瓷,奋力写好试验区建设这篇'大文章'。要攻坚克难闯新路,大胆先行先试,深化融合发展,狠抓品牌塑造,着力推动更深层次的体制机制改革,实施'陶瓷＋'行动,唱响景德镇陶瓷品牌,努力闯出一条具有世界意义、中国价值、江西元素、景德镇特点的优秀文化传承创新发展新路子。"①

诚然,自《实施方案》发布以来,聚焦建设"两地一中心"和围绕"一年见成效、三年上台阶、五年树标杆"的工作目标,江西省与景德镇各级政府着力推进新发展理念,创新体制机制,扎实有序推进"国家试验区"建设,着力将千年瓷都打造成新世纪的国际瓷都,再现历史辉煌,重现新兴风采。正如江西省省长易炼红在"2019 中国景德镇国际陶瓷博览会"开幕式上所说,"景德镇陶瓷'集名窑之大成,汇特技之精华',是世界认识中国、中国走向世界的重要文化符号。"此届"中国景德镇国际陶瓷博览会"上,来自中国、意大利、荷兰等国的近千家陶瓷企业参展,3 500 多名客商参会,艺术陶瓷、创意陶瓷、日用陶瓷、高技术陶瓷等一应俱全。瓷器之美跨越国界,一件件精美的展品让各方嘉宾流连忘返。② 近年来,各种商业洽谈、展览展示、产业论坛、人才引进等活动和政策的实施,彰显了"国家试验区"建设的初步成效。目前,在区域内已建设具有景德镇传统特色、现代化的景观和建筑群,形成景德镇陶瓷艺术馆、"珠山八友"及传承人艺术馆、"景漂"艺术家艺术馆、景德镇古代外销瓷博物馆、景德镇窑址博物馆、中国各大名窑艺术馆、建筑环境陶瓷艺术馆、陶瓷雕塑公园、生活陶艺博物馆、现代陶瓷艺术设计博物馆、世界陶品与茶酒文化艺术馆、世界陶瓷艺术馆、世界文明古国陶瓷博物馆以及艺术家工作室等以"陶瓷文化艺术馆群""陶瓷博物馆群"为主体的文化景观。③ 但如何更好地激活"国家试验区"发展的内部潜能,建设有明确"江西元素"(包括江西自然禀赋、江西地理景观、江西历史底蕴、江西风情特色、江西文化印记、江西人文气质、江西生活习俗、江西制造标识等)的"国家试验区",助力江西打造全国新发展格局的重要战略支点,仍需要把握现实及问题困难来做进一步的思考与政策完善。

① 魏星:《举全省之力高标准高质量推进试验区建设　让千年瓷都续写新的荣光焕发新的活力》,2021 年 7 月 3 日,http://www.jiangxi.gov.cn/art/2021/7/3/art_393_3463222.html? xxgkhide=1。
② http://pc.yun.jxntv.cn/p/189797.html。
③ 宁钢:《建设景德镇国家陶瓷文化　传承创新试验区的"文化样板"》,2021 年 3 月 8 日,https://m.gmw.cn/baijia/2021-03/08/1302153004.html。

二、景德镇"国家试验区"加强和凸显"江西元素"的意义阐释

习近平总书记指出："变革创新是推动人类社会向前发展的根本动力。谁排斥变革，谁拒绝创新，谁就会落后于时代，谁就会被历史淘汰"。在《实施方案》中的表述是："走出一条具有世界意义、中国价值、新时代特征、景德镇特点的优秀传统文化传承创新发展的新路子"。在新的历史语境下，将"新时代特征"更新为"江西元素"（或"江西省元素"，与景德镇特点更呼应、对仗），既鲜明地体现出执政者在景德镇"国家试验区"建设方面与时俱进的思考，彰显出主政者因应形势、把握全局、顺势而为的一种话语创新、文化创新与实践创新，它强调了在热火朝天的景德镇"国家试验区"建设实践中，结合新的时代要求、人民诉求加强和凸显"江西元素"的重要性、必要性。从"新时代特征"到"江西元素"的发展，它有着逻辑自洽的内在机理，富有开拓创新的重要意义和价值。

一是加强和凸显"江西元素"，更能彰显出江西省优秀文化的自觉传承与自信发展。建设景德镇"国家试验区"是在"新时代"历史背景下探索实践与创新建设的，因而必然具有鲜明的"新时代特征"。江西省在新时代的发展，需要陶瓷这一重要的文化名片。陶瓷是中华文明的重要表征，是我国优秀传统文化的杰出代表。景德镇以"千年瓷都"和"海上丝绸之路"主要起点城市闻名于世，是促进世界文明交流互鉴和文化不断进步发展的重要桥梁。景德镇瓷器是世界认识中国、中国走向世界的重要文化符号，也是传承和弘扬中华优秀文化、中华美学精神的重要器物载体。尤其值得指出的是，远销海内外的景德镇瓷器，本身就内蕴有江西文化的鲜明品格和特征，是江西省凸显悠久而厚重的历史文化积淀的重要体现。建设景德镇"国家试验区"，需要更好地打造好、凸显好江西元素的陶瓷文化名片，自觉传承和弘扬好江西优秀传统文化，在新时代背景下抢抓新的发展机遇，提升江西省在中国及全球的认可度与美誉度。

二是加强和凸显"江西元素"，更能呈现出江西人万众一心的责任担当与实干勇气。在《实施方案》的表述中，缺少了江西省这个试验区建设的重要一方，提出"江西元素"，不仅彰显了作为江西省重要名片之一的景德镇陶瓷文化与江西省的密切联系，同时也是"举全省之力高标准高质量推进试验区建设"的重要理由与依据。此外，在向外界推广、介绍包括陶瓷文化在内的各类江西文化时，这是最好的一个载体，也是最好的"江西元素"。而对江西而言，反映出江西文化发

展的传承与创新,这样可以真正地让江西文化气质更好地展示在世人面前,让赣都文化魅力照耀进人们的心中,点亮人民的生活。

三是加强和凸显"江西元素",更能体现出江西文化产业的厚实底蕴与特色禀赋。景德镇"国家试验区"服务于江西发展的功能和作用已经初步明确,即"努力为江西争取新荣光"和"为推进江西高质量跨越式发展、把江西打造成为全国构建新发展格局的重要战略支点做出新的更大贡献。"文化产业作为江西省全省产业新发展格局中调整和扶持的重要产业,景德镇的陶瓷文化产业发展是题中应有之义。景德镇御窑厂遗址与长征国家文化公园江西段、南昌汉代海昏侯国遗址等国家考古遗址公园建设一道,都成为全省旅游产业发展的重点打造场所。景德镇陶瓷博览会、景德镇世界非遗传承人大会、景德镇陶瓷高科技论坛等,与汤显祖戏剧节暨国家戏剧交流月等江西省文化对外传播交流的品牌活动一起,协力彰显了江西省的文化符号与历史印记。在景德镇"国家试验区"建设中加强和凸显"江西元素",无疑可以更好地推动江西省的文化产业、旅游产业及陶瓷特色产业新发展,打造亮丽的历史文化标签。

四是加强和凸显"江西元素",更能显现出江西文化强省的创新活力与人文情怀。更好地响应当前江西省由"文化大省"向"文化强省"建设与跨越的目标。文化建设亦是当前江西省发展的重中之重。中共江西省委提出,要紧跟时代要求、实践要求、人民要求,坚持以文铸魂、以文塑形、以文传情、以文惠民、以文兴业,不断激发文化创新创造活力。作为景德镇"国家试验区"建设的上级主管,中共江西省委、省政府已经群策群力,做好了顶层设计,吹响了从"文化大省"向"文化强省"迈进的"集结号",拉开了轰轰烈烈的干事创业帷幕,阔步踏上了在新时代努力铸就赣都文化繁荣发展新辉煌、新气象的新征程。景德镇"国家试验区"的建设加强和凸显"江西元素",无疑是积极预流、顺势而为、主动作为的一种姿态和努力,也是用心用情用力去建设江西文化哺育江西人民的文化情怀的一种体现。富有"江西元素"的景德镇"国家试验区"建设,打造出江西建设的"文化样板",发挥示范和引领作用,可以更好地更快地助力江西省"文化强省"的目标实现。

五是加强和凸显"江西元素",更能坚定海内外江西游子的身份认同与文化归属。美国学者道格拉斯·霍尔特、道格拉斯·卡梅隆指出:"所谓文化创新,是指一个品牌传达了创新的文化表述。如同我们已经论证的那样,世界上一些最有影响力与最有价值的品牌之所以成功,是因为它们能够提供创新的文化表述。……文化表述是关键。纵观历史，人们对'正确的'文化表述是高度重视的，因为这些文化表述对于人们在社会中组织他们的生活发挥着如此重要的作用。文化表述犹如指南针，告诉我们如何理解这个世界以及我们在这个世界中的位置，什么是有意义的，什么是道德的，什么是人性的，什么是非人的，什么是值得为之奋斗的，什么是我们应该鄙视的。文化表述也是身份认同的关键，是关于归属感、认同感以及身份地位的最基本的素材。文化表述渗透在社会之中，为我们构筑富有意义的生活提供所需要的建材。她们为社会、政治以及社会存在相关的所有关键的观念提供指引：从国家、社会阶层、性别、性关系、种族和族群，到美丽、健康、宗教、自然、同情心、慷慨、伦理、身体、工作、竞争、市场以及成功。"[1]内蕴江西元素的景德镇陶瓷，历经千年的发展创新，已经成为一种极具标识性、识别度的文化品牌，古往今来，人们以拥有一件景德镇陶瓷为期待和骄傲。景德镇陶瓷既是对江西优秀文化的一种表述，也是高雅品位生活的一种象征，一直以来，它吸引着无数景德镇陶瓷喜爱者产生身份认同和文化认同。"景漂"现象的产生，就是对景德镇陶瓷文化表述认同的最好例证之一。新时代景德镇"国家试验区"建设中加强和凸显"江西元素"，能让这种新的文化表述发挥更大作用。

三、景德镇"国家试验区"加强和凸显"江西元素"的若干建议

"江西元素"，具有最为鲜明的江西文化特色、内涵和品格，它最能代表江西；在参与国际文化交流中，它最具表现力、辨识度，能够让国际友人认得清、看得懂。新时代下，景德镇"国家试验区"加强和凸显"江西元素"，可以从以下几方面着手：

一是以人文城市引领江西文化强省建设。未来景德镇的理想城市模样，应是新型人文城市，即以陶瓷文化产业、陶瓷文化交流、陶瓷产品贸易、陶瓷文化旅游为主要职能的世界陶瓷文化中心城市。建设好景德镇"国家试验区"，树立起中国新型人文城市的标杆，可以引领和推动江西人文城市建设及文化强省。江西的许多城市都是文化积淀深厚，一些城市可以参考和学习景德镇新型人文城

---

[1] 道格拉斯·霍尔特、道格拉斯·卡梅隆：《文化战略：以创新的意识形态构建独特的文化品牌》，汪凯译，商务印书馆 2013 年版，第 176 页。

市建设经验和理路,推进人文城市建设。新型人文城市建设,强调把握新的时代要求和人民诉求,对优秀传统文化保护传承创新,促进城市的文化和经济协同发展。现时,加强和凸显"江西元素"的景德镇"国家试验区"建设,可以进一步巩固拓展景德镇作为全国文明城市的创建成果,延续历史文脉,对接国家战略,形成未来共识,强化行动目标。中共景德镇市第十二次代表大会上提出:要全力实施"五新"战略行动,其中第一条就是建设"新型人文城市"新范例。大会报告强调:"坚持以人为主体,尊重人的价值,围绕人的全生命周期多层次多样化需求,更加关注人的根本利益、共同利益、长远利益,以宜居、绿色、韧性、智慧统筹城市规划建设管理,让城市建筑可观可读、自然可亲可爱、街区可触摸可体验、管理有章有序、生活有温度有品位,构建人民精神普遍富足、人与自然和谐共生、人民生活更加美好的城市社会形态,把景德镇塑造成一座彰显高颜值、充满亲近感、洋溢文化风的人文之城,让越来越多的人向往景德镇、建设景德镇、热爱景德镇"。[①] 景德镇新型人文城市的建设,让"江西元素"在景德镇大街小巷可见、可观、可寻、可感、可传、可导,真正成为新时代新型人文城市建设的新范例和"文化样板",可以为未来江西其他新型人文城市建设提供一种参照和经验、路径。

二是以陶瓷文化引领赣鄱优秀传统文化传承创新。现阶段,"陶溪川CHINA坊"国际陶瓷文化产业园等已经具有了品牌效应,俨然成为景德镇的新地标,有必要进一步用好陶瓷文化金字招牌,发展好陶瓷文化产业,进而统筹和引领其他方面的传统文化创造性转化和创新性发展。主要的努力方向和用力方式体现在:构建陶瓷人才集聚高地,推进文化遗产活化利用,培育陶瓷产业新技术、新业态、新模式,推动景德镇成为集中展示中华陶瓷文化的瓷都、全国乃至世界的陶瓷产业标准和创新中心。赣鄱优秀传统文化传承创新,关键在人才。人才培养是基础,创新驱动是引擎。景德镇目前有景德镇陶瓷大学、江西陶瓷工艺美术职业技术学院、景德镇学院等陶瓷教学与研究主体高校,还有轻工业部陶瓷研究所、江西省陶瓷研究所、景德镇市陶瓷研究所等相关科研机构,有必要内培外引,整合力量,凝心聚力,建设陶瓷文化保护传承创新试验区。要把景德镇打造成人才聚集地。此外,景德镇还要解放思想,开拓思路,携手海内外高校、科研机构和文博机构,更新人才培养理念,拓展人才培养渠道,创新人才培养模式,提

---

① 余乐金:《未来5年,景德镇在塑造人文城市上要这么干!》,2021年10月5日,https://page.om.qq.com/page/OMt46TbTo-oRqXjsGHwiOTzw0。

升人才培养能力。通过教师互访、学生互派、作品互展、教材联编等多元化形式，培养服务于景德镇"国家试验区"建设的国际化人才。

三是以陶瓷文化产业发展引领传统产业转型升级。2007年12月，国务院出台了《关于促进资源型城市可持续发展的若干意见》，景德镇因瓷土枯竭而成为入选转型试点发展的城市之一，与其他68个资源枯竭型城市一起列名受助。虽枯竭了瓷土，但厚重的陶瓷文化依然存在，散发着历久弥新的魅力。近些年，景德镇探索了一条依托陶瓷文化产业发展而引领趋向高技术产业、先进装备制造业、文化旅游业转型升级的特色转型发展之路。当下，还有必要实施"陶瓷＋"行动，推进"陶瓷＋创意""陶瓷＋科技""陶瓷＋制造""陶瓷＋旅游"等模式的探索构建，进一步示范和引领江西传统产业转型升级发展。景德镇陶瓷文化产业发展整体处于起步阶段，产业规模较小，虽然地域品牌响亮，但企业品牌影响力薄弱，长期以来只有产地概念而没有真正产生产业的品牌效应。传统陶瓷行业的技术水平较低，导致准入门槛也较低，市场上的竞争对手相对较多，打价格战的概率相对甚大……种种因素的存在都极大地压缩着传统陶瓷产业的利润空间。此外景德镇的陶瓷产业化，尤其是艺术瓷产业化遭遇了很多困难，甚至是在产业发展理念方面都未能统一思想。譬如：很多陶瓷艺术大师认为，艺术瓷产业化会丧失景德镇高档艺术瓷的独特性和唯一性，产业化、大众化的艺术瓷将失去收藏价值。法兰克福学派对"文化工业"的严厉批判、对"机械复制"的高度否定，更加坚定了他们艺术瓷去产业化的信念。新时代，景德镇陶瓷产业要想实现新的突破和发展，必须全面贯彻新发展理念，通过陶瓷文化产业的发展来引领和带动传统陶瓷产业的转型、升级与发展，一方面要坚持把发展经济的突破点放在文化经济上，加强陶瓷文化保护传承创新，推进陶瓷文化挖掘阐释，为陶瓷文化产业发展夯实基础、充实内涵；另一方面要坚持把发展经济的着力点放在实体经济上，推进陶瓷产业基础高级化、产业链现代化，切实补齐陶瓷产业短板，通过科技进步、技术发展来实现转型与升级，加大对新产品的研发力度，打开新产品市场，减少陶瓷产业企业的竞争压力。最终，根基于陶瓷文化产业之上，合力构建起"陶瓷、航空、精细化工和医药"＋文化旅游＋其他优势产业的"3＋1＋X"产业发展新体系（其中，"X"为新经济、新业态，是潜力产业，也是转型升级发展的产业），真正推动景德镇"产业结构迈向中高端、产业体系更完备、产业平台大提升、产业实力大突破"。

四是以陶瓷文化旅游引领和带动江西文化旅游产业发展。景德镇市目前已经形成立体交通网络。公路方面,已经拥有皖赣铁路,杭瑞、景鹰、德昌、景婺黄等四条高速公路;航空方面,景德镇机场作为中国 100 个重点支线机场之一,运行良好,客流量趋好;铁路方面,皖赣铁路、阜景铁路、安景铁路、九景衢铁路等相继建成通车,发挥了重要的枢纽联通作用,随着昌景黄高速铁路的持续推进,将阔步迈入"高铁时代",分享高铁经济红利;水运方面,依托昌江河和乐安河两条河流通航,起着有力的辅助作用。可以说,景德镇的交通问题已然得到了较好的缓解,具有了推动文化旅游经济发展的良好基础。当务之急是,推进陶瓷文化和旅游的深度融合,围绕全省文化强省、旅游强省一体建设思路和发展大局,站在更高层面顶层设计与统筹谋划工作,进一步放大景德镇"陶瓷文化"的品牌优势,促进陶瓷文化与旅游、市场、生态、大数据等深度融合,高品质地建设"国家全域旅游示范区",把景德镇打造成世界著名陶瓷文化旅游目的地。此方面,可以乘"特色小镇"建设之东风,根基于陶瓷文化深厚底蕴,加快建设集艺术涵养、陶瓷游学、住宿餐饮、交流学习、旅游体验为一体的新型陶瓷艺术小镇。围绕此一主题,有力整治周边环境、重塑文化景观,配套建设文化旅游、休闲旅游的餐饮住宿及景观设施,改变一切的杂乱景象。还可以围绕"江西元素"全新设计和精心打造陶瓷文化旅游精品线路。在以往的"十景、三宴、三剧"等精品旅游线路的基础上,创新打造具有引领性、示范性的旅游精品线路。

　　五是以陶瓷产品贸易振兴江西对外开放和商贸发展。在"一带一路"倡议背景下,建设好景德镇"国家试验区",加强陶瓷企业创新能力和陶瓷产品贸易实力,通过打造陶瓷企业国际品牌,振兴江西对外开放能力,推动江西商贸迭代发展,大有可为。历史上,"景德镇窑的名声大起,成为宋代瓷窑的杰出代表。入明以后,江西制瓷业延续了其发展、繁荣的势头,景德镇的瓷器遍销海内外,带动江西瓷器走向另一个高峰。"①的确,自宋元时期始,景德镇窑的青白瓷异军突起,成为外销瓷的两大主力之一。据《中国外销瓷》一书介绍,为欧洲人提供日用的中国瓷器的荷兰东印度公司,其进行贸易的瓷器绝大多数都是在景德镇生产的,那里有专门从事外销瓷的陶工及画师,他们能够依照客人所提供的图样或者实物,准确地摹仿创作。②新中国成立后,"建国瓷"横空出世,千年瓷都景德镇浴火重生,再次惊艳世界。新中国成立 70 年以来的陶瓷生产史,让景德镇陶瓷品

---

① 黄志繁、杨福林、李爱兵:《赣文化通典·宋明经济卷》,江西人民出版社 2013 年版,第 169 页。
② 钱贵成著:《江西艺术史》,文化艺术出版社 2008 年版,第 200—201 页。

牌闪耀,走出国门,提升了江西品牌的知名度、扩大了江西产业的品牌效应,可以推动江西经济中兴和外贸发展。譬如:江西敞开怀抱,不断吸引和陆续接纳了上百万来自国内外的景德镇陶瓷文化爱好者,来景德镇创新创业,目前,仍有3万多名驻守于此,造梦圆梦,创造了一种"景漂"文化现象。又如:近年来,景德镇聚焦打造国家陶瓷文化保护传承创新基地,组建陶瓷特色产业集群,发展文化创意和设计服务,构建科技创新发展平台,加强陶瓷品牌建设,有力地策应了江西省生态发展、绿色崛起的战略。聚焦打造国际陶瓷文化交流合作交易中心,建设国际化陶瓷产业链交易平台,建造高端陶瓷文化贸易出口区,有力地推动了江西省对外开放与商贸发展。"互联网使这个世界越来越融合,也让未来变得更加精彩、更加令人期待。"①随着互联网时代的到来,电子商务的不断发展,景德镇市在传统产业发展的基础上大力推进陶瓷电子商务,打造陶瓷文化网上服务平台,大力发展陶瓷文化数字经济,成为江西发展电子商务、数字经济的重要构成和示范先导。

六是以陶瓷文化交流推进江西文化交流文明对话发展。历史上,"景德一镇,屹然东南一雄观。业陶者于斯,贸陶者聚于斯。天下之大,受陶之利,举以景德名"(王泽洪序康熙《浮梁县志》),宋应星《天工开物》载:"若夫中华四裔,驰名猎取者,皆饶郡浮梁景德镇之产也。"明王世懋说:"有明一代,至精美之瓷,莫不出于景德镇。""天下窑器所聚,其民繁富,甲于一省。"明缪宗周《兀然亭》诗曰:"陶舍重重倚岸开,舟帆日日蔽江来。工人莫献天机巧,此器能输郡国材"。清康熙二十一年饶州通判、署浮梁知县陈淯语:"景德一镇,则又县南一大都会也,业陶者在焉,贸陶者在焉,海内受陶之用,殖陶之利,舟车云屯,商贾电骛,五方杂处,百货俱陈,熙熙乎称盛观矣。"景德镇俨然是陶瓷及文化交流的"大都会"。新时代,景德镇坚持以陶瓷为媒,积极融入"一带一路"建设,讲好江西故事、中国故事,架起江西文化合作交流的"连心桥",联通中华文明对话的"情感纽带"。2014年12月,通过陶瓷文化媒介,景德镇市与斯里兰卡、泰国、柬埔寨三个国家各一座城市建立了友好发展关系,之后,景德镇市有意识、有组织、有计划地加大了对日用陶瓷、民族宗教用瓷、仿古瓷、现代家居用瓷的研发力度及生产规模,有力地适合和满足了"一带一路"共建国家的消费习惯与文化品味。自2004年始,

---

① 史蒂夫·佩珀马斯特:《融合时代:推动社会变革的互联与创意》,刘积仁译,中信出版社2013年版,第4页。

景德镇已经连续成功举办了16届"中国景德镇国际陶瓷博览会","瓷博会"是围绕造瓷爱瓷用瓷情感心理而开展、以陶瓷产品为载体、以展示推介和文化贸易为手段而开展的一次次国际性、多元化的文化交流活动,它有力地扩大了景德镇及江西与世界的人文交流,良好地展示了景德镇"瓷都形象"和江西的文化品牌,积极地、全方位地策应了国家"一带一路"倡议,全面提升了陶瓷文化、江西文化在国际上的影响力和吸引力。在国家重视发展文化产业、大力提倡中华文化"走出去"战略的大环境、大背景下,共建好陶瓷文化这一国际文化交流重要载体和展示中华文化魅力的名片,景德镇的"交往圈""朋友圈""合作圈"将越来越广、越来越大,江西文化与世界文化交流的深广度、活跃度、影响力将进一步提升。

景德镇"国家试验区"作为国务院批复设立的首个文化旅游类试验区,肩负着在我国陶瓷文化及其他优秀传统文化基础上发展产业创经验、探新路的重任。千年窑火不熄的景德镇,开启了重振辉煌的新征程。抓住历史机遇,千年瓷都正焕发"年轻态",用独特的世界语言讲述新时代的中国故事。伴随着景德镇"国家试验区"建设的进一步推进,"江西元素"在试验区建设中进一步加强与凸显,能够让景德镇陶瓷绽放出更加灿烂的光芒,也让江西文化、江西符号、江西印记更加深入人心。

下篇

重要文献与资料

创建景德镇国家陶瓷文化传承创新试验区的请示和总体方案

江西省人民政府

2018 年 5 月 1 日

关于创建景德镇国家陶瓷文化
传承创新试验区的请示

国务院：

　　为深入贯彻习近平新时代中国特色社会主义思想，全面落实习近平总书记关于中华优秀传统文化传承创新特别是景德镇御窑遗址保护的两次重要指示精神，认真落实李克强总理关于保护御窑遗址和支持创建景德镇国家陶瓷文化传承创新试验区的重要批示精神，弘扬丝路精神，打造"一带一路"文化交流与经贸合作的重要节点城市，特申请创建景德镇国家陶瓷文化传承创新试验区。现就有关事项请示如下。

一、创建景德镇国家陶瓷文化传承创新试验区的重要意义

　　瓷器是中国人民的伟大发明，景德镇瓷器是中国瓷器的杰出代表。千百年来，景德镇陶瓷沿着古老的丝绸之路和海上丝绸之路"行于九域，施及外洋"，以世界语言传播中华文化、讲述中国故事，成为中外经贸合作和文化交流的重要媒介。

　　在我国进入"两个一百年"奋斗目标的历史交汇期并日益走近世界舞台中央的今天，通过创建景德镇国家陶瓷文化传承创新试验区，以陶瓷这一联系东西方文明的重要载体，向世界展示中国人民在长期奋斗中培育、继承、发展起来的伟大民族精神，展示中国共产党领导中国人民在新的时代条件下取得的历史性成就、发生的历史性变革，对促进中外经贸合作和文化交流、助力"一带一路"建设、

推动构建人类命运共同体,具有特殊优势和重要意义。

（一）有利于传承弘扬中华优秀传统文化,增强文化自信

中国陶瓷作为中华民族智慧的结晶,讲求形神兼备,强调知、情、意、行相统一,蕴含着中华民族最基本的文化基因。景德镇陶瓷技艺集天下名窑之大成、汇各地良工之精华,在土作、水洗、火烧的精雕细琢和凤凰涅槃中,体现了水的灵动、土的敦厚、火的刚烈,不仅融入了器以载道、道法自然的哲学思想,而且形成了锲而不舍、精益求精、追求极致的"工匠精神",创造性实现了"器"与"艺"的完美结合。通过创建景德镇国家陶瓷文化传承创新试验区,推进中国陶瓷文化的创造性转化和创新性发展,是坚守中华文化立场、展现中华审美风范、增添中华精神力量的必然要求。

（二）有利于弘扬丝路精神和对接"一带一路"建设,促进文化交流

"瓷器"（china）在英文中的大写就是"中国"（CHINA）。瓷器同中国一样,既是古老的,也是日新月异的;既是独特的,也是与世界相通的。中国陶瓷文化,既是中国人民的伟大创造,也是在同世界各种文明交流互鉴中不断进步的。景德镇是历史上海上丝绸之路的主要起点和重要货源地。景德镇陶瓷作为"中国制造"参与经济全球化的"世界商品",跨越时空、超越国界,对"一带一路"沿线国家人民的生活方式、价值取向和审美情趣产生了积极影响,成为中国走向世界、世界认识中国的重要文化符号,成为弘扬丝路精神的重要载体。通过创建景德镇国家陶瓷文化传承创新试验区,景德镇成为对外展示中国文化的名片、讲述中国故事的平台、传递中国声音的窗口,不仅有助于践行"一带一路"倡议、推动沿线国家民心相通,而且有助于以对外展示"陶瓷中的中国"为切入口,让世界更多了解"发展中的中国""开放中的中国""为人类文明作贡献的中国"。

（三）有利于激发全社会创造精神和深化体制机制改革,积极探索传统文化产业转型升级路径

景德镇素有创新的基因。在2 000多年的冶陶史,特别是1 000多年的官窑史和600多年的御窑史中,景德镇陶瓷不断推陈出新,引领着中国陶瓷创新发展。以景德镇陶瓷为代表的中国传统陶瓷文化产业,是古代中国人民伟大创造精神的生动体现。随着时代的发展,中国传统陶瓷文化产业也亟待按照高质量

发展要求,通过思想理念、体制机制和陶瓷技术的全方位创新,加快实现由小做大、由大变强的历史性飞跃。通过创建景德镇国家陶瓷文化传承创新试验区,开展文化产业体制机制和政策体系创新试点,不仅有助于推动景德镇传统陶瓷文化产业转型升级,而且有助于按照"种苗圃而不是做盆景"的要求,为全国传统文化产业改造振兴提供更多可复制可推广的成功经验,进而为"中国制造2025"的全面实施贡献独特力量。

(四)有利于践行以人民为中心的发展思想,顺应人民对美好生活的向往

新时代,人们对物质和精神文化生活有了更高要求。陶瓷既是人们生活中的实用品,又是人们精神生活的艺术品,凝结着先辈们的智慧和荣耀,寄托着人们的情感和追求。传承创新陶瓷文化既有机遇又有挑战,更是我们的使命和担当。创建景德镇国家陶瓷文化传承创新试验区,全面践行以人民为中心的发展思想,不仅有助于数十万陶瓷从业人员和数万"景漂"创新创业、展示才华、圆梦出彩,更加有助于落实共享发展理念,深化供给侧结构性改革,更好顺应新时代大众化、个性化、定制化消费升级的需求,更好满足人民群众对美好生活的新期待。

二、创建景德镇国家陶瓷文化传承创新试验区具备良好的基础条件

陶瓷产业支撑了景德镇这座城市千年的发展,积淀了深厚的陶瓷文化底蕴。创建景德镇国家陶瓷文化传承创新试验区,有着诸多优势与条件。

(一)陶瓷历史文化资源独特

悠久的制瓷历史和丰富的陶瓷文化遗存是景德镇的最大财富。景德镇是全国首批24个历史文化名城之一,古城文化肌理保存完好,拥有御窑厂、高岭古矿、湖田窑等在内的瓷业遗址151处,以及108条老里弄,全国重点文物保护单位9处。国家级、省级文化产业示范基地13家、非物质文化遗产生产性保护基地8家、非物质文化遗产代表性传承人68人、非物质文化遗产保护名录26项。

(二)陶瓷产业体系完整

英国李约瑟博士说"景德镇是全世界最早的工业城市,在西方工业革命之前,景德镇瓷器已成为世界性的大产业"。景德镇陶瓷生产企业众多,有陶瓷生产企业和作坊6 000多家;配套服务能力完善,陶瓷产品丰富,涵盖艺术陶瓷、日用陶瓷、建筑卫生陶瓷、高技术陶瓷等各个领域,尤其是艺术陶瓷、高端日用陶瓷等更是居世界领先水平。

(三)陶瓷人才资源丰富

景德镇自古享有"工匠八方来,器成天下走"的美誉。拥有景德镇陶瓷大学等4所高等院校,以及国家日用暨建筑陶瓷工程技术研究中心和国家、省、市三级陶瓷研究所等一批科研机构。现有十余万陶瓷行业从业人员。近年来,景德镇与故宫博物院等艺术类、智库类机构建立了战略合作关系。3万多"景漂"艺术家和陶瓷爱好者在景德镇创新创业,5 000多"洋景漂"在景德镇朝圣寻梦,许多成功人士回乡发展,形成了独特的"景漂""景归"文化现象。

(四)国际影响力广泛

景德镇是世界瓷都、陶瓷胜地。美国历史学家罗伯特·芬雷在《青花瓷故事》一书中认为,第一次全球化来自16世纪的景德镇青花瓷;日本陶瓷学家三上次男在《陶瓷之路》一书中,把"海上丝绸之路"称为"陶瓷之路"。宋、元、明三个朝代,景德镇的瓷器远销亚欧非五十多个国家。十八世纪,就有2亿多件景德镇瓷器销往欧洲。景德镇瓷器一直被欧洲王室狂热追捧,十八世纪初,法国人殷弘绪在景德镇生活7年,把制瓷技术从景德镇传到欧洲。十九世纪,德国地质学家、柏林大学校长李希霍芬把景德镇"高岭村"所产优质瓷土命名为"高岭土"(kaolin)介绍给世界,开启了中国陶瓷与世界对话新的绚丽篇章。新中国成立后,景德镇瓷器是重要的国礼瓷和出口商品。景德镇荣膺"世界手工艺与民间艺术之都",与72个国家180多个城市建立了友好关系。

(五)陶瓷文化保护传承创新发展基础扎实

建立健全了文化遗产保护制度体系,出台了《御窑厂遗址保护条例》,实施以御窑厂为核心的大遗址保护,御窑厂遗址列入《中国世界文化遗产预备名单》。

保护传承景德镇手工制瓷技艺、窑房作坊营造技艺,成为全国非物质文化遗产保护数字化建设试点城市。培育打造了陶溪川文化创意街区、陶源谷艺术景区等创意创业孵化基地。创建了 5A 级景区古窑民俗博览区和御窑厂国家考古遗址公园、高岭·瑶里风景区、浮梁古县衙等 6 家 4A 级景区,御窑博物馆即将开馆。连续 14 年成功举办景德镇国际陶瓷博览会,成为国际上最有水准和影响力的陶瓷博览会,每届都吸引了数十个国家和地区的近千家团体和企业参加。每年在国内外举办各类文化交流活动近千场,承办首届驻华外交官"中国文化之旅"交流活动,在德国柏林举办"感知中国·匠心冶陶"、在荷兰代尔夫特举办"蓝色革命"等陶瓷展。

三、创建景德镇国家陶瓷文化传承创新试验区的总体思路

全面贯彻落实新发展理念,策应"一带一路"和长江经济带建设,高标准规划景德镇国家陶瓷文化传承创新试验区,着力保护传承陶瓷文化、创新发展陶瓷产业、扩大文化交流合作,让景德镇成为展示中国文化的名片、讲述中国故事的平台、传递中国声音的窗口。

——打造国家陶瓷文化保护传承基地。挖掘景德镇独有的陶瓷文化遗产资源,整体保护以御窑厂为核心的历史城区,全面推进古窑址、历史文化街区、工业遗产保护利用与展示,加大非物质文化遗产保护力度,延续城市历史文脉。

——打造国家陶瓷产业创新发展基地。落实"中国制造 2025"战略,注重陶瓷材料和技术的研发创新,建设陶瓷产业研发和设计公共服务平台;推进陶瓷文化与相关产业深度融合,培育陶瓷文化产业的新技术、新业态、新模式;实施国家品牌计划,实行景德镇原产地品牌认证;培育陶瓷龙头企业。

——打造世界陶瓷人才集聚高地。优化聚才环境,搭建育才平台,出台引才政策,服务好来自国内外的"景漂""景归",把景德镇打造成创业乐土、艺术天堂和文化高地。把陶瓷文化纳入国民教育,以景德镇陶瓷大学为依托,打造集陶瓷艺术创新、陶瓷文化科研、陶瓷创客创业为一体的"陶大小镇"。

——打造世界著名陶瓷文化旅游目的地。顺应大众文化旅游时代,放大陶瓷文化品牌优势,推动旅游资源有效整合,促进文化、生态与旅游深度融合,打造一批体现和体验陶瓷文化特色的旅游产品和线路,高品质建设国家全域旅游示范区,把景德镇打造成世界知名、国际一流的文化旅游名城。

——打造国际陶瓷博览交易中心。发挥景德镇的特殊影响力和国际陶瓷博览会的优势,形成集创意、设计、定制、展示、交易、结算、物流、金融等各环节于一体的陶瓷产业链交易平台,引领陶瓷文化产业链的提升与发展。

——打造国际陶瓷文化交流合作中心。全面融入"一带一路"建设,加强与陶瓷类、艺术类、智库类机构合作,加强与海外中国文化中心、孔子学院等机构的交流;积极参与"感知中国"、中国文化年等活动,广泛开展国际陶瓷学术研修、游学培训、陶瓷文化交流,为中华优秀传统文化"走出去"贡献景德镇力量。

为此,恳请国务院批准创建景德镇国家陶瓷文化传承创新试验区,赋予景德镇市陶瓷文化传承创新试点试验权,并批转《景德镇国家陶瓷文化传承创新试验区总体方案》(详见附件)。同时,推动国家有关部委根据职能分工,在财税金融、自然资源、科教人才、文化旅游、投融资、产业发展、对外开放等方面给予政策支持。

专此请示。

附件:景德镇国家陶瓷文化传承创新试验区总体方案

创建景德镇国家陶瓷文化传承创新试验区,是贯彻落实习近平新时代中国特色社会主义思想,在新时代弘扬中华优秀传统文化、促进传统陶瓷文化产业转型升级、推进对外文化交流和经贸合作、助力"一带一路"建设的重要举措。为全面有效推进景德镇国家陶瓷文化传承创新试验区创建,制定本方案。

一、总体要求

(一)指导思想

深入贯彻习近平新时代中国特色社会主义思想和党的十九大精神,统筹推进"五位一体"总体布局和协调推进"四个全面"战略布局,牢固树立创新、协调、绿色、开放、共享的新发展理念,认真落实"一带一路"倡议、长江经济带建设等重大战略决策部署,解放思想、先行先试,不断解放和发展文化生产力,促进陶瓷文化产业转型升级,提高陶瓷文化产业发展质量和效益,推动中华优秀传统文化创造性转化、创新性发展,为增强中华民族文化自信发挥示范带动作用。

(二)战略定位

依托景德镇国家陶瓷文化传承创新试验区,加快推动景德镇陶瓷文化传承与创新,通过搭平台、拓渠道、育龙头、树品牌,着力增强陶瓷文化产业竞争力、陶瓷文化交流亲和力、陶瓷文化传播辐射力,建设"一带一路"对外文化交流和经贸合作的重要节点城市,建成国家陶瓷文化保护传承基地、国家陶瓷产业创新发展基地、世界陶瓷人才集聚高地、世界著名陶瓷文化旅游目的地和国际陶瓷博览交易中心、国际陶瓷文化交流合作中心。

（三）发展目标

到 2020 年,陶瓷文化传承创新体制机制初步建立,陶瓷文化保护传承、陶瓷产业创新发展、陶瓷文化交流合作的体系基本形成,景德镇国家陶瓷文化传承创新试验区各项重大政策、重点项目、重要工作取得阶段性成果,展现出与世界对话的城市风貌和发展活力。

到 2030 年,创建景德镇国家陶瓷文化传承创新试验区的目标任务全面完成,陶瓷文化传承创新体制机制全面完善,陶瓷文化创造性转化取得重大成果,陶瓷产业创新性发展实现重大突破,文化推动发展的潜力充分释放,形成陶瓷文化遗产保护良好、陶瓷产业体系完备、陶瓷贸易国内领先、陶瓷文化国际影响力全面提升的发展格局,使景德镇成为展示中国文化的名片、讲述中国故事的平台、传递中国声音的窗口。

二、空间布局

（一）实施范围

景德镇国家陶瓷文化传承创新试验区实施范围为景德镇市全域,包括乐平市、浮梁县、昌江区和珠山区,面积 5 256 平方公里。

（二）功能布局和产业重点

主要规划布局四大功能区:

一是陶瓷历史文化保护区。以御窑厂遗址为核心,申报世界文化遗产,重点保护陶阳里、三闾庙等历史文化街区,深化陶瓷文化保护、发掘、整理、研究和传承。

二是陶瓷产业创新发展区。以陶瓷产业园为主体,建设陶瓷产业先进制造园区,打造传统日用陶瓷产业转型升级和手工制瓷集聚基地;以昌南新区为依托,重点发展陶瓷总部经济、电子商务、博览交易、现代金融等现代服务业,着力推动形成"从无序到有序、从低端到高端、从分散到集中"的陶瓷产业发展格局。

三是陶瓷文化创意创新区。以陶溪川文创街区、创意园区为空间载体,培育陶瓷文化产业新产品、新业态、新模式,推动陶瓷文化创意创新及科技成果转化。依托景德镇陶瓷大学打造集陶瓷艺术创新、陶瓷文化科研、陶瓷创客创业为一体的"陶大小镇",建设展示景德镇陶瓷文化辉煌历史和现代陶瓷工业文明的陶瓷文化创意创新走廊。

四是陶瓷文化旅游示范区。以景区化的理念,打造城景一体的旅游城市,高水平规划旅游产业布局,拓展旅游产品形态、完善旅游基础设施和服务功能,把景德镇建设成为一个世界著名的陶瓷文化旅游目的地。

重点发展8个产业集群:艺术陶瓷、高技术陶瓷、高档日用和建卫陶瓷、陶瓷材料和智能制造、陶瓷创意与设计、陶瓷博览交易、陶瓷文化旅游、陶瓷产业链金融服务。

三、主要任务和措施

以陶瓷历史文化资源为核心,以体制机制创新为动力,以重大工程项目为抓手,围绕战略目标定位,重点突破,高标准规划创建景德镇国家陶瓷文化传承创新试验区。

(一)加强陶瓷历史文化遗产保护传承

(1)健全陶瓷文化遗产保护体系。加强文物资源调查,建立统一规范的文物数据库。加强陶瓷文化典籍文献收集整理编纂,实施文献标准化信息化工程。坚持政府主导、规划引领、社会参与,完善文物保护规划,促进文物保护规划、历史文化名城保护规划和旅游发展规划的有机统一。加强地方立法,依法加大陶瓷历史文化遗产保护力度。

(2)保护陶瓷历史文化遗产。支持景德镇御窑厂遗址申报世界文化遗产和景德镇手工制瓷技艺申报世界非物质文化遗产,支持设立国家陶瓷文化生态保护实验区和国家文化公园,保护历史文化名城名镇名村。统筹加强古窑遗址、出土文物等发掘与保护,推进非物质文化遗产传承。

(3)科学利用陶瓷历史文化遗产。做好遗址本体以及可移动文物的展示,推进御窑厂遗址、历史文化街区的保护利用,建设御窑博物馆等文化地标。鼓励支持老旧厂房改造利用,开展陶瓷文化创意、旅游等产业经营。支持建设工矿遗址公园。研究国家文化产业发展专项资金、国家文物保护专项资金对陶瓷文化试验区内符合条件的项目给予支持。加大陶瓷文化挖掘阐发力度,加强陶瓷文化传播和科普教育。推动文化遗产保护国际交流合作。

(二)推动陶瓷产业创新发展

(1)构建陶瓷产业创新发展平台。以陶瓷产业园为主体,创建陶瓷制造特色的国家级经济技术开发区,重点打造高新技术陶瓷、高档日用和建卫陶瓷发展基地,建设手工制瓷作坊群。优化陶瓷制造业布局,实施扩园强区,稳步推进陶瓷企业及配套企业向园区集聚,实现集约、集群发展。

(2)培育陶瓷龙头企业。推进国有陶瓷企业改革重组、引进国内外有实力有影响力的陶瓷企业,培育一批陶瓷行业骨干和龙头企业,支持优质陶瓷企业上市。优化陶瓷产业体系,补齐产业短板,建设标准规格统一、追溯运行顺畅、链条衔接贯通的陶瓷产品标准化供应链体系。

(3)推动科技创新。贯彻落实"中国制造2025"战略,促进陶瓷产业信息化和工业化深度融合,充分运用现代信息技术提高陶瓷企业研究开发设计和生产管理水平。注重陶瓷科技研发,充分发挥国家日用及建筑陶瓷工程技术研究中心、国家绿色陶瓷工程技术研究中心、国家陶瓷检测重点实验室等科研服务平台作用,探索新材料、新设备、新工艺、新技术在陶瓷设计和生产中的应用。完善陶瓷研发设计创新体系,支持建设国家陶瓷文化科技创新中心,建设高端陶瓷研发设计共享平台,推动产学研用有机融合。

(4)实施"国际品牌"战略。建立陶瓷文化产品质量标准体系,设立中国陶瓷品质检测认证中心,以国际标准制定"景德镇陶瓷"生产技术标准和产品质量检测标准。建立公开信息发布和产品查询平台,建立健全陶瓷艺术品鉴证质量溯源体系,推广使用统一的"景德镇陶瓷"防伪溯源标识,建设陶瓷大数据应用重点实验室。加大陶瓷知识产权和版权保护力度。提升国瓷"景德镇"和"龙珠阁""昌南""红叶"等重点品牌的影响力。

(5)发展陶瓷文化创意产业。实施"陶瓷+""互联网+"战略,推动陶瓷跨界融合发展,培育陶瓷文化产业新业态,推动创意设计及科技成果转化,发展陶瓷文化衍生品。将陶瓷艺术品生产企业纳入文化创意产业增值税适用范围,支持景德镇国家陶瓷文化传承创新试验区打造成为国际知名的陶瓷文化全产业链创意创业创新高地。

(三)推进国际陶瓷文化交流合作

(1)加强陶瓷文化研究和交流合作。支持在景德镇设立中国国际陶瓷文化交流中心等各类交流和学术研究机构。全面拓展与全球创意网络城市合作,建设世界手工艺与民间艺术之都研发基地,发挥联合国教科文组织"陶瓷文化保护与创新"教席作用,推动国内艺术类高校、机构和团体等与国外同行广泛开展交流活动。广泛参与国家外事外交文化活动,推动陶瓷产品与国外艺术形式和表现风格的有机结合,促进中外文化创新融合。

(2)展示"一带一路"文化交流成果。策划实施一批文化交流成果展示项目,支持建设中国国际现代陶瓷博物馆、丝绸之路历史博物馆、"一带一路"沿线国家风情展览馆、"一带一路"文化交流成果展览馆等项目,支持举办景德镇国际陶瓷双年展等展会活动。支持建设"一带一路"文化艺术中心,采取戏曲、电影、歌剧、歌曲等多种表现形式,集中讴歌国家"一带一路"建设取得的成就。鼓励"一带一路"沿线国家在景德镇国家陶瓷文化传承创新试验区设立长期性、市场化的展览平台、新型博览会或主题公园,开展各种集中性的展销展示和文化交流。支持国家相关部门在景德镇国家陶瓷文化传承创新试验区举办国际文化交流活动。

(四)扩大陶瓷文化产品贸易

(1)优化实体陶瓷市场布局。推进陶瓷市场细分,引导各类陶瓷文化产品向对应陶瓷市场集聚,提升有形市场的科学化、专业化、规范化水平。支持建设景德镇国际陶瓷贸易大市场,打造国际知名陶瓷品牌集聚、功能完备的标志性交易平台。

(2)加强市场营销渠道建设。引进经纪、拍卖、画廊等艺术品贸易机构,拓展艺术陶瓷营销渠道。提升景德镇国际陶瓷博览会专业化国际化水平,利用中国陶瓷(国际)博览交易中心网络平台展示国内外陶瓷精品,打造"永不落幕"的陶瓷博览会。在国内重点城市和"一带一路"节点城市设立统一标识的"景德镇陶瓷"体验营销中心,推广个性化定制陶瓷文化产品服务,鼓励龙头企业走出去。

(3)加强陶瓷电子商务发展。整合现有陶瓷电商资源,扶持重点陶瓷电商企业,形成线下园区生产、线上全球供货的贸易格局。鼓励景德镇陶瓷制造企业与一流互联网平台深度对接,加强电商平台货源产品的品牌管理、溯源认证管理。加快建设景德镇陶瓷垂直电商平台,打造陶瓷电商集聚区和电商孵化基地,引导电子商务企业集聚发展。

(4)打造陶瓷产业链交易平台。支持建设中国陶瓷(国际)博览交易中心,通过运用互联网、物联网、大数据等先进技术,形成集陶瓷创意、设计、定制、展示、交易、结算、物流、金融服务等各环节于一体的陶瓷产业链交易平台,通过产品交易过程形成的大数据,为国内外陶瓷文化企业提供一体化配套服务。

(5)完善现代化仓储物流体系。打造智慧物流,建设现代化仓储物流园区,建设标准化、智能化仓库基地,推进综合运输体系和物流基础设施建设。引导物流企业整合重组,培育物流龙头企业。研究降低物流企业负担的税收、路桥收费政策,促进物流业发展。

（6）促进陶瓷文化产品对外贸易。完善全球化销售和服务网络，支持和引导企业到境内外参展，促进展会营销，采取跨境电子商务贸易方式，创新和完善对外贸易综合服务平台，促进新兴市场开拓，推动具有自主知识产权、高附加值产品出口，提高以品牌、服务、标准为核心的出口优势；充分利用国际奥委会TOP合作伙伴等主流市场和高层平台，加快培育国际竞争优势，打通国际销售通道，提升景德镇陶瓷在国际产业价值链条上的位置，重塑景德镇陶瓷在"一带一路"沿线国家中的贸易地位。支持设立景德镇综合保税区、开展市场采购贸易方式试点，使景德镇成为内陆开放口岸。

（五）发展陶瓷文化旅游业

（1）高水平规划发展陶瓷文化旅游产业。整合景德镇陶瓷历史文化资源，以全域旅游为抓手，建设陶阳里、陶溪川、陶源谷、东市区等陶瓷文化景区，打造陶瓷精品旅游线路，实现"个性化定制＋体验＋旅游"的发展模式。研究景德镇陶瓷传统工艺展示、传习基础设施建设纳入国家"十三五"文化旅游提升工程。建设昌江百里风光带，挖掘乐平市南窑、古戏台和浮梁县瑶里古镇、东埠古街、高岭古矿、古县衙等历史文化资源，促进旅游与文化、生态融合发展。

（2）培育陶瓷文化旅游新业态。发展文化创意体验和研学旅行，通过创意设计、陶艺制作、陶瓷购物、虚拟现实、文化娱乐等体验活动，吸引中外游客。发展生态体验旅游，加强流域生态保护和综合治理，打造一批有独特魅力的自然生态旅游景区。支持景德镇市创建国家水生态文明建设试点城市。

（3）提升旅游产业发展水平。支持符合条件的旅游园区景区申报评级，做强旅游企业主体，引进国内外知名旅游企业参与旅游资源开发，完善旅游产业链，协同周边景区景点，优化旅游线路。加强旅游立体交通网、旅游服务设施网、"智慧智能"旅游互联网等配套建设，迁建景德镇机场，打造国际航空口岸，完善综合服务功能，全面提升旅游产业发展水平。

（4）拓展国际旅游市场。加大景德镇陶瓷文化旅游全球推介力度，广泛组织和参与陶瓷文化博览会展、陶瓷文化国际交流等活动，融入联合国海陆丝绸之路城市联盟、国际友好城市旅游联盟、中国旅游海外体验中心、世界陶瓷城市联合会等平台，打造国际旅游名城。

（六）促进陶瓷文化教育和人才培养

（1）加强陶瓷文化教育和学术交流。支持陶瓷文化历史进教材、进校园，把陶瓷文化融入国民教育和全球华文教育。支持景德镇陶瓷大学创一流学科。加强与国外教育机构合作,研究景德镇陶瓷大学在"一带一路"国家布点,规划在国内中心城市建立景德镇陶瓷文化对外窗口,与国外中小学校、艺术院校建立联系,开展国际陶瓷文化学术研究、游学培训、陶瓷文化交流等活动。

(2)健全陶瓷产业人才支撑体系。推进人才机制体制改革,创新人才培养机制,将陶瓷文化产业人才培养纳入国家人才发展规划,鼓励科研院所和社会力量共同参与陶瓷人才培养,加快发展陶瓷职业教育,扩大非学历教育和职业培训,打造陶瓷行业技能人才学习、培训、交流和实践基地,培养高素质实用型技能人才。创新人才引进服务机制,重点引进陶瓷考古研究、文化创意、陶瓷设计、科技创新、营销管理和金融服务等人才,打造具有陶瓷文化特色的创新平台和创业基地。制定新时代陶瓷专业技术人才和技能人才评价新办法。

(七)实施陶瓷文化产业金融创新

(1)加大金融支持陶瓷文化产业发展的力度。支持国家财政文化专项资金、国家新兴产业创业投资引导基金、中国政企合作投资基金等参与设立景德镇陶瓷文化产业引导基金,采取母子基金"1+N"模式,打造涵盖陶瓷文化产业研究创意、设计制造、文化商品输出、促进全国陶瓷文化产业转型升级等范围的专业化产业链子基金群,加快产融结合。通过专业化产业链子基金群引导全国性的产业龙头企业转移,促进全国陶瓷产业通过并购、垂直整合和壮大产业链等方式实现战略转型升级,推动景德镇国家陶瓷文化传承创新试验区成为全国陶瓷文化产业聚集中心。

(2)充分利用多种融资渠道和融资工具。支持国家开发银行、全国性大型国有商业银行与江西省人民政府合作开展对景德镇国家陶瓷文化传承创新试验区的总行直贷业务。支持区内企业利用多层次资本市场融资,比照"发挥资本市场作用服务国家脱贫攻坚战略"的方式,对区内企业首次公开发行股票、新三板挂牌、发行债券、并购重组等开辟绿色通道。鼓励保险公司、保险资产管理公司与区内企业合作,支持引进保险资金参与区内投资规模大、期限长的基础设施建设,参与陶瓷文化产业引导基金设立或投资重点项目建设。鼓励金融机构结合陶瓷产业特色,为企业提供动产质押和农村承包地经营权、宅基地使用权、林权抵押等创新融资服务。

(3)开展"一带一路"国际金融合作。以景德镇国家陶瓷文化传承创新试验区为依托,吸引"一带一路"国家加强与江西省及景德镇市的金融项目合作,支持景德镇国家陶瓷文化传承创新试验区积极与国际多边开发机构和其他外资机构合作。探索建设与涉外部门信息共享的跨境业务集中收付平台,探索金融促进贸易创新。以景德镇国家陶瓷文化传承创新试验区为绿色通道和窗口,支持全国其他地方对"一带一路"国家的文化类直接投资在景德镇国家陶瓷文化传承创新试验区进行对外投资合作信息报备和展示。

四、保障机制

(一)加强组织实施

江西省人民政府要切实加强组织领导,完善工作机制,明确工作分工,创新发展方式,加大支持力度,积极探索与现行体制协调、联动、高效的试验区管理方式,落实各项重点任务,扎实稳妥推进景德镇陶瓷文化传承创新试验区建设发展。要认真做好景德镇陶瓷文化传承创新试验区发展总体规划的编制工作,规划建设必须符合土地利用总体规划、城市总体规划,以及城镇总体规划、环境保护规划、水资源综合规划等相关专项规划的要求。

(二)优化政策支持

1. 财税金融政策

鼓励国家财政文化专项资金、国家新兴产业创业投资引导基金、中国政企合作投资基金等出资参与设立中国(景德镇)陶瓷文化产业引导基金、景德镇文创产业基金。

支持景德镇设立"中国陶瓷(国际)博览交易中心",由江西省人民政府和文旅部共同认定、入驻"中国陶瓷(国际)博览交易中心"的陶瓷艺术品生产和手工制瓷企业纳入文化创意产业增值税适用范围。

支持景德镇国家陶瓷文化传承创新试验区执行西部大开发税收政策,对设在试验区的鼓励类产业的内资企业和外商投资企业减按 15% 的税率征收企业所得税,同时对陶瓷文化企业发生的研发费用,按照科技型中小企业研发费用税前加计扣除政策执行。

对景德镇国家陶瓷文化传承创新试验区相关重大项目、重点工程和重要平台建设予以政府专项债券倾斜支持。

2. 自然资源政策

支持景德镇建设工矿遗址公园,允许保留原土地用途不变。

允许景德镇国家陶瓷文化传承创新试验区项目用地划拨或协议出让。

景德镇国家陶瓷文化传承创新试验区基础设施用地涉及永久基本农田,允许补划调整。

支持将景德镇市列为国家水生态文明建设试点城市,研究支持景德镇水生态文明建设的政策措施。

3. 科教人才政策

对景德镇国家陶瓷文化传承创新试验区内本科高校给予相关专业设置、国际联合办校、招生等方面的政策支持。

支持景德镇开展陶瓷科技创新,在陶瓷科技项目安排和陶瓷科技创新平台载体申报上予以倾斜,支持创建国家创新型城市。

支持对景德镇传统手工制瓷技艺从业人员评价体系的建设。研究制定放宽外国陶艺人才来华签证、居留的条件和简化程序的办法。

支持陶瓷文化融入国民教育及海外华人教育,研究陶瓷文化入教材、进校园的形式,支持景德镇国家陶瓷文化传承创新试验区建设全国中小学研学旅游实验区;建设孔子学院国际陶艺课程总部基地,推动世界各地孔子学院开设陶艺课程;加强与国外教育机构合作,推动景德镇陶瓷大学在"一带一路"国家布点,促进陶瓷文化走出去;支持景德镇陶瓷大学创一流学科。

支持景德镇陶瓷文化纳入国家"一带一路"发展行动计划,建设"一带一路"文化节点城市;支持在景德镇建设中国国际陶瓷文化交流中心、中国国际现代陶瓷博物馆、丝绸之路历史博物馆、"一带一路"沿线国家风情展览馆、"一带一路"文化交流成果展览馆、举办景德镇国际陶瓷双年展;支持联合国教科文组织"陶瓷文化保护与创新"教席建设。

4. 文化旅游政策

支持景德镇申报世界文化遗产和非物质文化遗产,设立国家陶瓷文化生态保护实验区、国家文化公园、高岭古矿和湖田窑国家考古遗址公园,建设国家古陶瓷研究修复中心、国家陶瓷文化科技创新中心和陶瓷大数据应用重点实验室,对景德镇市陶溪川创建国家级文化产业示范园区、大遗址保护、近现代工业遗产保护等给予政策、项目和资金支持。

研究支持将景德镇陶瓷传统工艺展示、传习基础设施建设纳入"十三五"时期文化旅游提升工程,支持景德镇建设全域旅游示范区,支持御窑厂国家考古遗址公园和浮梁古县衙景区创建5A景区。

5. 投融资政策

研究制定有关政策,支持景德镇国家陶瓷文化传承创新试验区运用政府和社会资本合作(PPP)、资产证券化(ABS)等方式引入社会资本参与项目投资、建设和运营。

6. 产业发展政策

支持景德镇陶瓷产业园创建国家级经济技术开发区。

研究制定陶瓷类艺术品鉴证质量溯源标准,构建与国际通行规则相衔接的艺术品鉴证质量溯源体系,研究陶瓷艺术品交易、质押、典当办法。

7. 对外开放政策

支持设立景德镇综合保税区。

支持景德镇开展市场采购贸易方式试点。

(三)强化指导服务

国务院有关部门要按照职能分工,认真研究景德镇国家陶瓷文化传承创新试验区建设中涉及的支持事项、改革发展任务和措施,给予行政批复等政策支持或向国务院提出建议。要加强对景德镇国家陶瓷文化传承创新试验区建设发展的指导,在规划编制、政策实施、项目布局、体制创新、对外开放等方面给予积极支持,帮助解决景德镇国家陶瓷文化传承创新试验区发展过程中遇到的困难和问题,营造良好的政策环境。

景德镇国家陶瓷文化传承创新试验区实施方案(研究版)

上海交通大学城市科学研究院课题组

2018 年 12 月 19 日

陶瓷是中华文明的重要名片之一,是我国优秀传统文化的杰出代表。景德镇以千年瓷都和海上丝绸之路主要起点城市闻名于世,是促进世界文明交流互鉴和不断进步的重要桥梁。景德镇瓷器"集天下名窑之大成,汇各地良工之精华",是世界认识中国、中国走向世界的重要文化符号和传承中华优秀文化的重要载体。建设景德镇国家陶瓷文化传承创新试验区,是深入贯彻落实习近平新时代中国特色社会主义思想和党的十九大精神的重要举措,是保护好传承好利用好景德镇优秀陶瓷文化、发挥文化对产业转型升级的积极作用、协调推进区域高质量发展的重要路径。为推进试验区建设,制定本实施方案。

一、总体思路

(一)指导思想

深入贯彻习近平新时代中国特色社会主义思想和党的十九大精神,牢固树立创新、协调、绿色、开放、共享五大发展理念,统筹推进"五位一体"总体布局和协调推进"四个全面"战略布局,认真落实"一带一路"倡议,以体制机制改革为重点,传承和弘扬景德镇优秀陶瓷文化,开辟文化遗产保护与利用新路径,打造文化与产业融合发展新平台,探索文化引领经济社会发展新模式,推动中华优秀传统文化创造性转化和创新性发展,不断增强文化自觉和文化自信,努力走出一条具有世界意义、中国价值、新时代特征、景德镇特点的优秀传统文化传承创新发展新路子。

（二）战略定位

充分发挥景德镇陶瓷文化底蕴深厚、产业基础扎实、国际影响广泛的优势，大力实施"文化＋"战略，进一步保护传承陶瓷文化、创新发展陶瓷产业、扩大文化交流合作，建设以中国新型人文城市和世界陶瓷文化中心城市为卓越品牌的国际瓷都，让景德镇成为展示中国文化的名片、讲述中国故事的平台、传递中国声音的窗口。

——国家陶瓷文化保护传承基地。以独特的陶瓷文化遗产为核心，统筹物质形态遗产和非物质形态遗产的保护，推进文化遗产活化利用，做到在保护中发展，在发展中保护，使景德镇成为集中展示中华陶瓷文化的胜地。

——国家陶瓷产业创新发展基地。实施创新驱动发展战略，培育陶瓷产业新技术、新业态、新模式，推进陶瓷文化与相关产业深度融合，打造以文化促进高质量发展的新引擎，催生经济社会发展新动能，推动景德镇成为全国乃至世界的陶瓷产业标准和创新中心。

——世界陶瓷人才集聚高地。优化聚才环境，搭建育才平台，出台引才政策，探索建立符合陶瓷专业人才成长规律的培养、评价、使用、激励机制，把景德镇打造成创业乐土、创新高地和艺术天堂。

——世界著名陶瓷文化旅游目的地。顺应大众旅游时代新趋势，放大陶瓷文化品牌优势，推动旅游资源有效整合，促进旅游与文化、生态深度融合，高品质建设国家全域旅游示范区，把景德镇打造成世界一流的国际文化旅游名城。

——国际陶瓷博览交易中心。发挥景德镇的特殊影响力和国际陶瓷博览会的优势，依托有国际竞争力的陶瓷龙头企业、品牌和人才，打造功能完善、辐射广泛的国际化陶瓷产业链交易平台，开启新时代中国陶瓷与世界对话的新篇章。

——国际陶瓷文化交流合作中心。全面融入"一带一路"发展进程，建设文明交融互鉴的桥梁，加强与国内外文化机构交流合作，以瓷为媒，积极参与国家文化外事外交活动，为中华优秀传统文化"走出去"贡献景德镇力量。

（三）发展目标

到 2025 年，陶瓷文化传承创新体制机制初步建立，陶瓷文化保护传承、陶瓷产业创新发展、陶瓷国际贸易和文化交流合作的体系基本形成，汇聚国内外优秀陶瓷人才的平台功能初步具备，陶瓷文化和旅游业深度融合效果显著，试验区各项重大政策、重点项目、重要工作取得阶段性成果,更多更好地惠及人民群众,促进经济高质量发展和城市现代化建设的重要作用进一步发挥,国际瓷都的人文风貌和发展活力充分显现,为我国陶瓷及其他传统文化产业转型发展提供可推广、可复制的经验和模式。

到 2035 年,试验区各项建设目标任务全面完成。陶瓷文化传承创新体制机制全面完善,陶瓷文化传承保护和创造性转化取得重大成果,陶瓷文化引领经济社会发展质量变革、效率变革、动力变革的新模式全面形成,陶瓷文化名家、领军人才、创新团队层出不穷,陶瓷产业创新能力冠领中国、陶瓷文化国际影响力全面提升,成为"一带一路"沿线国家文化交流重要载体和推动构建人类命运共同体重要平台。

二、主要任务

以景德镇市全域为试验区范围,充分挖掘陶瓷文化资源,推动体制机制创新,不断激发市场活力,促进产业转型升级和供给侧结构性改革,探索形成创新成为第一动力、协调成为内生特点、绿色成为普遍形态、开放成为必由之路、共享成为根本目的的发展新格局。

(一)加强陶瓷文化遗产保护传承

1. 加大陶瓷文物保护力度

制定陶瓷文物保护相关地方法律,将全市范围不可移动文物均纳入保护红线。建立陶瓷文化遗址认定基本标准,公布陶瓷文化遗址保护名录,划定、公布地下文物埋藏区,分类、分级保护陶瓷文化遗址。实施大遗址保护计划,列入国家大遗址保护规划,推行集中连片保护利用。支持开展陶瓷遗址重大考古发掘。注重保护现代工业文化遗产。创新陶瓷文化遗址保护利用机制,探索社会力量参与使用和运营管理的路径。加强可移动文物保护、研究和修复,实施陶瓷可移动文物预防性保护和数字化保护利用工程。

2. 传承陶瓷非物质文化遗产

创建景德镇陶瓷文化生态保护实验区。加强对陶瓷类非物质文化遗产项目的保护,支持景德镇手工制瓷技艺纳入联合国人类非物质文化遗产代表作名录,实施国家级非物质文化遗产项目记录工程,完成手工制瓷技艺数据库建设,完善国家、省、市、县四级非遗保护名录体系。加强手工制瓷非遗代表性传承人队伍建设,壮大"过手七十二"分工合作的传承人群体。设立非遗生产性保护基地,提升名坊园等陶瓷非物质文化遗产生产性保护园区建设水平。设立非遗研究基地,深入开展陶瓷材料、工艺、传承等方面的学术研究。设立非遗传承基地,整合试验区内教育、民企等多种资源,重点以陶瓷职业中专、高职院校为依托,开设陶瓷手工制作技艺等非物质文化遗产课程。设立非遗传播基地,依托景区、企业、院校开展陶瓷文化的宣传、展示、研学、交流、出版等工作。

3. 推进陶瓷文化的挖掘和阐发

加强陶瓷文化理论研究,收集整理编纂陶瓷文化典籍文献,实施文献标准化信息化工程。提炼、弘扬景德镇工匠精神。建设国家古陶瓷研究修复中心,以课题制的方式选聘国内外专家开展深入研究。健全陶瓷博物馆体系,支持景德镇中国陶瓷博物馆、湖田窑博物馆等陶瓷类专题博物馆升级发展,引导陶瓷企业和艺术家将陶瓷艺术展厅打造成个性化民营博物馆。推动景德镇陶瓷大学与国内外名校深度合作,加强传统工艺相关学科专业建设。充分利用现代信息技术,创新陶瓷文化遗址展示利用方式。与中央媒体联合成立景德镇陶瓷文化传播联盟,实施大平台和全媒体推广计划。

4. 构建陶瓷文化标识体系

将景德镇青花、玲珑、粉彩、颜色釉等传统名瓷纳入中华文明探源工程,实证景德镇陶瓷文化延绵不断、器以载道、精益求精的发展脉络。依托景德镇内涵丰厚、资源丰富的陶瓷文化遗产,建设御窑厂国家考古遗址公园,加快推进御窑厂遗址申报世界文化遗产,规划建设国家陶瓷文化公园、国家陶瓷非遗馆等一批国家文化地标。推出一批展示景德镇陶瓷文化的电影、电视剧、纪录片、舞台剧、丛书等艺术精品。联合其他陶瓷产区共同打造"景德镇海外中国陶瓷文化街区"。

5. 推动陶瓷文化融入生活

以中欧城市实验室为技术平台,探索文物保护与城市协调发展的新机制,让人民群众共享文化发展成果,体现城市发展的温度。对历史建筑进行保护性修复和改造,依托陶阳十三里打造陶瓷历史文化街区,依托三宝瓷谷、进坑村等打造陶瓷文化休闲体验区,还原老街区、老里弄、老建筑承载的历史文化和陶瓷元素,恢复东市区整体历史文化风貌,充分展现千年古镇魅力。推进传统村落民居和历史文化名村保护,完善基础设施,提升公共服务质量,提高生产生活品质。支持陶瓷文化进教材、进校园,开展中小学陶艺教育,为优秀传统文化融入人民

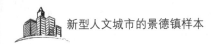

生活、滋养社会主义核心价值观提供源泉动力。

（二）推动陶瓷文化产业创新发展

1. 打造陶瓷特色产业集群

支持在试验区内开展国家陶瓷文创产业、陶瓷新材料产业等集聚试点。优化陶瓷产业布局，依托陶瓷产业园、昌南新区，大力发展艺术陶瓷、高技术陶瓷、高档日用和建卫陶瓷、陶瓷材料和智能制造、陶瓷创意与设计、陶瓷博览交易、陶瓷文化旅游、陶瓷金融服务等产业集群。着力完善陶瓷产业链条，建设标准规格统一、追溯运行顺畅、链条衔接贯通的陶瓷产业供应链体系，制定陶瓷原料、釉料供应准入标准，支持建立瓷土原料储备基地。建设陶瓷产业公共服务平台，提供政策咨询、权威发布、人才服务、技术交流、品牌推介、市场分析等综合性服务。建设陶瓷智造工坊等产业发展平台，推动传统日用陶瓷和手工制瓷集聚集群发展。

2. 培育壮大陶瓷企业主体

实施陶瓷龙头企业培育工程，整合国有陶瓷企业资源，做强景德镇陶瓷集团等一批骨干和龙头企业。实施陶瓷中小微企业壮大工程，引导企业并购重组，鼓励个转企、小升规，做优一批特色鲜明、经营稳健的规模企业。实施招大引强工程，落户一批有较大影响力和带动力的行业知名企业。

3. 发展文化创意和服务设计

设立景德镇文创产业基金，支持文创产品研发和创意设计。促进科技与文化结合，创建国家文化与科技融合示范基地。支持试验区享受国家服务业试点城市延续政策。加强文化创意和设计服务战略研究。引进培育知名陶瓷工业设计企业，建设洛可可国际设计谷，推动传统设计向高端综合设计服务转变。培育从事文化创意和服务的产业集团和产业联盟，引导优势企业实施跨地区、跨行业、跨所有制合作。依托景德镇陶瓷大学和浮梁县湘湖镇，建设创新创业、创客云集的"陶大小镇"。将人文、科技、设计、时尚等元素融入陶瓷，鼓励发展新的艺术样式，不断推出原创产品和服务，重视发展陶瓷文化衍生品。适应大规模、批量化向个性化、定制化的发展趋势，加快"陶瓷制造"向"陶瓷智造"转变，不断丰富陶瓷产品的文化属性及内涵，让消费者更多享受陶瓷创新体验。

4. 构建科技创新发展平台

做强国家日用及建筑陶瓷工程技术研究中心等国家级创新平台。建设景德镇陶瓷技术创新研发基地,打造国家重点实验室。整合陶瓷科研院所资源,建立以企业为主体、产学研用相结合的协同创新机制。加强科技成果转移转化服务体系建设,进一步落实科研人员成果转化收益、股权激励等政策。布局建设军民融合创新发展中心,与航空工业昌飞、中国直升机设计研究所等务实合作,重点发展航空、航天等领域的高科技陶瓷。

5. 实施陶瓷品牌发展战略

支持陶瓷文化企业参加国家品牌培育试点示范,扩大"景德镇""龙珠阁""昌南""红叶"等老字号的影响力,打响一批具有核心竞争力的自主品牌。推进景德镇陶瓷中国驰名商标、原产地标识的传承保护和创造性转化,研究制定景德镇国瓷文化品牌体系,为建立中华优秀传统文化品牌认定和传播标准作出示范。加强陶瓷知识产权和版权保护,建设中国(景德镇)知识产权保护中心。设立中国质量认证中心(陶瓷分中心)、陶瓷艺术品鉴证专业委员会。建立中国艺术陶瓷评估标准,健全艺术陶瓷安全保护机制。

6. 大力推动绿色发展

重点发展总部经济、电子商务、金融保险、信息咨询等现代服务业,构建清洁高效、绿色发展的生态产业体系。多举措推进陶瓷产业园区集约节约用地,提高土地资源利用效率和开发质量。引导企业调整优化产品结构,着力开发多功能型绿色环保陶瓷产品。鼓励开发并使用清洁能源,采用先进的工艺与装备,改革生产工艺工序,大力推进清洁生产,打造循环经济生态系统。建设陶瓷艺术金融创新服务平台,探索绿色金融引导试验区经济结构转型升级的有效模式。

(三)加强陶瓷人才队伍建设

1. 激发本地陶瓷人才创新创业活力

研究制定试验区人才发展规划。注重本地人才的培养和使用,制定出台留住人才的优惠政策,建立符合市场规律的激励机制,打通人才发展通道。盘活本地人才存量,研究和制定陶瓷高层次人才、技能人才、专业技术人员分类管理服务办法。大力发展专业性行业性人才市场,实施更加开放的市场准入制度。支持试验区相关企业和高校创建国家双创示范基地,为人才搭建创新创业、圆梦出彩的平台。鼓励企业建立首席技师制度,试行年薪制、股权制和期权制。鼓励事业单位根据工作人员实绩和贡献,自主建立绩效工资分配机制。制定"国际瓷都工匠计划",加快培养陶瓷技术技能人才队伍。

2. 加大陶瓷人才引进力度

依托国家和江西省人才计划,推动陶瓷相关领域国家重大人才工程人选和项目在试验区优先落户。鼓励国内外科研类、艺术类、智库类机构在试验区设立分支机构。建设院士工作站、博士后科研流动站。制定新一轮招才引智计划,重点引进海内外陶瓷文化理论、考古研究、创意设计、科技创新、营销管理、金融服务等高层次人才。实施"景漂""景归"人才安居工程,提供住房优租优购、配偶随迁安置、子女就近入学、创业扶持贷款等配套保障。建立人才储备金制度,采取分层设定补助标准、分期拨付资金、流出清零账户等方式留住用好急需人才。制定短期人才来景工作服务办法,吸引国内外专家、留学人员服务团来试验区讲学、咨询和进行成果转化。

3. 大力培养陶瓷文化后备人才

推进景德镇陶瓷大学"双一流"建设工程。成立陶瓷文化发展战略研究院,集聚一批陶瓷文化理论、政策和战略研究人才。鼓励引导地方骨干企业联合高等院校、职业学校、技工院校共同组建产教融合发展联盟,开展国际合作办学。出台"双师型"教师引入、聘用倾斜政策,加快发展陶瓷职业教育,加强非学历教育和职业培训,建设国家级高技能人才培训基地、陶瓷类技师学院和国际陶瓷技能人才研学游中心。

(四)发展陶瓷文化旅游业

1. 创新旅游业体制机制

创建国家全域旅游示范区。设立景德镇陶瓷文旅产业发展基金,支持旅游景区围绕主业实施提升计划。整合陶瓷文化旅游资源,推动文旅深度融合,试行文物保护资产"所有权、管理权、经营权"分离。培育壮大旅游市场主体,推动景德镇陶瓷文化旅游集团在中小板或创业板上市。探索实行重点旅游项目点状供地改革,保障旅游公共服务设施用地和旅游扶贫用地。加强旅游机构的规范化管理和旅游从业人员的培养培训。

2. 打造陶瓷文化旅游核心产品

制定景德镇文化旅游项目正面、负面清单。重点打造陶源谷、陶阳里、陶溪川、东市区等陶瓷文化景区和昌江百里风光带、瑶里、洪岩仙境等山水生态景区。推进重点陶瓷文化主题景区创建国家5A景区。加快推进高岭·中国村等田园综合体建设,推动陶瓷、农业和旅游产业融合发展。建设一批全国中小学生研学实践教育营地,大力发展文化创意体验和研学游。加强特色旅游商品研发,建设陶瓷旅游商品生产基地。

3. 培育文化旅游新业态

制定景德镇文化旅游创新发展战略,打造层级分明、功能互补的文化旅游体系。依托自然保护区、森林公园、湿地公园,发展康养体育游。依托红十军诞生、新四军改编等独特资源,建设"闪闪的红星"景区,发展红色教育游。依托景瑶、景蛟旅游带、乐平现代农业示范园等,发展乡村民宿游。依托浮梁历史文化古城,发展古城茶文化游。依托乐平戏曲文化创意产业园,发展古戏台文化游。

4. 全面完善旅游配套设施

积极引导社会资本参与旅游公共服务设施建设。实施旅游基础配套设施提升工程,加强旅游立体交通网、旅游服务设施网、"智慧智能"旅游互联网等配套建设。推进试验区旅游公路建设,推动试验区4A级以上景区进出通道建设国家二级公路。创建一批四星以上星级饭店、绿色旅游饭店,引进国际著名连锁酒店,发展精品民宿和度假村。挖掘景派美食,打造美食文化街区。

5. 积极拓展国际旅游市场

制定景德镇陶瓷文化国际旅游战略,加大陶瓷文化旅游的全球推介力度。支持开放景德镇入境旅游免办签证办法。推进景德镇罗家机场迁建,规划建设国际航空口岸。探索实施对景德镇入境研学旅游、文化交流的人员签发Z字或F字签证。对持旅游签证、Z字、F字签证的购物人员,开展离境退税政策试点,创建国际旅游免税购物区。

(五)提升陶瓷博览交易水平

1. 加快开放平台建设

设立景德镇综合保税区,加快电子口岸信息平台建设。以防伪溯源体系、估值模型、交易平台为重点,加快建立陶瓷产业大数据中心,为全国陶瓷行业提供全方位信息服务。大力发展航空物流、快递物流、保税物流、第三方和第四方物流。开行景德镇至宁波和厦门直达铁海联运班列。

2. 构建全渠道陶瓷贸易供应链

建设景德镇陶瓷(国际)博览平台,打造集创意、设计、定制、展示、鉴定、交易、结算、物流、金融、产品发布于一体的国际陶瓷博览交易中心。规范建设陶瓷服务业及陶瓷产业链市场,引导各类陶瓷文化产品向对应陶瓷市场集聚,完善陶瓷贸易供应链体系。办好"永不落幕"的国际陶瓷博览会,引领陶瓷文化产业链的提升与发展。

3. 推动陶瓷产品对外贸易

创新对外贸易综合服务平台,设立海外景德镇陶瓷产品仓。支持开展国家市场采购贸易方式试点,大力推进国家级外贸综合服务试点企业落户。实施"互联网＋"战略,加强与国内外大型电子商务平台合作,加速发展跨境电商,建设景德镇陶瓷垂直电商平台,打造陶瓷电商集聚区和电商孵化基地。

4. 创新陶瓷文化产品交易方式

支持在景德镇综合保税区设立中国国际进口博览会分会场。引进国内外知名经纪、拍卖、画廊等机构,拓展艺术陶瓷贸易渠道。探索建立以市场为基础的艺术陶瓷价格形成机制,促进艺术陶瓷市场健康发展。在"一带一路"节点及国内重点城市设立体验营销中心,推广个性化定制陶瓷文化产品服务。与国际知名会展公司开展战略合作,创新陶瓷会展运作模式。

（六）推进国际陶瓷文化交流合作

1. 拓展陶瓷文化国际交流

将景德镇陶瓷文化纳入国家"一带一路"文化发展行动计划和"一带一路"文化遗产保护与交流合作专项规划。建设中国国际陶瓷文化交流中心,培养、引进运营团队,广泛开展国际陶瓷学术研修、游学培训、文化交流活动。开展全球创意网络城市之间的文化交流、贸易合作。加强与国内外博物馆及院校的交流合作。加强国内外陶艺家与景德镇本地陶瓷艺人的交流。

2. 推进陶瓷文化传播

支持试验区参与感知中国、今日中国等国家外事外交文化活动和中华文化走出去重点项目、重大文化交流品牌活动、重大会展、重大体育赛事、高端论坛、国际峰会等。积极参与国家"一带一路"文化旅游宣传,办好景德镇陶瓷电视频道,推动央视相关频道增设陶瓷类外语节目。鼓励支持景德镇陶瓷大学、景德镇学院创办"一带一路学院"。支持将景德镇列入国际青年汉学家研修班实地调研地。

3. 加强文化交流成果展示平台建设

建设中国国际当代陶瓷艺术博物馆,举办景德镇国际陶瓷艺术双年展等活动。发挥联合国教科文组织"陶瓷文化保护与创新"教席作用,支持孔子学院把陶艺课程纳入主体课程板块。鼓励支持"一带一路"沿线国家在试验区设立长期性、市场化的展览平台、新型博览会、主题公园，开展各种集中性的展销展示和文化交流。

三、政策保障

（一）加大财税支持力度

加大中央财政转移支付补助力度，一般性转移支付和专项转移支付向试验区倾斜。设立景德镇国家陶瓷文化传承创新专项。对试验区内手工技法制瓷和艺术陶瓷企业生产的手工技法陶瓷产品实行简易办法征收增值税政策。支持试验区实施"西部大开发""自贸区"的税收政策。对试验区内的外资陶瓷企业，实施投资抵免应纳税所得额和"三免三减半"的税收优惠政策。

（二）拓宽投融资渠道

加大中央预算内投资和专项建设资金对试验区基础设施建设投入，比照西部地区补助标准执行。加大对陶瓷产业结构调整和企业技术改造的财政专项资金支持力度。鼓励国家财政文化专项资金、中国政企合作投资基金等参与设立景德镇陶瓷文化产业引导基金。鼓励金融机构以陶瓷文化知识产权为质押，推动金融机构创新信贷产品和服务模式。鼓励保险公司、保险资产管理公司与试验区企业合作。支持国家融资担保基金与市中小企业担保机构直接对接合作。支持试验区内企业利用多层次资本市场融资，对首次公开发行股票、新三板挂牌、发行债券、并购重组等开辟绿色通道。探索建立与涉外部门信息共享的跨境业务集中收付平台。

（三）优化人才发展环境

支持试验区结合陶瓷行业职业特点或职业属性，探索制定传统手工制瓷72道制瓷工序从业人员评价标准，在工艺美术系列下专设陶瓷专业，自主开展陶瓷行业专业技术人才和技能人才职称评审和技能鉴定，贯通技能人才与专业技术人才职业发展通道等工作。支持将陶瓷绘画作为中国美术独立画种。赋予试验区外国专家短期来华邀请函的审批和发放权限。支持试验区开展领事认证代办业务。

（四）推进新型人文城市建设

支持试验区率先编制中国新型人文城市总体规划并开展相关试点工作。对试验区内符合城市发展战略的产业项目，在规划布局、项目审核、产业准入方面给予政策支持。支持试验区开展中欧城市实验室文化城市发展指标体系研究，建设"一带一路"文化节点城市。支持试验区创建国家水生态文明建设试点城市、国家海绵城市建设试点城市，开展国家智慧城市、国家文旅融合城市试点建设工作。

四、组织领导

（一）加强统筹推进

江西省人民政府要切实加强组织领导，完善工作机制，明确工作分工，加大支持力度，加强政策支持引导，尽快制定配套措施，充分发挥市场作用，调动各方积极性共同参与，创新管理治理方式，落实各项重点任务，扎实稳妥推进试验区建设发展。

（二）加强指导服务

国务院有关部门要按照职能分工，认真研究试验区建设中涉及的支持事项、改革发展任务和措施，给予行政批复等政策支持或向国务院提出建议。要加强对试验区建设发展的指导，在规划编制、政策实施、项目布局、体制创新、对外开放等方面给予支持，帮助解决试验区发展过程中遇到的困难和问题。

（三）加强督查评估

江西省人民政府要加强督促检查，强化问责问效。国家发改委会同有关部门协调、督促有关任务和政策的落实，对试验区定期对实施情况进行评估，重大问题及时向国务院汇报。

关于《景德镇国家陶瓷文化传承创新试验区实施方案》的说明

上海交通大学城市科学研究院课题组

2019 年 1 月 3 日

现就《实施方案》的有关情况说明如下。

一、关于《实施方案》的起草背景

（一）概况

景德镇在陶瓷文化传承创新发展上具有同类城市无法比拟的优势。

一是具有丰厚的陶瓷文化资源。景德镇是古代御窑烧造时间最长、现代官窑规模最大、近现代制瓷水平最高，获得国内外奖项最多的代表性城市。有御窑厂等重要陶瓷遗址 151 处、非遗生产性保护基地 8 家、非遗代表性传承人 68 人。

二是具有完备的产业链体系。景德镇独树一帜的手工制瓷工艺生产体系，分工明确、产业链完备、产业生态优良，生产的组织化、专业化程度高，且涵盖所有品类的陶瓷及衍生品，其产业链之全、分工之细在世界范围内绝无仅有。

三是具有充足的陶瓷专业技术人才。景德镇陶瓷工匠是中华工匠精神的杰出代表。现有陶瓷大师 315 名、高技能人才 3 945 人、专业技术人员 6 564 人及相关技能人才 44 578 人，在数量及层次上与国内各产瓷区相比占据绝对优势。

四是具有完备的陶瓷教育科研体系。有国内唯一的景德镇陶瓷大学等 4 所高校及多所中职学校，每年陶瓷类高校毕业生近万人，各类蓝领陶瓷技术工人 5 000 人。拥有国家日用暨建筑陶瓷工程中心及国家、省、市三级陶瓷研究所等科研机构，陶瓷专利申请量占全市专利申请总量的 59.4%。

五是具有强大的品牌号召力。青花、玲珑、粉彩、颜色釉是景德镇四大传统名瓷。"明如镜，白如玉，声如磬，薄如纸"的景德镇瓷器代表着中国瓷器的最高品质,市场认知度极高。现有中国驰名商标5件,"红叶"是国内日用陶瓷中唯一获国家质检总局授予原产地标识认证证书的品牌。

六是具有开放包容的市场体系。景德镇是国内最大、最主要的陶瓷产品批发零售集散地。作为唯一一个由商务部主办的景德镇国际陶瓷博览会已连续举办十五届,以规模最大、层次最高、参展企业和参观人数最多著称,成为展示中国陶瓷的重要窗口和全球陶瓷贸易的重要平台。

七是具有广泛的国际影响力。历史上景德镇瓷器曾远销亚欧非50多个国家,至今仍是我国重要的国礼瓷和出口商品。以瓷为媒,景德镇近年来多次参与感知中国、今日中国等国家外事外交文化活动,荣膺"世界手工艺与民间艺术之都"的称号,并与全球72个国家180多个城市建立了友好关系。

八是具有全民共建共享的文化氛围。作为全球现存唯一以陶瓷产业起家并传承千年的国家历史文化名城,陶瓷文化深入日常生产生活。现有陶瓷从业人员达15万人,接近城市人口四分之一。每年吸引3万多创新创业者和5 000多"洋景漂",为陶瓷文化传承创新发展提供了良好社会土壤。

（二）创建情况

景德镇陶瓷文化的保护利用,一直受到国家和江西省的重视与支持。2006年以来,国家发改委通过相关建设专项,已累计安排中央预算内投资2.22亿元用于支持明清窑作营造长廊、中国景德镇陶瓷博物馆、景德镇御窑厂遗址保护等项目建设,积极推动御窑厂遗址保护列入《"十三五"规划纲要》重大工程。文化和旅游部在加强陶瓷相关非物质文化遗产保护传承、推进御窑厂考古遗址公园建设及申报世界文化遗产的前期工作、加强陶瓷文化国际交流合作、创建全域旅游示范区等方面给予了积极支持。对缓解资金压力、创新传承保护思路、提振发展信心等发挥了重要作用。

为全面贯彻落实习近平总书记的重要指示精神,我们开始谋划和推动试验区的创建工作。主要经历了三个阶段。

一是谋划启动阶段。通过深入学习和领会习近平总书记的重要批示精神,全市上下不断解放思想,提高站位,从2017年5月起,逐步确立并按照"国家所需,景德镇所能"的基本原则,从"建设优秀传统文化传承体系,弘扬中华优秀传统文化"的国家战略高度,围绕试验区的基本思路、功能定位、主要任务等先后召开数十次研讨会,进一步统一了思想和认识,为试验区的申报和建设积聚了强大的新动能,并形成了初步建设构想。

第二阶段是汇报对接阶段。2018 年 3 月,时任江西省委书记刘奇在全国两会期间向李克强总理汇报了创建试验区的有关情况。3 月 17 日,时任国务院总理李克强总理批示"请肖捷同志阅转有关方面研究支持"。3 月 18 日,国务院秘书长肖捷批示"转请发展改革委、科技部、文化和旅游部等部门,按照李克强总理重要批示精神,研究提出支持意见"。3 月 21 日,江西省委接到李克强总理的重要批示,随即着手相关工作,并于 4 月 22 日由江西省人民政府向国务院上报《请示》,恳请国务院批准景德镇创建试验区。国务院交办国家发改委和国家文旅部提出意见。国家发改委 5 月底派出调研组到我市实地调研。8 月 2 日,全国政协副主席、国家发改委主任何立峰签批了报请国务院同意景德镇市创建试验区的请示。9 月 11 日,时任国务院总理李克强在国务院办公厅秘书三局签报意见上圈批同意我市创建试验区。

第三阶段是方案起草阶段。从 10 月 1 日开始,起草组的同志加班加点,修改完善了试验区实施方案初稿。在此期间,省委、省政府主要领导多次给予具体指导,省发改委、省文旅厅等部门直接参与并给予多方支持。在建设方案初步形成以后,我市召开多次研讨和论证会,并于 11 月 18 日邀请包括国家十三五发展规划专家委员会、文化和旅游部文化产业专家委员会等专家学者再次对试验区实施方案进行完善提升。12 月 21 日,市委、市政府正式召开由市五套班子、区县主要领导和陶瓷专家等参与的汇报研讨会,广泛听取意见,再次修改完善,形成了现在的《实施方案(上报稿)》。

二、关于创建试验区的重要意义

陶瓷是中华文明的重要名片之一,是我国优秀传统文化的杰出代表。景德镇以千年瓷都和海上丝绸之路主要起点城市闻名于世,是促进世界文明交流互鉴和不断进步的重要桥梁。景德镇瓷器"集天下名窑之大成,汇各地良工之精华",是世界认识中国、中国走向世界的重要文化符号和传承中华优秀文化的重要载体。创建试验区,是深入贯彻落实习近平新时代中国特色社会主义思想和党的十九大精神的重要举措,也是在经济全球化背景下构建中华优秀传统文化传承体系的重要路径。

一是有利于保护好传承好利用好优秀传统文化。支持景德镇创建试验区,在做好遗产保护的基础上积极探索传承优秀传统文化的新思路,有利于将景德镇陶瓷文化打造成为对外展示中华文化、讲好中国故事的重要载体,配合"一带一路"等国家战略促进沿线国家民心相通的重要媒介,摸索出一条文化遗产资源富集区妥善处理好保护与利用关系的新路径,为推动中华优秀传统文化创造性转化和创新性发展作出积极示范。

二是有利于发挥文化对产业转型升级的积极作用。支持景德镇创建试验区,推进文化创意与传统陶瓷产业深度融合发展,有利于使景德镇陶瓷产业链条进一步延伸,产业体系进一步完善,培育经济社会发展新动能,探索打造以优秀传统文化助力现代产业转型升级、深化供给侧结构性改革的新平台,为全国传统文化产业改造振兴提供更多可复制可推广的成功经验。

三是有利于协调推进区域现代经济体系建设。支持景德镇创建试验区,发挥文化元素和技术力量的加成作用,促进地区全要素生产率提升,有利于推动景德镇实现陶瓷产业绿色发展、可持续发展,推动经济发展质量变革、效率变革、动力变革,探索形成区域现代经济体系建设和高质量发展的新模式,引领文化与经济、产业升级与城市更新、现代化建设与城镇化质量深度融合协调发展。

三、关于《实施方案》的主要特点

(一)贯穿新发展理念和高质量发展要求

在主要任务部分,紧扣五大发展理念和高质量发展要求谋篇布局,特别注重坚持问题导向,针对我市陶瓷文化遗产保护任务艰巨、陶瓷产业发展资源要素不足、国际影响力有待提升等突出问题,着重补短板,强弱项,提出了一系列具体的举措,努力探索走出一条创新成为第一动力、协调成为内生特点、绿色成为普遍形态、开放成为必由之路、共享成为根本目的的高质量发展道路。

在加强陶瓷历史文化遗产保护传承方面,特别提出了推动陶瓷文化融入生活,让人民群众共享文化发展成果,体现城市发展的温度,突出了共享发展理念;在推动陶瓷文化产业创新发展方面,主要通过搭建创新平台、发展文化创意以及重点发展高科技陶瓷、艺术陶瓷、文化创意陶瓷等体现了创新发展理念,通过优化产业布局、完善产业链条体现了协调发展理念,通过构建清洁高效的产业体系体现了绿色发展理念;在打造国际化陶瓷产业链交易平台和开展国际陶瓷文化交流合作方面,通过建立一系列新机制、新平台和新方式,体现了开放发展理念。

（二）贯穿文化引领发展的主题

在指导思想中，开宗明义提出传承和弘扬景德镇优秀陶瓷文化，推动中华优秀传统文化创造性转化和创新性发展，不断增强文化自觉和文化自信，努力走出一条具有世界意义、中国价值、新时代特征、景德镇特点的优秀传统文化传承创新发展新路子。具体在三个方面开展探索。

探索文化遗产保护与利用的新路径。在科学推进大遗址保护与考古工作、强化文化内涵挖掘与展示的基础上，妥善解决遗址保护与城乡发展之间的突出矛盾，积极探索"在保护中发展，在发展中保护"新思路，推进陶瓷优秀传统文化创造性转化和创新性发展，打造陶瓷文化传承保护示范区。

探索文化创意与陶瓷相关产业融合发展的新平台。统筹陶瓷产业园、文创街区园区、总部基地等产业空间，重点发展高技术陶瓷、艺术陶瓷等产业集群，大力发展相关文化旅游、博览交易、金融服务等现代服务业，促进文化引领陶瓷产业转型升级和绿色发展，打造陶瓷文化创新发展示范区。

探索以文化和科技提高陶瓷产业全要素生产率的新模式。统筹利用丰厚陶瓷文化底蕴和坚实陶瓷产业基础，以完善要素市场化配置为重点，以陶瓷龙头企业带动为突破，着力在体制机制创新上下功夫，充分发挥"文化＋"和"科技＋"的引领和共振作用，打造区域经济协调和高质量发展试验田。

四、关于需要着重说明的几个问题

（一）关于战略定位

以建设中华优秀陶瓷传统文化传承体系为目标，综合考量景德镇陶瓷文化的历史地位和现实价值，突出景德镇陶瓷的文化属性和经济属性，在保护传承方面提出"国家陶瓷文化保护传承基地"；在创新发展方面提出"国家陶瓷产业创新发展基地""世界著名陶瓷文化旅游目的地""世界陶瓷人才集聚高地"；在交流合作方面提出"国际陶瓷博览交易中心""国际陶瓷文化交流合作中心"，确立了试验区"四地两中心"的战略定位。

（二）关于发展目标

实施方案以 2025 年和 2035 年为时间节点，分两个阶段来安排发展目标。

前者主要是考虑与十四五规划衔接,便于操作与考核。后者主要与党的十九大提出的开启全面建设社会主义现代化国家新征程第一阶段安排相一致,同时吸收了江西省委十四届六次全会提出"把景德镇打造成冠领中国、代表江西走向世界,世界感知中国、认识江西的国际瓷都"的具体目标要求。

（三）关于试验区范围

建设方案中提出"以景德镇市全域为试验区范围",主要基于两方面的原因:一是由于景德镇文化资源和陶瓷产业布局存在点多面广、遍布城乡的特点,难以用一般的空间规划进行严格区分。二是景德镇下辖乐平市、浮梁县、珠山区、昌江区不仅是我国历史上重要的瓷业生产区,同时都有保存完好的陶瓷文化资源和深厚的陶瓷文化产业基础,都需要传承保护和创新发展,所以我们提出以景德镇市全域为试验区范围。

（四）关于主要任务

景德镇陶瓷文化传承创新试验区以传承保护为首要任务,在此基础上通过体制机制创新,带动景德镇陶瓷产业转型发展和城市高质量发展。据此提出了六大主要任务。一是加强陶瓷文化遗产保护传承;二是推动陶瓷文化产业创新发展;三是加强陶瓷人才队伍建设;四是发展陶瓷文化旅游业;五是提升陶瓷博览交易水平;六是推进国际陶瓷文化交流合作。

（五）关于政策保障

作为国家首个文化类试验区,试验区需要国家层面给予更多的政策支持,建设方案在财税、投融资、人才、新型人文城市四方面提出了相应请求。具体说明如下。

一是针对目前制约试验区发展的瓶颈性问题,且通过自身努力难以解决的。比如为引育有国际竞争力的陶瓷文化龙头企业,建设方案提出"支持试验区内企业利用多层次资本市场融资,对首次公开发行股票、新三板挂牌、发行债券、并购重组等开辟绿色通道"。又如针对我市手工技法制瓷企业一般纳税人增值税税负平均达 10% 以上,有的高峰时达到 16.19%,导致绝大多数手工技法制瓷纳税人不愿把企业做大,有的甚至故意化整为零等,建设方案提出"对试验区内手工技法制瓷和艺术陶瓷企业生产的手工技法陶瓷产品实行简易办法征收增值税政策"等。

二是借鉴了其他地区已有的优惠政策,且是试验区可类比复制的。比如《国务院关于支持赣南等原中央苏区振兴发展的若干意见》中的"赣州市执行西部大开发政策"、《沈抚改革创新示范区建设方案》中的"对示范区内项目比照西部地区补助标准执行"等,复制享受这些政策对于促进试验区建设可以起到重要支撑作用。同时,由于国家没有专门为试验区搞特殊、开口子,所以提出"支持试验区实施'西部大开发''自贸区'税收政策""加大中央预算内投资和专项建设资金对试验区基础设施建设投入,比照西部地区补助标准执行"等请求。

三是来源于国家有需要,且试验区有条件开展的。比如,景德镇集"国家历史文化名城""国家创新型试点城市""国家园林城市""中国优秀旅游城市"荣誉等于一身,2018年曾举办全国生态修复城市修补现场会暨试点经验交流会,在城市建设方面取得较多经验。同时,作为以陶瓷文化传承和以陶瓷产业为主导产业的城市,试验区也特别符合《国家新型城镇化规划(2014—2020年)》《国家"十三五"规划纲要》提出的新型人文城市建设理念,建设方案为此提出"支持试验区率先编制中国新型人文城市总体规划并开展相关试点工作"及"支持试验区创建国家水生态文明建设试点城市、国家海绵城市建设试点城市,开展国家智慧城市、国家文旅融合城市试点建设工作"等请求。我们希望以试验区建设为契机,建成展示中华古老陶瓷文化魅力的名片和阐释当代中国陶瓷创新发展的标杆城市。

在推进景德镇国家陶瓷文化传承创新试验区建设座谈会上的讲话

刘 奇

2019 年 7 月 3 日

    景德镇是千年瓷都，景德镇陶瓷名满天下，是世界认识中国、中国走向世界的重要文化符号。2015 年 3 月和 12 月，习近平总书记先后两次对景德镇御窑遗址保护工作作出重要批示。为认真贯彻落实总书记重要批示精神，省委、省政府谋划和启动了景德镇国家陶瓷文化传承创新试验区创建工作，得到习近平总书记、李克强总理等中央领导同志的高度重视。今年 5 月习近平总书记亲临江西视察期间，特别嘱咐我们"要建好景德镇国家陶瓷文化传承创新试验区，打造对外文化交流新平台"，给了我们极大的鼓舞和激励。我这次来景德镇，主要是围绕深入学习贯彻总书记重要指示精神，就加快建设景德镇国家陶瓷文化传承创新试验区做些调研。昨天，我们先后考察了景德镇航空小镇、中国轻工业陶瓷研究所、景德镇陶瓷大学、皇窑国家级非物质文化遗产基地、名坊园二期、景德镇陶瓷集团等，昨晚又抽查了三宝瓷谷，留下了良好的印象。今天上午召开座谈会，主要是听听大家的意见建议，集思广益共同打造好景德镇国家陶瓷文化传承创新试验区。

    刚才，志生同志汇报了景德镇国家陶瓷文化传承创新试验区建设工作情况，4 位专家、学者代表和省发改委、省文旅厅主要负责同志作了发言。各位专家学者对景德镇充满着深厚感情，提出了许多很好很中肯的意见建议，听了深受启发。景德镇市和省直有关部门要认真梳理研究，进一步修改完善试验区建设方案。试验区创建来之不易，大量的工作还在后面。下面，我就深入贯彻落实总书记重要指示，加快推进景德镇国家陶瓷文化创新试验区，再强调几点意见。

    第一，要切实提高试验区建设的政治站位。陶瓷是中华文明的瑰宝，是我国优秀传统文化的重要组成部分，也是江西一张享誉世界的文化名片。建设景德镇国家陶瓷文化传承创新试验区,是习近平总书记亲自关怀推动、党中央和国务院赋予江西的一项重大任务,是中央给予江西特有的"大礼包",更是给我们沉甸甸的责任,对于保护好、传承好、利用好景德镇陶瓷文化,充分发挥文化对产业转型升级的积极作用,加快推进我省高质量跨越式发展,都具有重大而深远的意义。今年5月习近平总书记时隔三年再次亲临江西视察指导,对江西发展把脉定向、擘画蓝图,明确提出江西要"在加快革命老区高质量发展上作示范、在推动中部地区崛起上勇争先"的目标定位和"五个推进"的更高要求,特别强调"要建好景德镇国家陶瓷文化传承创新试验区,打造对外文化交流新平台",为我们推进试验区建设提供了根本遵循。千年瓷都迎来了千载难逢的机遇,一定要千方百计建设好。我们一定要牢记总书记的殷殷嘱托,充分认识到建好景德镇国家陶瓷文化传承创新试验区,既是一项重点文化工程,更是一项重大政治任务;既是加快建设文化强省、弘扬江西地域特色文化的重要抓手,更是推动新时代景德镇乃至江西改革发展的重大机遇,切实提高政治站位,不断增强推进试验区建设的责任感使命感,着力加强陶瓷文化保护、传承和创新,努力走出一条具有世界意义、中国价值、新时代特征、景德镇特点的优秀文化传承创新发展新路子,以实际行动回报总书记的关心厚爱。

第二,要牢牢把握试验区建设的目标定位。景德镇国家陶瓷文化传承创新试验区,是国家首个文化类试验区。其战略定位是"两地一中心",即国家陶瓷文化保护传承创新基地、世界著名陶瓷文化旅游目的地、国际陶瓷文化交流合作交易中心。其发展目标是到2025年,试验区建设取得阶段性成果;到2035年,建设成为全国具有重要示范意义的新型人文城市和具有重要影响力的世界陶瓷文化中心城市,成为共建"一带一路"国家文化交流重要载体和展示中华古老和现代陶瓷文化魅力的名片。围绕这个目标定位,我们要切实提高规划建设标准,努力把试验区打造成为区域发展的新引擎,为国家陶瓷及其他传统文化产业转型发展提供可推广、可复制的经验。要注重传统与现代、艺术与技术、文化与经济、事业与产业、民族与世界的结合,助推地方特色经济高质量发展。要高起点规划。充分发挥规划的引领作用,以国家级试验区的眼界和水准,搞好顶层设计,推进多规合一,优化试验区空间布局,科学划定先期重点建设的核心区,统筹基础设施、产业布局、区块功能等规划建设,充分彰显景德镇陶瓷这个文化品牌的魅力。要高标准建设。瞄准世界水平、一流标准,尊重城市建设发展规律和文化、经济、产业发展规律,合理把握开发节奏,坚持节约集约利用土地,坚持先地下后地上、先保护后开发,有序推进重大项目建设。既不能粗制滥造低水平建设,更不能贪大求洋"造盆景",搞一些中看不中用或不伦不类的东西,切实把每一个项目都打造成为优质工程、精品工程、人民满意工程。要高效率推进。建好试验区,开局非常重要,关键是前三年。要超前谋划,高效推进,抓紧推进一批重大项目、开展一批试点示范、打造一批发展平台、取得一批建设成果,以只争朝夕的精神加快推动试验区建设发展。

第三,要着力抓好试验区建设的重点任务。建设景德镇国家陶瓷文化传承创新试验区,既要系统谋划、统筹推进,又要把握重点、精准发力。要坚持以传承弘扬陶瓷文化为核心、以改革创新为动力、以重大项目为抓手,突出重点任务,狠抓推进落实。要把保护传承陶瓷文化遗产作为首要任务。深入实施大遗址保护计划,加大陶瓷文化挖掘阐释力度,加快推进御窑厂遗址申报世界文化遗产,加强对可移动文物的保护、研究和修复,加强陶瓷知识产权保护,积极探索陶瓷文化保护、传承、利用相结合的体制机制,充分展示传统陶瓷文化的时代光彩。要把创新发展陶瓷文化产业作为关键引领。充分发挥景德镇文化底蕴深厚、产业基础良好的优势,优化陶瓷产业布局,大力培育陶瓷龙头企业,完善陶瓷产业发展标准体系,打造陶瓷特色产业集群,发展文化创意和设计服务,探索科技与陶瓷产业深度融合的有效途径,不断拓展陶瓷应用领域,延伸产业链,提升附加值,成为景德镇支柱产业。要把大力发展陶瓷文化旅游作为重要载体。陶瓷文化旅游大有文章可做,大有潜力。要主动适应旅游消费升级新需求,依托陶阳里、陶溪川、陶源谷等陶瓷文化景区,以及昌江百里风光带、瑶里、洪岩仙境等山水生态景区,找准文化与旅游的结合点,打造陶瓷文化旅游核心产品,培育壮大旅游市场,全面提升旅游配套服务水平,切实把景德镇建设成为国家全域旅游示范区、世界著名陶瓷文化旅游目的地。要把推进陶瓷文化合作交流作为重要渠道。坚持以瓷为媒、以瓷交友,积极参与感知中国、今日中国等国家外事外交文化活动和中华文化走出去重大文化交流品牌活动,大力发展陶瓷会展经济和跨境电子商务,推动陶瓷产品对外贸易,打造国际陶瓷博览运营平台,深度融入"一带一路",促进中外文化交融,讲好新时代"中国故事""江西故事""景德镇故事",为促进民心相通、打造人类命运共同体做出更多"江西探索""江西贡献"。景德镇每年吸引数万"景漂景归"来寻梦创业,仅改造提升陶溪川、三宝瓷谷等陶瓷文创街区,就吸引了3万多"景漂",其中"洋景漂"5 000多人,要充分发挥好他们在推动对外文化交流合作中的重要作用。

第四，要努力提升试验区建设管理水平。根据国家发改委上报国务院的实施方案，试验区建设范围为景德镇全域。这不仅是提升景德镇陶瓷文化品牌效应的重大机遇，也是全面提升景德镇城市建设管理水平的重大机遇。我们一定要抓住机遇，坚持精心规划、精致建设、精细管理、精美呈现，努力把景德镇打造成为处处是景的美丽大花园。要坚持建管并重。随着试验区建设的推进，将有一大批工程项目启动。建好一个项目是硬功夫，建好之后管理好才是真本事。近年来，景德镇城市建设管理有了明显变化，但也还有很大的提升空间。要坚持建管并重、长效管理的原则，创新技术手段，建机制强管理，严格责任落实，切实做到精细精美精致，让景德镇这个千年瓷都、文化"窗口"更加秀美亮丽。整个城市管理，都要通过试验区建设有一个大的提升。比如，背街小巷、城中村、城乡接合部的提升改造，一定要融合文创元素、体现老街老城韵味，切实使之成为展示瓷都历史文化的一道道独特风景线，千万不能搞得千篇一律。要创新制度机制，这是提升试验区建设管理水平的关键。要着眼创新城市管理的长效机制，深化城市管理制度改革，积极推进园林绿化市场化改革，加快构建全域城乡环卫一体化格局，建立健全城乡垃圾分类投放、分类收集、分类运输、分类处置的全程分类体系，加强城乡生活污水治理，推动实现生态环境与城乡环境各美其美、美美与共。要强化人才支撑。提升试验区建设管理水平，关键靠人才。从全国产瓷区来看，景德镇科教基础较好，拥有国内唯一的景德镇陶瓷大学和一批重要的陶瓷科研机构，全市陶瓷从业人员有近15万人。但人才结构不合理，特别是高层次人才不足的问题还比较突出。要积极创新人才培养和引进服务机制，研究制定陶瓷领域专业技术人才、技能人才、管理人才分类管理办法，不断完善育才引才聚才用才的政策制度体系，努力形成吸引人才、留住人才的环境优势，为试验区建设发展提供人才支撑。中青年技艺人才有特技无学历的问题，可以通过职业技术院校来培养。

第五，要充分凝聚试验区建设的强大合力。建设景德镇国家陶瓷文化传承创新试验区，是一项复杂的系统性工程，事关全省改革发展大局，需要全省上下的共同努力。省政府要抓紧成立试验区建设领导小组及其办公室，由省领导任组长，省直有关部门和景德镇市主要负责同志参加，加强工作统筹协调，定期调度试验区建设进展情况，及时研究解决工作中遇到的重大问题。省直有关部门要按照对口负责的原则，加大支持配合工作力度。当前，试验区实施方案即将获得国务院批复。省发改委、省文旅厅等部门要提前谋划，抓紧起草贯彻落实意见,协助景德镇积极争取国家支持,建立景德镇国家陶瓷文化传承创新试验区部省际联席会议制度,争取国家尽快制定有关专项规划和方案,细化政策措施,落实资金项目。景德镇市作为试验区建设的主体,要充分发挥主观能动性,坚决克服等靠要思想,抓紧成立专门领导工作机构,对试验区实施方案明确的工作进行认真研究和梳理,加强与省直有关部门的沟通衔接,尽快制定具体行动计划,细化目标任务和工作措施。要坚持全市"一盘棋",集中力量和优质资源,尽锐出战,全力以赴加快推进试验区建设。

总之,我们一定要深入学习贯彻习近平总书记视察江西重要讲话精神,抓住机遇、感恩奋进,勇于创新、担当实干,加快建设景德镇国家陶瓷文化传承创新试验区,努力创造文化产业转型升级的新经验、打造文化强省建设的新名片,让千年瓷都在新时代焕发更加璀璨夺目的光彩,为描绘好新时代江西改革发展新画卷做出新的更大贡献!

在景德镇国家陶瓷文化传承创新试验区建设领导小组第一次会议上的讲话

易炼红

2019 年 9 月 9 日

　　今年 7 月,《景德镇国家陶瓷文化传承创新试验区实施方案》正式获批。经国务院同意,国家发改委、文化和旅游部近日又联合印发了《实施方案》。这标志着我省又获得了一个国家级的"金字招牌"和创新发展的战略平台。

　　省委、省政府对建设好景德镇国家陶瓷文化传承创新试验区高度重视。刘奇同志亲自向中央领导同志和国家有关部委负责同志汇报争取,7 月 2 日至 3 日,在景德镇调研并主持召开了试验区建设座谈会。8 月 21 日,伟明同志到景德镇开展了专题调研并召开座谈会。忠琼同志多次具体调度试验区的文化旅游工作。来江西工作后,我多次到过景德镇,8 月 13 日专门到景德镇调研,协调推进试验区建设。其他省领导也是经常过问和积极推动。为确保试验区建设迅速启动、顺利实施,省委、省政府专门成立了试验区建设领导小组,由我担任组长,伟明同志为常务副组长,忠琼、小平同志为副组长,省发改委、省文化和旅游厅等部门负责同志为成员,领导小组办公室设在省发改委。今天,我们召开领导小组第一次会议,主要是贯彻落实习近平总书记视察江西时提出的"要建好景德镇国家陶瓷文化传承创新试验区,打造对外文化交流新平台"的重要指示精神,按照国家有关部委印发的《实施方案》部署要求,进一步深化认识、凝聚共识,细化举措、强化保障,全面推进景德镇国家陶瓷文化传承创新试验区建设。

　　刚才,和平、池红、志生同志分别就景德镇国家陶瓷文化传承创新试验区建设有关工作情况作了汇报;省直相关部门的同志作了发言,提出了一些很好的建议,并一致表示将全力支持试验区建设;伟明、忠琼同志分别作了简短但内涵丰富、观点鲜明、要求明确的讲话,请领导小组各成员单位认真抓好落实。总的来讲,就是要不辱使命,把试验区建设好。

设立景德镇国家陶瓷文化传承创新试验区，是以习近平同志为核心的党中央在新时代推进中华文化传承创新、不断增强民族文化自信的一项重要举措，是赋予江西的重大战略任务。我们一定要从全局和战略高度，进一步深化对试验区建设重要性的认识，准确把握中央意图，全面落实各项任务，强化推进试验区建设的责任担当。一方面，要认识到试验区建设是"金字招牌"、国家使命。目前，江西有不少国家级的战略平台，但景德镇国家陶瓷文化传承创新试验区是其中最具有深厚底蕴、最能够打造世界级品牌、最能够释放强大动能的一块"金字招牌"。景德镇陶瓷文化历史悠久、享誉全球，无论是知名度、美誉度，还是竞争力、影响力都处于领先地位。因此，景德镇国家陶瓷文化传承创新试验区是一篇可以做好的"大文章"。这篇"大文章"做好了，便是对国家的贡献、对世界的贡献、对全人类的贡献。同时，当前国家正在全面清理整顿各类示范区、试验区，在这样的背景下，试验区能够成功获批实属不易。刚才大家都谈到，这是习近平总书记亲自关心、大力推动的结果。习近平总书记对保护传承景德镇陶瓷文化一直非常关心和重视。2015 年，专门就景德镇御窑遗址保护作出两次重要批示。今年 5 月，在视察江西时又提出了明确要求。这充分体现了总书记一以贯之留住中华优秀传统文化根脉、守住民族之魂的使命担当，充分体现了以习近平同志为核心的党中央对江西革命老区的厚爱、关怀和期待。可以说，没有习近平总书记的关心厚爱，没有李克强总理及其他中央领导同志的鼎力推进，没有国家有关部委的大力支持，就没有试验区的获批建设。所以，我们要义不容辞地担当好、完成好这一国家使命，把建设试验区作为增强"四个意识"、坚定"四个自信"、坚决做到"两个维护"的现实检验，坚决完成习近平总书记和党中央交付的这个重大政治任务，用实际行动干出漂亮成绩，用实际成效向总书记和党中央、国务院交出一份优异答卷；另一方面，要认识到试验区建设是重大机遇、历史责任。试验区建设对促进景德镇、促进江西的文化振兴、产业升级、改革开放及创新创造都提供了千载难逢的历史机遇。就文化振兴来讲，江西文脉悠长，几乎在每一个重要的历史时期都创造了灿烂的文化品牌，陶瓷文化是其中最为响亮的一个品牌。试验区建设必将加速实现景德镇千年窑火的"凤凰涅槃"，必将让江西厚重的文化底色越擦越亮。就产业升级来讲，千百年来，景德镇一直有着"百种佳瓷不胜挑，霁红雾翠比琼瑶"的繁华商贸景象。试验区建设对于推进陶瓷产业创新升级，对于文化和旅游产业提速发展都将是一次空前的机遇。就改革开放来讲，试验区建设为把景德镇打造成"与世界对话"的城市，让世界更好地了解江西、让江西更快地走向世界提供了重要平台。就创新创造来讲,景德镇制瓷业历经时代变迁,始终以与时俱进的工匠精神,展示着陶瓷文化的独特魅力。试验区建设必将加快传统制瓷工艺与现代创意设计完美结合,促进陶瓷制造水平不断升级。

面对这样一个千载难逢的重大机遇,我们必须充分认识肩负的历史责任,并自觉履行好这个历史责任,以务实的举措推进试验区高标准、高质量、高水平发展。当然,这个责任是全省共同的责任,不是景德镇一市的责任。因此,试验区建设要坚持"省里统领、部门协调、市里实施"的体制机制和运作模式,部门要去谋划、去推进、去做好上下协调的工作,实施的主体在市一级。要咬定战略目标不动摇,不拘泥于过去、不受制于现实、不畏惧于艰难,立足江西、面向全国、放眼世界,大胆试、大胆闯、自主创,努力走出一条具有世界意义、中国价值、新时代特征、景德镇特点的优秀文化传承创新发展新路子。

具体来讲,要着力抓好五项重点工作。

第一,要激活陶瓷文化历史。这是内核、灵魂,是依托,是丰富宝藏。景德镇千年窑火催生出灿烂而辉煌的陶瓷文化,是中国陶瓷史、中华文明史和世界陶瓷史、世界文明史上的一颗璀璨明珠,是举世无双、不可复制的独特资源。要着力建设好国家陶瓷文化保护传承创新基地,擦亮这张底蕴深厚、历久弥新的"亮丽名片"。一是要保护好陶瓷文物。习近平总书记指出,"历史文化遗产是祖先留给我们的,我们一定要完整交给后人"。景德镇陶瓷文物,是十分珍贵的国之瑰宝、世之瑰宝,谁破坏了谁就是千古罪人。要精心编制和实施文物保护规划,尽快制定出台陶瓷文物保护的相关地方性法规。认真实施景德镇大遗址保护计划,加快御窑厂遗址申报世界文化遗产步伐,严密防范和坚决打击文物违法犯罪行为,世世代代留住历史的记忆和文明的根脉。二是要传承好陶瓷非物质文化遗产。非物质文化遗产是文化的"活化"表现,要努力让其"活"起来,让人们直观感受到文化的独特魅力。景德镇已有多项文化遗产被列入国家非物质文化遗产名录,但是还有许多具有独特性、唯一性的文化遗产亟待保护和传承。要加快实施国家级非物质文化遗产项目记录工程,充分利用数字化技术、VR技术等现代高科技手段,加强"非遗"项目的数据库建设,体现"原真性、原生态、原文化",使保护传承见人、见物、见生活。要推进"非遗"研究和传播,让更多人了解景德镇"非遗"的独特魅力,进一步提升景德镇陶瓷文化的影响力和美誉度。三是要创新性发展陶瓷文化。创新是传承与发展的动力。守正不是守旧,不是回避创新。要不断加强对陶瓷文化的挖掘,阐释要更加精准,要做到坚守而不固守、守成而不守旧,既彰显传统陶瓷文化的魅力,又与时俱进注入新的内涵、展示新的高度。习近平总书记在甘肃视察等多个场合反复强调,要推动中华优秀传统文化创造性转化、创新型发展。我们要贯彻落实好。

第二,要兴旺陶瓷文化产业。这是载体,是支撑。千百年来,陶瓷既是景德镇的文化符号,更是支撑城市发展的产业"脊梁"。目前景德镇艺术陶瓷体量较小,精品不多,能够称得上传世之作、惊世之作的更是稀少。如何将艺术陶瓷做精,将日用陶瓷做大,需要着力研究。景德镇陶瓷产业发展,既要有"阳春白雪",有艺术殿堂性质的文化展示;也要有"下里巴人",有与人民群众息息相关的日用陶瓷生产、制作、销售一整套的体系。要特别注重把陶瓷文化与千家万户紧密连接起来,让景德镇陶瓷进入寻常百姓家。如果能够真正做到像你们说的,"此生不拥有一套景德镇陶瓷是人生的遗憾",那将是一个全国性、全球性的巨大市场,这样陶瓷文化产业就能真正兴旺起来,"千年瓷都"的支撑力就能不断增强。一是要全力提升陶瓷产业链。通过强链、延链、补链,做优做大做强景德镇陶瓷业,推动陶瓷产业"从无序走向有序,从分散走向集中,从低端走向高端,从少量走向规模",形成产业集聚效应。加快建设公共服务平台,推进建设陶瓷产业供应链创新与应用试点,使景德镇成为集中展示中华陶瓷文化的瓷都、全国乃至世界陶瓷产业的标准和创新中心。二是要全力打造陶瓷品牌。从古至今,景德镇陶瓷"行于九域,施及外洋",誉满天下。但我们不能停留在过去的念想当中,不要以为景德镇陶瓷品牌现在依然具有天然优势。目前,全国不少陶瓷生产基地都在大力打造特色品牌,有的已经极具影响力。我们要全力推进景德镇陶瓷"品牌再造",推进景德镇瓷器地理标志的传承保护,整体研究和打造景德镇国瓷文化品牌。要注重陶瓷知识产权保护,推动中国景德镇(陶瓷)知识产权快速维权中心建设,完善陶瓷知识产权评估、交易、质押登记等功能。三是要全力推动产业融合发展。现在已经进入数字化时代,想要让景德镇陶瓷文化在新时代大放异彩,必须主动融入这个时代。如何强化陶瓷产业的渗透性、关联性?如何实现与其他产业耦合、融合?如何将人文、科技、时尚等元素更多地注入陶瓷文化产业?这是我们要思考和研究解决的问题。要按照融合发展的理念,推动陶瓷产业与互联网、大数据、人工智能及其他产业互促共进。要整合陶瓷文化和旅游资源,推动重点陶瓷文化主题景区创建国家5A级景区,实现文旅深度融合发展。

第三,要打造陶瓷人才队伍。这是关键所在。景德镇自古就有"匠从八方来、器成天下走"的美誉,目前仍有许多陶瓷相关产业的从业人员常年驻在景德镇,被称为"景漂",其中 5 000 多人是"洋景漂"。如果"洋景漂"能够从 5 000 多人变成 50 000 人,甚至更多,那么人气就会大大兴旺起来。景德镇之所以能创造出一件又一件的传世精品,离不开一代又一代的能工巧匠。在试验区建设过程中,政府必须制定政策、营造环境、提供舞台,让各类人才进得来、留得住、发展好。一是要加大人才引进。要制定实施更有吸引力、感召力、竞争力的人才政策,更好地服务人才、吸引人才、留住人才,让更多陶瓷人才从四面八方来景德镇创新创业。二是要激发人才活力。不能用传统眼光来看待、衡量陶瓷专业技术人才,包括服饰、形象等等,否则容易束缚人才发展。要创新开展陶瓷行业专业技术人才职称评审和技能人才技能鉴定,贯通工程技术领域高技能人才与专业技术人才职业发展通道。鼓励企业建立首席技师制度,试行年薪制、股权制和期权制,不断提升高技能人才和专业技术人才的经济待遇和社会地位,为人才充分施展才华创造广阔舞台,让各类人才感受到景德镇是最能够释放才华的地方。在"洋景漂"的护照办理方面,省外办可以与上级有关部门协调一下,看能不能更加便捷化。三是要厚植后备人才。建设国家陶瓷文化传承创新试验区,需要一代又一代人的接续奋斗。景德镇陶瓷大学作为全国唯一以陶瓷为特色的多科性本科高等学校,在培养陶瓷人才方面肩负着重要使命。要按照《实施方案》的要求,深化与国内外名校的合作,推进特色优势学科和专业建设,广泛开展国际合作办学,加快"双师型"教师的引入、聘用,为我省、全国乃至世界培育更多的陶瓷领域高端人才。

第四,要加强陶瓷文化交流。习近平总书记指出,"文明因交流而多彩,文明因互鉴而丰富"。开放包容既是文化自信的重要表现,更是文化繁荣的必由之路。加密文化交流,既是宣传自己,也是吸纳国内外优秀文化精华的有效途径。早在 16 世纪,"海上丝绸之路"让景德镇瓷器成为最昂贵的"中国制造",成为中国走向世界、世界认识中国的重要文化符号。传承历史、把握当下、面向未来,我们要大力开展对外经贸合作和文化交流,让丰富灿烂的陶瓷文化成为讲述中国故事、展示中国形象、传播中华文化的重要纽带和桥梁。一是要大力发展陶瓷对外贸易。历史上,景德镇陶瓷远销海外,见证了中国古代对外贸易的繁荣兴盛。要大力推动陶瓷产品和陶瓷文化的对外贸易,推动景德镇陶瓷再次扬帆远航,保持景德镇陶瓷在市场上、在人们心目中的美誉度和知名度。要积极争取设立保税物流中心,推进陶瓷对外贸易。要大力发展跨境电子商务,打造陶瓷电商集聚区和电商孵化基地。大力发展陶瓷会展经济,办好"永不落幕"的中国景德镇国际陶瓷博览会。中国景德镇国际陶瓷博览会已经连续举办了十五届，"永不落幕"是可以做到的，但掌声响不响、观众多不多？这考验着我们的水平。要积极争取文化和旅游部等国家有关部委的支持，提升办会层次，让"永不落幕"的中国景德镇国际陶瓷博览会迸发出层出不穷的生机活力，形成巨大的国内国际影响力和吸引力，不能让瓷博会变成景德镇自说自唱、自演自看。二是要完善陶瓷文化产品交易方式。要改变过去传统的、小作坊式的原始交易方式。围绕"建设大口岸、服务大开放、推进大通关、发展大物流"的目标，加快电子口岸信息平台建设，促进景德镇陶瓷口岸现代物流发展。积极探索建立市场化的艺术陶瓷价格形成机制，加快建立陶瓷产业大数据中心。适时开通景德镇至宁波、厦门等地的直达铁海联运班列，研究规划景德镇铁路物流中心建设。三是要拓展陶瓷文化交流传播渠道。要依托"一带一路"国际文化交流合作、陶瓷文化交流中心建设、在国家孔子学院开设陶艺课程、举办景德镇国际艺术双年展等途径，积极推进优秀陶瓷文化"走出去"，让世界人民更加真实、立体、全面地了解景德镇，了解江西，了解中国。另外，怎么借助现代化的新媒体、融媒体，使景德镇陶瓷文化的影响更大，也是需要研究解决的一个问题。

第五，要放手推进先行先试。搞试验区就是要放开手脚地大胆试、全面试，在试的过程中总结提升，形成可复制可推广的经验。《实施方案》中有许多实实在在的支持政策，但是其中最具含金量是先行先试权。要有敢想敢干的气魄和义无反顾的决心，大胆探索、大胆创新、大胆突破，当好陶瓷文化传承创新的"领头羊"。一是理念要"新"。试验区建设要争创一流，必须在理念上不断创新。要坚决摒弃惯性思维和路径依赖，以思想的破冰促进行动的突围、赢得发展的先机，探索走出一条千年文脉活力迸发的新路径，推动江西文化软实力与经济硬实力的共同提升。二是标杆要"高"。建设国家陶瓷文化保护传承创新基地、世界著名陶瓷文化旅游目的地、国际陶瓷文化交流合作交易中心等等，都要瞄准"世界级"的标准，确保高点起步、快速起势，创造更多的开放发展成果。三是机制要"活"。要把制度创新作为核心任务，把可复制可推广作为基本要求，尽快形成一批叫得响、推得开的制度创新成果。要注重"首创""原创"改革，敢闯"无人区"，敢走别人没有走过的路，这样才可以闯出一条真正的新路。

试验区建设是一项系统工程，也是全省上下的共同事业和共同使命。建设好是本分，江西的综合竞争优势就会愈加彰显；建设不好就是失职，江西就会错失乘势快进、提速超车的一个绝佳机遇，就会辜负总书记和党中央的期望。现在,试验区建设的号角已经吹响,大幕已经拉开。我们必须振奋精神、凝聚合力,担当有为、善作善成,为试验区建设提供强有力保障。一是要加强组织领导。领导小组及其办公室要加强统筹统领,定期调度和协调解决试验区建设中遇到的重大问题,加强与国家相关部委的对接沟通,确保试验区建设顺利推进。各成员单位要强化大局意识,主动对接,积极配合,形成协同推进的强大合力。景德镇市要当仁不让,担负起实施主体的责任,构建高规格的工作体制机制,促进各项任务大干快上、创新突破。二是要高效推进实施。试验区建设是走小步还是迈大步,考验着干部的担当、能力和作风。领导小组各成员单位要围绕"一年见成效,三年上台阶,五年树标杆"的总体目标,以"时不我待,只争朝夕"的奋进姿态和"攻城拔寨、抢占高点"的精气神,对重点事项、重大项目、重要活动倒排工期、挂图作战,层层分解任务、压实责任,确保落实落地。三是要营造浓厚氛围。要研究出台试验区建设督查检查办法和绩效考评体系,点燃各级干部干事创业的激情。要完善容错纠错机制,拓展创新试错空间。要加大宣传力度,让人们看到试验区建设日新月异的变化。要大力争取国家有关部委的支持,高规格、高层次地举办专题新闻发布会,提升和扩大试验区建设的知晓度和影响力。

同志们,建设景德镇国家陶瓷文化传承创新试验区,使命光荣、责任重大、任务艰巨。我们要切实把思想和行动高度统一到习近平总书记重要指示精神和党中央、国务院的部署要求上来,全力推动试验区建设开好局、起好步,为描绘好新时代江西改革发展新画卷做出新的更大贡献。

在专题调研景德镇国家陶瓷文化传承创新试验区建设工作座谈会上的讲话

毛伟明

2019 年 8 月 21 日

同志们:

今天我和省政府副秘书长王亚联同志、省发改委主任张和平同志及省政府办公厅、省发改委有关同志专门来到景德镇,就景德镇国家陶瓷文化传承创新试验区作专题调研。试验区意义重大,近期省里还将专门召开试验区建设领导小组会议,所以,我这次是带着任务来调研的,主要目的是以增强感性认识来丰富理性认识。

刚才,钟志生同志代表景德镇市委、市政府对前一阶段工作、下一步总体考虑和对省委、省政府的建议,作了很好的汇报,刘锋同志作了部分补充,黄金龙同志对试验区的布局作了详细介绍,尤其是各位专家,围绕着试验区建设发表了很好的意见建议,这些意见建议专业性强,水平很高,听了以后很受启示、启发、启迪。应该看到,试验区建设是个大课题,也是一篇大文章。前几天我和钟志生同志交流探讨试验区建设和发展,我们有一个共同的认识,就是一定要做好这篇文章,而且一定要做出锦绣文章,不仅要使人们深化对景德镇市的认识,还要做出江西省的品牌,同时还要讲好中国故事,体现国际水平。

下面,我讲三点意见。

一、把核心要义领会深,理解好"为什么"的问题

今年 5 月,习近平总书记再次亲临江西,对江西经济社会发展以及各项事业推进给予充分肯定,并提出"作示范、勇争先"的目标定位和"五个推进"的更高要求。在第二个推进,即推进改革开放走深走实中,深刻指出"江西襟三江而带五

湖,控蛮荆而引瓯越,自古就是'一带一路'重要商品输出地。海上丝绸之路又被誉为海上陶瓷之路,正所谓'匠从八方来,器成天下走'"。总书记还特别强调,"要建好景德镇国家陶瓷文化传承创新试验区,打造对外文化交流新平台"。所以说,建设景德镇国家陶瓷文化传承创新试验区是习近平总书记亲自关怀推动的重大成果,是党中央、国务院赋予江西的重大政治任务。

景德镇要与世界对话,载体就是陶瓷。陶瓷是景德镇的优势、财富和价值。习近平总书记多次强调江西要向特色优势要竞争力,景德镇就是要把陶瓷的特色优势体现好、发挥好。我今天是第 14 次到景德镇,每次除了协调工作,也见缝插针地看到了一些文化传承点,比如陶溪川、御窑遗址、高岭中国村、名坊园、陶瓷大学等地。对于瓷、陶瓷、景德镇瓷器,从不同的角度有多种表述。对于瓷,有许多是很有感染力、打动人心的。我印象最深刻的一句就是:"源于瓷土,融于水火,塑于人工,成于天意",瓷是大自然对人类的馈赠。对于陶瓷,这次实施方案的表述为:陶瓷是中华文明的重要名片,是我国优秀传统文化的杰出代表。对于景德镇瓷器的表述,景德镇瓷器是世界认识中国、中国走向世界的重要文化符号和传承中华优秀文化的重要载体。这些表述,都呼应了景德镇市委、市政府提出的"景德镇要打造一座与世界对话的城市"这一目标。所以,我们要把要义实质领会深,从弘扬中国传统、讲好中国故事、增强文化自信的高度来认识和做好试验区建设工作,全力打造对外文化交流新平台。

二、把重点工作研究透,分析好"是什么"的问题

"景德镇国家陶瓷文化传承创新试验区"一共 16 个字,我理解,有三个方面的含义。

(一)试验区是国家级的

实施方案要求,景德镇要"努力走出一条具有世界意义、中国价值、新时代特征、景德镇特点的优秀传统文化传承创新发展新路子"。这个提法凝练得十分到位、表述得非常准确。试验区来之不易,我非常赞成张和平同志刚才的表述,这是国务院在全面清理整顿示范区、试验区的前提下对江西革命老区、对景德镇市的特别关爱、特别支持,通过我们的努力,也把不可为变成可为,把不可能变成可能。

（二）试验区要处理好传承与创新的关系

刚才专家也讲了，如果试验区仅仅注重传统文化的保护，那就失去了国家级试验区的意义，它应该是传承创新，传承是创新的基础，创新是传承的提升，相互促进，相辅相成。我们不能因为已有的成绩而故步自封，也不能过分强调创新而把经历了时间检验的优秀精品丢掉，要坚持在传承中创新，在创新中发展。

（三）试验区要发挥示范先行作用

试验区要有载体、是动态的，要起示范作用和先行作用。在建设试验区的过程中，要重点做好四个体现：

一要体现政策的集成集聚。建好试验区，关键是要集成集聚国家、省级和市级各方面的政策。要紧密围绕财政、税收、金融、投资、土地等政策，力争取得更多突破性进展。特别是要加快推进诸如"对试验区企业销售自产传统手工技法制瓷产品，按简易办法征收增值税""加大中央预算内投资对试验区基础设施建设的投入力度"等含金量高的政策及时落地，打造陶瓷文化传承创新的发展高地、政策洼地。

二要体现体制的先行先试。体制的先行先试，是建设国家级试验区的根本和亮点。国家给试验区授牌，也是给改革创新授权。我们要大胆开展先行先试，既要敢于"破"，更要善于"立"，着力用创新的举措打通关键环节的制度障碍，尤其要围绕传承创新这条主线，大力推进体制机制改革，为全国陶瓷及其他传统文化产业转型发展提供可推广、可复制的经验。

三要体现产业的融合融通。这里的产业不是指单一的产业，是指陶瓷产业和相关产业。产业是城市的支撑，要按照融合发展的理念，着力延伸产业链，推动陶瓷"接二连三"，促进二、三产业深度互动、融合发展、联动升级，构建融合融通的复合产业体系。

四要体现特色的彰显凸显。景德镇是千年古镇、世界瓷都，陶瓷是景德镇的世界名片、特色招牌。建设景德镇国家陶瓷文化传承创新试验区，就是要保护、放大、用好"景德镇"这个金字招牌，进一步彰显景德镇的历史价值、文化价值、品牌价值，为助力中华优秀传统文化"走出去"，提升国家文化"软实力"，打造人类命运共同体贡献更多"景德镇力量"。

所以，试验区应该富有品牌化、特色化、国际化、大众化的新内涵。品牌化，毫无疑问,景德镇就是要保持景德镇陶瓷在市场上、在人们心目当中的美誉度和知名度。特色化,就是要发挥好中国元素、景德镇特点,彰显好地方优势。国际化,就是要通过国际化交流合作,使世界人民进一步了解陶瓷、了解景德镇瓷器。大众化,要特别强调,试验区最终目的是让人民群众有更多的幸福感、获得感,是通过产业的发展带动企业生产,带动创业创新,带动老百姓精神文明提高和物质生活提升,这是最终落脚点,要大众化,就要让人民群众参与进来。

三、把方法路径选择好,解决好"怎么办"的问题

路径选择,实施方案已经讲得很透了。但我学习了之后,觉得还可以凝练,让它起到提纲挈领、纲举目张的作用。做任何事情都要讲究工作方法,要从时间、空间、内容三个维度入手,抓重点、抓关键。

一是从时间维度来讲,就是要牢牢把握战略定位,立足短期、统筹中期、着眼长远。实施方案划分了两大时间节点。2025 年,试验区要取得阶段性成果,陶瓷文化传承、保护、创新体制机制初步建立,陶瓷文化保护传承、陶瓷产业创新发展、国际贸易和文化交流合作的体系基本形成。2035 年,要成为全国具有重要示范意义的新型人文城市和具有重要影响力的世界陶瓷文化中心城市,要成为共建"一带一路"国家文化重要交流重要载体的展示中国古老陶瓷文化魅力的名片。

二是从空间维度来讲,试验区应有核心区、辐射区、发展区,坚持点、线、面有机结合。刘奇同志多次强调,我们不要争牌子全力以赴,关键是把牌子打造好,在原有的基础上实现新的飞跃,实现跨越发展。今天看了这个"一轴一带,五区多点"36 平方公里的核心区功能规划,感觉路径选择是清晰的,方向目标是明确的。我原来担心这几年景德镇博物馆、纪念馆、展示馆、产业区建了很多,这次试验区又有许多硬件建设,会不会分布太散,集中度不高。刚才专家们认为,景德镇这么丰富的陶瓷光靠几处几点是不够的,应该多层次、全方位、多节点地展示,这是很有道理的,也打消了许多人的顾虑。当然还是要研究好科学布局、合理规划、资源集中、特色鲜明,要集中优势兵力打歼灭战,不能平铺直叙,文似看山不喜平,要有重点有一般,要有跌宕起伏。

三是从内容维度来讲,重点抓好以下几个方面:

（一）关于战略定位

就是要按照《实施方案》要求，建设好"国家陶瓷文化保护传承创新基地、世界著名陶瓷文化旅游目的地、国际陶瓷文化交流合作交易中心"等"两地一中心"。

（二）关于主要任务

我把它概括为要做到"五个好"，就是保护好陶瓷文化、彰显好陶瓷文化、培育好陶瓷产业、发展好陶瓷旅游、开展好国际交流。

一要保护好陶瓷文化。建好试验区，首先要做好陶瓷文化保护工作，这是其他各项任务的基础。保护陶瓷文化，既要原汁原味地保护好老厂区、老里弄、老窑址等物质文化遗产，更要加强手工制瓷技艺、窑房作坊营造技艺等非物质文化遗产的保护传承，让景德镇始终是一部"活着的"陶瓷历史文化教科书。

二要彰显好陶瓷文化。建设试验区，就是要大力弘扬发展好中华优秀传统文化。要深度挖掘千年瓷都的文化底蕴，充分激活陶瓷文化动力，大力实施"文化＋"战略，促进传统与现代、艺术与技术、文化与经济、事业与产业、民族与世界的结合，使景德镇成为展示中国文化的名片、讲述中国故事的平台、传递中国声音的窗口。

三要培育好陶瓷产业。我们对培育壮大陶瓷产业是寄予厚望的，重点要抓好产业、企业、品牌、平台等创新升级。从产业看，陶瓷的产业链长、运用领域广，既要发展艺术品、工艺品、日用品，还要看到陶瓷是重要的耐高温、防腐蚀、超稳态的战略性新材料，在航空航天等高科技领域有着广阔前景。从企业看，我们要把大中型企业支撑和散落在各地的作坊有机融合，加快实现产业体系集聚和"十大瓷厂"等老企业浴火重生。从品牌看，要加强陶瓷知识产权保护，鼓励企业创造自有品牌、知名品牌，利用好"景德镇"金字招牌。从平台看，要运用互联网、物联网、大数据等信息技术，加快发展电商平台、电竞平台，使景德镇成为全国乃至世界的陶瓷产业标准和创新中心。

四要发展好陶瓷旅游。旅游对景德镇讲至关重要。我们的试验区范围是全域的，所以景德镇是最有条件做到全域旅游的城市，而且景德镇的陶瓷文化旅游资源十分丰富。要推动陶瓷文化与旅游深度融合。我理解，到景德镇来的大约有三类人，一类是来做专业陶瓷业务的发展，创业创新，大多数"景漂景归"就是这一类，以及不少年轻人到景德镇的大学来受教育、今后留在景德镇发展；第二类是冲着景德镇的知名度来旅游、参观，提高艺术素养；第三类是国际国内的专业交流，景德镇这张名片在国际国内影响很大，很多专家学者都非常喜欢到景德镇来，就陶瓷交流探讨、发展事业、提升自我。

五要开展好国际交流。关于陶瓷的国际交流，实施方案给了我们一个重要平台，要办好永不落幕的中国景德镇国际陶瓷博览会。两年前，我们在大英博物馆宣传推广陶瓷文化，吸引了包括高校校长在内的众多高端人群，现场座无虚席，而且好多人是站着的，这说明我们对外交流有空间、有市场、有前景，更大的是潜力。顺势而为，将大有作为。

（三）关于支撑支持

主要有三个层次的体系支撑。

第一个层次：领导体系。这个领导体系已经很明确。国家层面，有部省际联席会议，由国家发改委、国家文旅部和江西省人民政府三家牵头组成联席会议。这很重要，也有含金量。部省联席会议，每个部门来，肯定要带点政策，带点礼包，带着支持态度来，而且每年有个总结，将会形成强有力的推进合力。省级层面，成立领导小组，省长亲自挂帅，办公室设在省发改委。为了这个试验区，省发改委作了大量工作，也体现了担当精神。景德镇市层面，有领导小组，并设立专门机构，形成"管理委员会＋平台"的落实机制。政府的引导和市场的主导，有形之手和无形之手相结合。

第二个层次：要素体系。人才要素，要加强创新人才、创新团队的培养和引进，尤其是要能够挑大梁的、领军式的人才。土地要素，这个在省里的范围相对会好一点，但也要注意，就是要符合城市发展总体规划和土地利用规划，符合生态保护红线并做好增减挂钩、统筹平衡。关于资金要素，景德镇市提出要对专项债券进行倾斜，省里研究时将给予支持。

第三个层次：政策体系。政策体系主要有两个，一个是财税政策，一个是投融资政策。投融资政策，我们也要解放思想。陶瓷企业的企业债、公司债，同时还要考虑上市。景德镇陶瓷这个题材非常好，只要把现代企业制度建立好，把财务制度规范好，按照上市公司的要求，尽快启动就能尽早实现。不仅如此，实施方案中还有好多其他先试先行的政策。

总之，正如大家所讲，这几年景德镇发生了历史性变化，取得了历史性成就，经济发展稳中有进，综合实力不断增强，城市面貌日新月异，干事创业争先恐后，给我们留下了深刻的印象。这些都为下一步发展创造了良好条件、奠定了坚实基础。试验区的建设，从陶瓷发展本身来讲，意味着历史翻开了新的一页。1004年，宋真宗将年号"景德"赐予我们。今天建设试验区，历史翻开了新的一页。"一切过往，皆为序章"。站在新的起点上，在全省上下尤其是景德镇的干部群众的共同努力下，接下来我们一定能把试验区这篇文章做好、做精、做出彩，正像习近平总书记视察江西时重要讲话最后强调，江西是一个为中国革命作出突出贡献的地方，也是一片充满希望的热土。希望江西广大干部群众不忘初心、牢记使命，真抓实干、埋头苦干，努力创造出无愧历史、无愧时代、无愧人民的更大业绩。我们理解，这片充满希望的热土，必然也包括景德镇国家陶瓷文化传承创新试验区，这个更大的业绩，也寄希望我们试验区，为全国形成可复制、可推广的经验和做法。我们期待着，景德镇市各项工作百尺竿头、更进一步！谢谢大家。

景德镇国家陶瓷文化传承创新试验区工作汇报

钟志生

2019 年 8 月 21 日

毛省长，各位领导：

今天，根据会议安排，我就试验区创建工作作个简要汇报。

一、创建由来

景德镇是千年古镇、世界瓷都。悠久的制瓷历史和丰富的陶瓷遗存，是景德镇的最大优势、最大资源、最大财富。如何做好陶瓷文化这篇大文章，彰显景德镇的历史价值、文化价值、品牌价值，是我们面临的时代课题。省委省政府对于传承弘扬景德镇陶瓷文化高度重视，作为文化强省战略的重要工作高位推动。去年 1 月，刘奇书记在《省政府工作报告》中创造性提出"大力支持景德镇创建国家陶瓷文化传承创新试验区"。去年 7 月，刘奇书记在省委十四届六次全会专门强调"要把创建景德镇陶瓷文化传承创新试验区作为建设文化强省、弘扬江西地域特色文化的重大载体，深度挖掘千年瓷都的人文底蕴，把景德镇打造成冠领中国、代表江西走向世界，世界感知中国、认识江西的国际瓷都"，赋予了景德镇新的使命和更大责任。我们深切地体会到，省委、省政府对景德镇陶瓷文化保护传承的这一系列工作要求，就是试验区创建的由来和主线。同时，我们也深深地感受到，这几年我们按照省委、省政府的部署要求，从"塑形"入手，给城区"洗脸"、给农村"洗脚"，再到"双创双修"，既"塑形"又"铸魂"，打了一套环境建设的"组合拳"，城乡面貌发生了可喜的变化，也为试验区创建创造了良好条件。

现在，试验区方案已成功获批。这是省委、省政府正确领导的结果，是省领导亲切关怀、高位推动的成果。毛省长对景德镇的工作特别关心，对试验区的创建特别牵挂,又是省政府"降成本、优环境"挂点景德镇的省领导。毛省长到江西工作以来,先后 12 次到景德镇调研,每次都给予我们面对面的指导和关怀。我们清晰地记得,2017 年 11 月 30 日,在毛省长的亲自关心下,省发改委牵头专门为试验区创建召开对接会。2018 年 4 月 10 日,毛省长对《创建试验区的请示和总体方案》(以下简称《方案》)做批示,要求我们"与省发改委、省文旅厅一起,向国家发改委和文旅部汇报,争取支持"。4 月 22 日,省政府向国务院上报了《关于创建景德镇国家陶瓷文化传承创新试验区的请示》。我们由衷地感到,在试验区创建过程中,特别重要的是,去年 5 月 11 日,国务院办公厅将请示转国家发改委、文旅部办理后,毛省长又专题向何立峰主任作汇报。8 月 14 日,何立峰同志作了"其他地方基本没有条件比照,建议按照试验区考虑"的批示,为我们明晰了试验区创建的路径,推动创建工作迈出重要一步,进入实质性阶段。9 月 11 日李克强总理圈批后,毛省长要求我们抓紧组织编制好前瞻性、高质量、有特色的实施方案。今年 2 月,省政府将《方案》上报国务院,国务院办公厅批转国家发改委、文旅部等对方案进行了论证研究、政策把关、会商集成,5 月完成了方案编制,6 月 21 日正式呈报国务院。我们特别感动的是,得知试验区《方案》即将获国务院批复后,毛省长又提出"期待着试验区建设取得更大进步,使试验区成为讲好中国故事、提升文化自信、参与'一带一路'的重要载体和窗口"的嘱托,并要求省发改委继续做好与国家发改委的汇报和衔接,全力支持、指导试验区建设。我们特别难忘的是,7 月 3 日,毛省长率领我们与省发改委一道,专程赴国家发改委汇报争取建立部省际联席会议制度,拜访何立峰主任和几位副主任,为试验区建设争取政策、创造环境。7 月 26 日,国务院批复同意《实施方案》,推动景德镇发展进入了一个新阶段。这其中,离不开省委、省政府的关心关怀,也凝聚了毛省长的心血和付出。我提议,让我们用热烈的掌声,表示衷心的感谢!

二、主要内容

《实施方案》主要内容体现在以下方面:

(1) 发展定位,概括为"两地一中心",即国家陶瓷文化保护传承创新基地、世界著名陶瓷文化旅游目的地、国际陶瓷文化交流合作交易中心。

国家陶瓷文化保护传承创新基地,就是要推进文化遗产活化利用,构建陶瓷人才集聚高地,培育陶瓷产业新技术、新业态、新模式,推动景德镇成为集中展示中华陶瓷文化的瓷都、全国乃至世界的陶瓷产业标准和创新中心。

世界著名陶瓷文化旅游目的地，就是要放大陶瓷文化品牌优势，促进旅游与文化、生态深度融合，高品质建设国家全域旅游示范区，把景德镇打造成世界一流的国际文化旅游名城。

国际陶瓷文化交流合作交易中心，就是要全面融入"一带一路"建设，加强与国内外文化机构交流合作，建设国际化陶瓷产业链交易平台，把试验区建设成为促进全球文明互鉴的重要桥梁和高端陶瓷文化贸易出口区。

（2）发展目标，分为两个阶段，第一个阶段到 2025 年，试验区建设取得阶段性成果，为我国陶瓷及其他传统文化产业转型发展提供可推广、可复制的经验。第二个阶段到 2035 年，试验区各项建设目标任务全面完成，景德镇成为全国具有重要示范意义的新型人文城市和具有重要影响力的世界陶瓷文化中心城市。

（3）主要任务，包括五个方面 18 项具体任务。第一个方面是加强陶瓷文化保护传承创新，具体有 3 项任务；第二个方面是推动陶瓷文化产业创新发展，具体有 5 项任务；第三个方面是发展陶瓷文化旅游业，具体有 4 项任务；第四个方面是加强陶瓷人才队伍建设，具体有 3 项任务；第五个方面是提升陶瓷文化交流合作水平，具体有 3 项任务。

（4）保障措施，包括加强组织领导、加大财税支持力度、拓宽投融资渠道、强化自然资源支撑、鼓励先行先试五个方面。特别是"对试验区企业销售自产传统手工技法制瓷产品，按简易办法征收增值税""将试验区建设纳入国家文化发展重大规划""加大中央预算内投资对试验区基础设施建设的投入力度""支持御窑厂遗址申报世界文化遗产"等政策，有利于陶瓷文化的传承保护，有利于城市功能的完善和品质的提升，有利于陶瓷产业的高质量发展。

三、下步打算

习近平总书记时隔三年再次视察江西，作出了要"建好景德镇国家陶瓷文化传承创新试验区，打造对外文化交流新平台"的重要指示，这是总书记为景德镇发展标定的历史方位、擘画的美好蓝图。这次试验区实施方案的成功获批，充分体现了习近平总书记和党中央对景德镇的特别关心，对保护传承景德镇陶瓷文化的高度重视，我们深感责任重大、使命光荣，一定牢记总书记的嘱托，感恩奋进，落实省委省政府的要求，真抓实干，有序推进试验区建设各项工作。

一是在机制上形成合力。试验区实施方案是一个规划到 2035 年的中长期方案,方案中明确的任务,牵涉面广,涉及部门多,要完成好这些任务,建立一套科学的体制机制是保障。市级层面,一方面我们将尽快成立以市四套班子主要负责人为组长的试验区建设领导小组,设立专门机构,形成"管委会+平台"的落实机制,有序推进各项工作。同时,把实施方案分解细化,制定时间表、路线图,明确责任人、任务书,工作一项一项地干,项目一个一个地抓;另一方面,在省发改委、省文旅厅等省直部门的支持下,进一步加强与国家有关部委的工作对接和政策衔接,使方案的任务细化、措施具体,确保政策精准落地、管用有效。

二是在布局上聚焦重点。试验区的建设,重点是建设好 36 平方公里的"一轴一带、五区多点"的核心区,以重点突破带动全域发展,以核心区建设推动试验区的整体提升。"一轴"就是珠山大道陶瓷文化保护传承轴,延续千年古镇薪火相传的历史文化脉络。"一带"就是昌江百里风光带,打造一条展现景德镇魅力的文化带、生态带、旅游带、经济带,使山水和人文相连、城市和乡村相通、文化和旅游相融。"五区"就是依据核心区历史文化资源分布特点,重点打造具有代表性的文化保护、产业创新、文化创意、文化旅游和人才培养五个区域。分别是:陶阳里历史街区、陶科园产业园区、陶溪川文创街区、陶源谷艺术景区、陶大小镇东市区五个片区。"多点"就是高岭矿山公园、东埠码头、南窑遗址、瑶里古镇等10 个能够集中体现景德镇陶瓷文化的典型区域。

三是在行动上突出项目。坚持项目化推进,把目标细化到项目上,把行动落实到项目上,抓紧编制实施试验区建设项目"三年行动计划"。在保护传承创新方面,以申报世界文化遗产为龙头,加快御窑厂国家遗址公园等一批传承项目建设,加大非遗保护传承力度,体现"原真性、原生态、原文化",使保护传承见人、见物、见生活。同时,以陶科园产业园区为主阵地,加快陶瓷智造工坊、洛可可设计谷等一批产业项目建设,做大做强景德镇陶瓷集团,推动陶瓷产业"从无序到有序、从分散到集中、从低端到高端"发展。在陶瓷文化旅游方面,以创建国家全域旅游示范区为引领,以"文化+""生态+""旅游+"为抓手,放大陶瓷文化品牌优势,做大做强陶文旅集团,加快建设以陶阳里历史街区、陶溪川文创街区、陶源谷艺术景区、陶大小镇东市区、陶科园产业园区为平台的一批最具魅力、最有特色的文旅项目,丰富旅游业态,完善服务设施,形成"省内融合、区域合作、国际对接"的文旅大格局。在国际交流合作方面,全面融入"一带一路",积极参与感知中国、今日中国等国家文化品牌活动,加快建设国际陶瓷文化交流中心、凤凰国际会议中心等一批文化项目。深入开展国际合作办学，广泛开展国际研学游学。继续办好瓷博会，全面提升陶瓷文化博览展示水平。

四、有关请求

为全面落实省委、省政府关于试验区建设的各项要求，全力建好试验区，打造对外文化交流新平台，提三点请求，请毛省长给予特别关爱、特别支持。

一是恳请省里批准设立景德镇国家陶瓷文化传承创新试验区管委会（以下简称国家试验区管委会）。试验区建设范围涵盖景德镇全域，以重点突破带动全域发展，以核心区建设推动试验区的整体提升是建设的关键，需要一个专门的机构把 36 平方公里的核心区来做实；同时试验区建设时间跨度长，系统性和专业性都很强，需要一支相对稳定的专业化队伍来保障。为此，恳请在省领导小组的领导下，在景德镇设立国家试验区管委会，按照"管委会＋平台"的模式运作，承担试验区的统筹、建设、运营等具体工作。

二是恳请省里在融资筹资方面给予大力支持。推进试验区建设要启动一批具有示范性、引领性的重大项目，需要融资筹资保障。景德镇经济总量小，受政府债务限额管理和政府债务规模的影响，在融资筹资上有一定的限制。恳请省政府支持景德镇市发行试验区专项债券，每年新增不少于 20 亿元的试验区专项债券。另外，恳请省里在省预算内文化专项、基建投资等方面安排资金予以倾斜。

三是恳请省里在国家方案的基础上，尽快出台细化实化的具体方案，特别是在税收政策落地、新增建设用地规模、建设用地指标、规划优化调整、重大项目安排等方面给予支持和倾斜。

各位领导，当前的景德镇，迎来了千载难逢的发展机遇。我们一定落实好这次会议的决策部署，特别是毛省长等的讲话要求，担当实干，奋发作为，做好景德镇的工作，办好景德镇的事情，用实际行动和工作成果不辜负总书记的殷切嘱托，不辜负省委省政府和毛省长的关心厚爱。

规划建设文化引领经济高质量发展的国标城市

刘士林

上海交通大学城市科学研究院院长、教授

国家"十三五"规划专家委员会委员

《景德镇国家陶瓷文化传承创新试验区实施方案》课题组负责人

2019 年 7 月 3 日

尊敬的刘奇书记,各位领导、嘉宾:

上午好!

作为《景德镇国家陶瓷文化传承创新试验区实施方案》课题组负责人,在此我谨代表团队向各位作三方面的简要汇报。

一、试验区实施方案的背景和过程

试验区是在习近平总书记、李克强总理的亲切关怀和指导下,在国家发改委、江西省委省政府的直接领导和支持下,对景德镇在新时代提出的战略目标和功能定位,对建设"世界瓷都""打造一座与世界对话的城市"具有重大现实和深远历史意义。

《实施方案》的研究和编制,主要经历了三个阶段:一是 2017 年 5 月—2018 年 3 月的"谋划启动阶段",形成了"四地两中心"的主体框架。二是 2018 年 3 月—2018 年 9 月的"汇报对接阶段",成立了试验区实施方案起草小组。三是 2018 年 10 月—2019 年 1 月的"方案起草阶段"。我们团队是在 11 月中旬介入的,在前期工作的基础上形成了《实施方案》初稿。2019 年 1 月 7 日,国家发改委社会发展司认为"《实施方案》比较成熟,可以按照程序上报"。不到两个月的时间,能顺利完成研究任务,我要对国家发改委、文化和旅游部相关司局对我们的高度信任,对省发改委、省文旅厅、市委市政府及相关部门的全力配合支持表示诚挚的感谢。

回顾我们的研究工作,主要有三个方面:一是修改完善的"十六字"方针,即"提高站位,优化框架,突出重点,做好表述"。二是对"本子"写作千锤百炼,初步统计显示,我们关于方案共起草文件 56 个,几乎平均每天要出一个。三是还做了相关的沟通、协调工作,方案编制本身也是利益的调整和分配,既要说服为什么写或为什么不写,也要使相关部门接受一些新提法。我个人认为,这次方案编制工作经验,可以好好总结并为其他城市提供借鉴。

二、试验区实施方案的一条主线和两个定位

关于《实施方案》的具体内容,限于时间关系,细节就不再谈了。我想重点讲一下方案的主线和景德镇的两个新定位。

一个定位是"文化引领城市和区域高质量发展"。这也是我们在研究过程中逐渐弄清楚的。在发改委报国务院的请示中,有三句很明确的话:一是摸索出一条文化遗产资源富集区妥善处理好保护与利用关系的新路径。二是探索打造以优秀传统文化助力现代产业转型升级、深化供给侧结构性改革的新平台。三是探索形成区域现代经济体系建设和高质量发展的新模式。结合国家发改委的部门职能,我们认为试验区的主线不是一般的物质和非物质遗产保护,而是要以文化资源保护传承为基础,走出一条文化引领经济发展的新路子。事实证明,这个判断是非常正确的。以文化引领城市和区域经济发展,已成为发改委系统创新宏观经济规划和布局的新思路。今年 5 月发布的《大运河文化保护传承利用规划纲要》首次提出的"文化带",是在更大的空间中的一种探索。

两个定位,即《实施方案》提出的"中国新型人文城市"和"世界陶瓷文化中心城市"。从一开始我们就非常清楚,尽管陶瓷产业是景德镇名副其实的主导产业,但试验区绝非只是针对这个产业本身,而是要以陶瓷文化和产业为支撑建设一个新型城市。在此基础上,我们对内提出了建设"中国新型人文城市",对外提出了建设"世界陶瓷文化中心城市"。这两个目标都符合景德镇的实际,前者是因为文化产业是景德镇的支柱产业,且有利于资源型城市转型发展,后者基于景德镇的产业优势在于艺术瓷和高档日用瓷,其在当今世界的文化中心功能远强于经济集聚功能。最主要的是,《国家新型城镇化规划(2014—2020 年)》首次提

出"人文城市"、2016年国家"十三五"规划提出"新型人文城市",但一直没有破题,因此提出"新型人文城市"的目标,又是国家最希望看到的并大力支持的。

顺便讲一个插曲,最初为了和"国际瓷都"协调,我们还用过"建设以中国新型人文城市和世界陶瓷文化中心城市为卓越品牌的国际瓷都"。从战略规划对接的角度,我觉得这个表述以后仍可以继续用,该表述使国际瓷都的内涵和内容更加明确。

三、下一步的几点建议

2019年5月20日至22日,习近平总书记在江西视察时指出:"建好景德镇国家陶瓷文化传承创新试验区,打造对外文化交流新平台。"这是总书记第三次对景德镇作出的重要指示,同时也极大地突破和拓展了最初的"御窑遗址保护"框架。顺便说一下,这和总书记关于大运河保护的思路是一致的。大运河自2010年成功申遗后,曾经一度沉寂下来,主要原因是把大运河简单地等同于"文化遗产"。总书记在2017年提出的大运河文化带,突破了原来比较狭小的"非遗框架",开启了大运河文化进入国民经济和社会发展主战场的大门。景德镇和大运河有很多相似之处,因此可以好好研究和思考一下。

下一步怎么做?我想提几点不成熟的看法,供各位批评指正:

一是充实优化方案。由于国务院对公文的新要求,目前的方案比上报稿压缩过半,"四地两中心"(国家陶瓷文化保护传承基地、国家陶瓷产业创新发展基地、世界著名陶瓷文化旅游目的地、世界陶瓷人才集聚高地、国际陶瓷博览交易中心、国际陶瓷文化交流合作中心)缩减为"两地一中心"(国家陶瓷文化保护传承创新基地、世界著名陶瓷文化旅游目的地、国际陶瓷文化交流合作交易中心,其中,国家陶瓷文化保护传承基地和国家陶瓷产业创新发展基地被合并,世界陶瓷人才集聚高地被删掉,国际陶瓷博览交易中心部分被统入一中心)。根据以往经验,在经历了"从繁到简"的报送审批之后,在落地实施时还可以来一次"从简到繁",也就是在不违背方案基本精神的原则下,把一些重要的东西"补回来"。因为方案毕竟是框架性的,会有很大的伸缩空间。(比如最初方案里提到的:以建设试验区为战略契机,以优化空间功能、促进产业转型升级、深化城市管理治理、满足人民群众文化需求为重点,研究和制定以"一城、两带、四地、二中心、多节点"为主要层级和主体框架的城市规划目标体系)

二是探索发展模式。作为国家首个文化类试验区,一定要有承担国家使命、服务大局的自觉意识。新型人文城市之所以还没有破题,一是很多城市还在拼产业,二是一些城市的文化产业不足以支撑一个城市的发展。景德镇具有建设人文城市的良好基础和条件,前期已经做了大量工作。因此,应该抓住机遇,把建设人文城市作为十四五时期的核心目标,突出文化引领城市经济发展的主题,探索形成中国新型人文城市建设标准体系和考核体系,为我国大量的文化资源城市提供经验和示范,创建文化引领经济高质量发展的国标城市。由此获得的机遇和资源将是巨大和不可限量的。

三是成立重点项目领导小组。以试验区建设为契机,紧紧围绕两个城市的建设目标,把方案中明确的主要工作,分解为若干重点项目,分期分层次推进落实,建立相应的领导小组,重在抓落实,一方面,吃透用足方案政策,该要的要,该争的争,把每一个字最大化;另一方面,结合试验区的新标准,该补的补、该提升的提升,该开拓的开拓,该淘汰的淘汰,利用好资源、政策和机制的关系,平衡好近期、中期和长期的关系,把景德镇建成名副其实的"中国新型人文城市和世界陶瓷文化中心城市"。

景德镇坚持优化双创生态环境 以提升创业活力 带动稳就业强动能成效显著

景德镇市发展改革委

2021年6月17日

近年来,景德镇坚持实施就业优先战略,聚焦以创业带动更充分更高质量就业,紧紧扭住创建国家陶瓷文化传承创新试验区、构筑"航空梦"等历史性机遇,以强化政策协同促进优化创新创业创造生态环境,激发创新创业内生活力。按照突出核心(珠山区陶溪川)、以点带面、引领全市的思路,传承弘扬景德镇"工匠八方来、器成天下走"的创新创业历史文脉,大胆创新,积极探索,使景德镇的创业带动就业工作已经呈现出创业就业主体充满活力、陶瓷文化品牌优势突出、大中小企业融通创新的良好态势。

目前,全市有国家级双创示范基地1家、国家级自主创新示范区1家、国家级创业孵化基地1家、国家级文化产业示范基地1家、省级双创示范基地3家、市级人才创新创业示范基地28家,培育陶瓷文创产业实体近7 000家,带动就业5万余人,吸引了3万余名"景漂""景归"扎根景德镇创新创业,其中"洋景漂"5 000多人。2019年11月14日,国务院总理李克强莅临陶溪川考察调研,对陶溪川五彩缤纷、丰富多样的发展形态深表赞许,并鼓励广大青年创客用工匠精神传播陶瓷文化。2020年12月9日,陶溪川成功入选国家第三批双创示范基地。

一、以政策协同"释放制度红利"

持续深化政务服务"放管服"改革。"赣服通"市县分厅3.0版上线运行,市本级上线事项182项,县区上线事项310项。加强信用体系建设,强力推动"红黑名单"管理和联合奖惩工作,在陶溪川启动"诚信经营示范店"授牌暨"文明诚信经营示范街区"创建活动。全面落实金融税收助企纾困政策。2019年以来全市共发放创业担保贷款 115 996.5 万元,2020 年累计新增减税降费 16.9 亿元;中小企业融资担保公司融资规模突破 23 亿元,是上一年同期的 4.9 倍;认定中小微企业 279 户,是上一年认定数的 12.7 倍。优化改善创业创新生态环境。大力推进陶瓷文化传承创新试验区建设,围绕"两基地一中心",谋划梳理三年内启动实施的重点项目 152 个,总投资约 1 035 亿元;大力推进昌南新区国家首批先进制造业和现代服务业融合发展区域试点建设,采取鼓励地方创新用地供给和金融机构结合职能定位、改革完善人才管理评价制度、创新管理方式等举措促进创新创业;大力推进景德镇市建设国家产教融合型试点城市,谋划实施 32 个有助于教育链、人才链与产业链、创新链有机衔接的重大项目,涵盖陶瓷设计、陶瓷制造、陶瓷文化旅游、航空零配件制造、通航培训等产教融合实训基地、产教融合创新平台。

二、以陶瓷文化"擦亮创业招牌"

坚持依托陶瓷产业激发孵化基地活力。充分发挥千年瓷都陶瓷产业的"海绵"效应与"赋能"效应,共建设包括景德镇大学生陶瓷创业孵化园在内的创业孵化基地 7 家(国家级 1 家、省级 5 家、县级 1 家),孵化总面积达 20.7 万 m^2,吸纳经济实体 1 633 个,带动就业人数 4 986 人。同时,注重政策扶持和服务保障,累计为孵化基地争取补助资金 835 万、为创业青年补贴减免费用近 753 万。坚持以竞赛交流激励陶瓷文化创新斗志。先后成功举办第四届"中国创翼"创业创新大赛,"振兴杯"全国陶瓷行业技能竞赛、"大创园杯"创客大赛、"创新美好"创业大赛,积极支持创业主体参加阿里巴巴景德镇站电子商务巡回会、上海迪士尼艺术品展、全国创业交流展示活动周等活动。坚持以工匠精神延伸陶瓷创新创业生态链。全市共建立国家级陶瓷行业技能大师工作室 9 家、省级陶瓷行业技能大师工作室 33 家、市级陶瓷行业技能大师工作室 66 家。这些工作室不仅带徒传技,还组织研学游和体验游等活动,带动景籍、"景漂"人员走上技能就业创业的道路。

三、用"攥紧饭碗"引领返乡入乡创业

加大对乡村创业带头人培训力度。以返乡农民工为主要对象,以打造农业

全产业链为重点,全市共完成农产品加工业、农村创业创新、休闲农业和乡村旅游三大类返乡创业领军人才培训 1 946 人。完善引人育人留人政策。积极推动"一村一名大学生"进村入户工程,培育了一大批"留得住、用得上、懂经济、善管理"的农村实用人才。乐平市返乡创业园培养的 850 名农民大学生已有 270 余名毕业生回乡服务,创业、创办、合办、领办或参与新型经营主体 350 多家,直接带动了全省最大规模乡村大学生创新创业协会的创建,辐射带动农业新型人才达 2 万余人。打造农村一二三产业融合新亮点。全市乡村旅游从业企业现已达到 579 家,带动从业人员超 2 万人,休闲农业全年接待总人数超 500 万人次,实现营业收入超 20 亿元。

四、抓科技创新"挺起创业脊梁"

坚持高位统筹推动。成立由市委副书记任局长的航空产业发展局,整合昌飞、602 所、地方三方力量,健全优势资源共享机制,服务发展航空产业工作。发挥大企业创业就业带动作用。打造 602 所国内唯一的直升机整机研发机构、昌飞公司全国最大的直升机生产企业两张科技创新靓丽名片;用活现有的 3 个国家级国际科技合作基地、1 个国家级企业技术中心、2 个海智工作站、1 个产业创新联盟、1 个院士工作站、1 个博士工作站,增强创业带动就业能力。建设通用航空小镇。完成景德镇通用航空产业发展规划和空域规划、航空小镇概念性规划、控制性详细规划和城市设计。累计投入 30 亿元,重点打造航空零部件产业园,已落户企业 22 家,涵盖航空座椅、内饰件、航电设备等全产业链,带动创业就业 5 000 余人。

五、用新业态新模式释放"创业就业潜力"

大力发展陶瓷产业总部经济。加快建设三龙 MR 数字陶瓷产业园区唐英数字经济(电商)产业园、南苑电商孵化基地等项目。引进江丰电子"千人计划"团队,建立特种工业陶瓷技术研究院,计划 5 年内科研成果落地孵化产业化项目 10 个。火花直播学校、江西跨越、58 科创园、58 跨境园、淘宝浮梁运营公司、阿里巴巴淘宝大学等重点项目陆续落地浮梁县。做大做强网红经济。建立了景德镇天猫联合直播基地、景德镇官方旗舰店快手直播基地、陶溪川抖音直播基地,与1000名头部主播达人深度合作,迅速壮大网络陶瓷产业垂直电商平台。引导贝汉美、优胜美、恩益等骨干企业发展供应链电子商务,培育美翻科技有限公司等一批有影响力的跨境电商企业,推动陶瓷跨境电商贸易,积极创建跨境电商示范园区。2020年,全市网络零售额97.65亿元,排名全省第4位,同比增长10.2%,全市电商企业数比上年度增加927家。近三年年均扶持创业1.2万人,年均新增就业3.5万人,年均孵化企业数量增速50%以上。加强版权和品牌建设。以创建中国(景德镇)跨境电子商务综合试验区为抓手,开展"赣品网上行"景德站活动,对艺术陶瓷等景德镇特色网货品牌进行货源产品的品牌认证,对网货品牌进行管理培育。与江西省版权局合作,特设陶溪川创客版权申报窗口,形成版权管理与版权产业发展的"陶溪川经验"模式。2020年,陶溪川完成新登记版权6501件,超过全省版权新登记数量的四分之一,先后荣获全国版权示范园区、2020年中国版权金奖等。

从宇宙瓷厂到陶溪川：新型人文城市的一个范例

陶文旅集团

2023 年 6 月 12 日

陶溪川文创街区立足世界瓷都景德镇，以文化为魂，以陶瓷为基，在保护利用陶瓷工业遗产的基础上，通过活力再造、结构改造、环境营造，融传统＋时尚＋艺术＋科技于一体，形成了以艺术展览、国际交流、双创孵化、教育研学、电商直播、创意集市等为特色的多种品牌，开拓了一条陶瓷文化创意发展之路，自 2016 年 10 月全面开放以来，受到中央各级领导的充分肯定和鼓励，受到社会的广泛关注，成为工业遗产成功转型的样本，在业界形成了"陶溪川现象"。在陶溪川的建设运营过程中，我们始终坚持做好以下五个方面：

一、灵魂

陶溪川不是大山大水，也不是一个资源特别多的地方，其实就是一个老工厂，有着一百年历史的老厂房。总书记说要保护好、传承好、利用好文化遗产，老工厂、老街区、老里弄，陶溪川的灵魂就是文化，而文化的核心就是物理空间上的百年工业遗存。

（一）物理空间定位

陶溪川以原国营宇宙瓷厂为核心启动区。宇宙瓷厂成立于 1958 年，是景德镇第一家机械化生产的新型陶瓷企业，也是陶瓷工业化梦想的启航地，在陶瓷发展史上具有里程碑意义。该厂是计划经济年代出口瓷的主要生产厂家，出口创汇名列第一，被外商誉为"中国皇家瓷厂"，国务院将其定为国家二级企业。厂内

22栋老厂房风格迥异,完整保存了煤烧圆窑包、煤烧隧道窑、油烧隧道窑和焦化煤气窑四代窑炉,以及各种机器、设备、工具和包含人在内的各类档案等鲜活史料,具有鲜明的工业化时代烙印和历史价值。

（二）面临转型升级

20世纪90年代,由于市场、体制等因素,包括宇宙瓷厂在内的景德镇“十大瓷厂”相继关停,曾经热闹非凡的车间被分块出租,年久失修的厂房变得破败不堪。特别是城镇化建设的快速推进,这些位于城区、烙有陶瓷人深刻印记的老工厂随时会被蚕食、推倒。为了保护陶瓷工业遗产,延续千年文脉,在市委、市政府审时度势的支持下,我们结合老城区改造,大力整合陶瓷文化资源,转型发展文创、文旅、服务等产业,对宇宙瓷厂进行全面保护改造,开启了陶溪川文化铸魂的发展之路。

（三）坚持保护利用

1. 真实完整

我们保护宇宙瓷厂的每一栋建筑、每一棵树、每一块铁,将所有的都原真地留下。厂房与厂房之间,巷道与巷道之间,我们都保留了城市肌理、格局和风貌。保护真实性,保护完整性,绝不作假。后来实践证明,宇宙瓷厂最感人的不是玻璃幕墙,不是大理石,而是路边的铁轨,路沿石,是残破的墙,是斑驳的建筑、高大的烟囱,是真实性。

2. 低层高密

清华大学在为景德镇做整体的城市详规和城市设计时就提出,中国未来的城市一定是低层高密度,小尺度街道,地下空间的理念。在陶溪川,我们就是这个理念最早的践行者。陶溪川所有的建筑最多由城市的主干道后退五米,保护城市肌理,留下城市记忆,不破坏传统风貌。园区里也没有高楼,最高楼也只有五层,建筑的高度与城市的宽度,按照一比一的规范。如果这个街宽是十米,楼高三层楼就最舒服,就是近人尺度。

3. 大开大合

对于陶溪川的规划,我们坚持大开大合,大疏大密。在城市最金贵的商业用地上建了广场,在最值钱的地段,城市主干道,十字架,金角,辟出了2万平方做花园,老百姓特别喜欢。最终形成的格局是真实完整,不造假,里面有非常优质

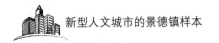

的环境,非常规范。

二、留下

在陶溪川的空间里,我们希望谁来,是游客,还是做生意的? 必须要有人群规划,我们认为留下来的应该是创业,是过夜,是外来的介入。陶溪川在飞速营造让年轻人更好的生产创业生活环境,我们建年轻人喜欢的酒吧,还建那些免费的创业空间,一切都是为了让他们留下来。

（一）双创青年

在陶溪川,我们按照大专学历以上、年轻外来"景漂",自己独立创业这三个标准,从来自全国各地的外来人口中选择优秀的人员进行双创孵化。从 2019 年的 15 000 人到 2021 年的 18 500 人,拉动就业 10 万人,为城市导入 3 万外来人口,形成了一个年轻人的、创业的、高创的社群结构,为他们提供了生活、生产、创业、就业的空间,成为年轻人的造梦空间。

（二）手艺人

在陶溪川,我们原来只是盯着手艺,现在我们把手艺范围进行了拓展,不光盯着瓷器,瓷器是物,手艺的过程是让人家来参观,让人家来学,让人家来培训,以手艺养家糊口,不是以瓷器养家糊口。手艺人不光老盯着陶瓷手艺,还有其他手艺。我们这里有紫砂手艺,云南的建水手艺,铜雕手艺,玻璃手艺,木工手艺,还有制茶手艺,丝绸手艺。在陶溪川都是顶级的,杭州的万事利,福建的广场苑,德国的木工坊,美国的康宁玻璃工坊都落户陶溪川。

（三）设计师

陶溪川作为设计师的打卡地,我们每季度举办"72 人青年设计师计划",我们邀请全国、全世界的年轻的设计师到景德镇来做创作,每设计一款,我们就把它产品化、线上化,通过多种渠道实现产品的销售,为他们带来一定的经济效益,为他们长期在景德镇工作、生活提供基础。

我们还定期举办"陶溪川新款发布会",线上线下同步进行,每场次参与人次都在十万以上,成交额达 100 多万,也为青年设计师打造成长、成功之路。

（四）艺术家

在陶溪川，还有来自中央美术学院、中国美术学院、清华美院、四川美院、陕西美院的艺术家们，他们来这里做展览，做培训，做实训，做创作，与陶溪川、景德镇联系越来越多，把他们留下来的同时也促进了陶溪川的文化艺术交流。

三、生活

从 2016 年的 55 个创业青年摆帐篷开始，到如今的 1.8 万人覆盖创意集市、邑空间商城、天猫旗舰店、抖音电商直播平台等，无数创业青年在陶溪川谋生活、创造生活，拉动陶瓷产业链发展，为陶溪川发展带来了无穷活力。为了让他们生活得更好，陶溪川也一直致力于产业和生活的设施配套。

（一）音乐演艺

在陶溪川第一象限，我们设立了陶溪川大剧院，经《海山》《上镇》等一批原创音乐剧目在 2021 年江西省旅游产业发展大会上正式亮相，数万人次的观赏，不断丰富瓷都人民文化生活的同时，也将景德镇陶瓷文化推向全省乃至全国的舞台，收获了良好的经济与社会效应。熊柯嘉、陈士争、汤沐海等一批国内国际著名的音乐家、大导演、指挥家纷纷来到陶溪川，为陶溪川的音乐演艺产业发展出谋划策。与中央戏剧学院、上海电影学院等知名院校长期保持合作关系，为景德镇引入国内顶尖艺术维界。

（二）教育培训

在陶溪川第二象限，我们引进世界最早的电影学院——意大利罗马电影学院落户陶溪川，成立罗马电影实验中心，为陶溪川、景德镇电影产业发展培养专业人才，提供专业咨询。我们还与德国产业联盟合作，成立了中国最大的智能制造实训基地——中德工业 4.0 智能制造实训基地，被工信部授予"中德智能制造合作试点示范项目"称号。基地与 11 家德国顶尖智能制造企业（西门子、费斯托、库卡、博世力士乐、慧鱼等）厂商合作，引入各企业涵盖智能制造全技术领域的设备设施，共同打造世界技术领先的公共实训基地，与德国企业一起为中国本土企业提供智能制造、工业 4.0 整体解决方案和专业技术人才储备，可满足年实训 10 万人次。

（三）双创孵化

在陶溪川第三象限,为积极响应国家"大众创业,万众创新"的号召,陶溪川文创街区内设立"陶溪川邑空间"。重点打造"景漂"青年创业平台和创意孵化器。邑空间定期精选有个性特点、创意设计强的创客入驻,免费提供展示和销售平台,配备专业的生产基地;积极开辟"线上＋线下"营销模式,在天猫、京东推出旗舰店,帮助创客打开产品销路;实施"走出去"战略,带领上百名创客参加江西文化巡礼展、杭州文博会等行业活动,扩大商户"生意圈"和"朋友圈";携手天猫、今日网红、淘宝直播、抖音、快手等 50 家直播短视频平台,率先打造抖音全国首家陶瓷产业带直播基地,为创客创业提供新的对话场景。积极落实省市创业孵化扶持政策,如运行费补贴、一次性创业补贴、优秀创业项目资助。并联合市就业局创贷中心和市农商银行发起"景漂贷",为创业者提供免担保、免抵押贷款,符合条件者还享受贴息贷款。已吸引国内外创客 1.85 万名,孵化创业实体 2 637 名,带动上下游就业 10 万余人,注册小微企业 1 125 家。

（四）亲子游乐

在陶溪川第四象限,主要提供亲子游乐产业板块,简言之就是晚上过夜、白天吃饭。在范围内将建设一个占地 100 多亩,5 万平方米的近人尺度不超过三层楼的亲子游乐街区。为了满足当下年轻人的消费习惯,我们把超市碎片化,变成便利店,变成亲切的小卖部,尽其所能与生活进行配套。第四象限内将建设 3 000 间长租房,除此之外,在陶溪川的每个象限都建设有酒店,凯越五星级、四星级酒店已经开业,将来还有洲际假日酒店,也将提供 2 000 间房,为在陶溪川、景德镇创业的景漂提供生活居住场所,半夜每一栋房子窗户里面都能透出光出来,使陶溪川成为一个亲切精致的无墙街区。

四、社交

陶溪川的底色就是社交,18 000 多个年轻人在这里创业摆摊集市,邑空间孵化等,他们是黏性非常强的场景和社交主体,吸引了乌泱泱的人来景德镇感受陶瓷文化,都是跟这些年轻人进行社交。在这里,年轻人其实不是在卖陶瓷,是用陶瓷来跟全国不认识的人沟通、社交，是跟他们一起分享生活。陶溪川的社交体系还包含举办的各种各样的活动，大家在活动中互相交流、互相学习，寻找社交对象，形成社交体系。陶溪川就是一个巨大的社交平台，是从线上走到线下，极具黏性的，而且这些黏性是基于传统文化的，这就是景德镇千百年传统文化百年以来的工业所赋予的文化自信，这一切都是陶溪川要重点打造的社交平台。

（一）国际交流

陶溪川 2015 年成立了国际工作室，6 年以来，来自国家的四百余名艺术家参与了陶溪川国际工作室的艺术家驻场及春秋大集活动，包括美、法、英、荷兰、意大利、丹麦、土耳其、捷克、波兰、爱尔兰、泰国、日本、韩国、印度、缅甸、刚果等，驻场创作出千余件各具特色的艺术作品。共举办了超过七十场个人及联合艺术展览、三十余场国际工作营、五届春秋大集以及两届陶瓷电影周。为来自全球各地的设计师和艺术家及相关企业提供交流、创作、展示与交易的空间与平台，为驻场设计师与艺术家提供产品设计与创新专业性的帮助与建议，是陶溪川国际化品牌项目。

国际工作室有 23 个独立设备完善的陶艺工作室，以及配套设备，餐厅书吧、生活住宿区等，是艺术家驻场创作、教育培训，游学体验的国际性平台，疫情期间，充分利用线上教育平台，邀请联合国教科文组织国际陶艺学会（英文简称"IAC"）的成员进行线上讲座五十余场，受众 5 000 余人，为年轻创客、陶艺爱好者提供了国际化前瞻思维与跨界共享的机会。

（二）生活社交

在陶溪川的生活构建，我们必须让孩子们到陶溪川来，让创业的青年到陶溪川来，让艺术家到陶溪川来，能够待一个礼拜，一个月，半年，一年，乃至一生，他一生都能在这里，这就是生活本身。要做到这个逻辑，我们要给他一个生活方式，这个生活方式就是他在这里创造，他在这里生产，他在这里就业，他在这里有荣耀，有尊严，有社会，有社交。陶溪川就是一个社交平台，它是一个生活方式的社交平台。它能够真正地给大家带来岗位，带来服务、人生目标。陶溪川还会有很多创业的空间、营销的空间、展览的空间、培训的空间，这就是生活方式。我们还要坚持陶溪川不是一个景区模式，而是一个街区模式。景区是有围墙的，街区是没有围墙的；景区是没有人过夜的，街区是有人过夜的。陶溪川未来要打造的

也不是门票经济模式,而是一个过夜经济模式。

（三）活动社交

1. 日常活动

陶溪川一直坚持活动为王,在新冠疫情前,我们每年举办大小日常活动400余场。活动有给人花钱的,也有给人不花钱的。我们的美术馆、博物馆、中央美术学院美术馆等,都会定期举办有一定学术高度的文化艺术展览等活动,不断提升陶溪川的艺术水准;同时,我们也举办一系列的市井文化活动,将陶溪川变成一个烟火味十足的街区,在活动中对市民进行引领、引导、教育,提升文化品位的同时也加强了文明的宣传。

2. 广度活动

除了举办日常活动以外,陶溪川还定期举办有外来人气的、有人流的广度活动。在每年的春秋两季,我们都举办了春秋大集,来自全球50多个国家的艺术家、全国各大产瓷区的客商代表、国内各大美院的设计师等都参与其中,2019年的秋季更是有600余名外国友人参与其中,已成为独特的陶瓷文化嘉年华。

五、持续

在陶溪川设立之初,我们就认为如果园区没有产业生态为支撑,不能为在陶溪川的"景漂"们带来收入,不能为当地带来税收,那么陶溪川都是不可持续的。文化遗产、工业遗产不但要保留它的真实性、完整性,还要保护它的延续性。构建一个系统生态,使之具有造血能力这个内生动力,陶溪川就能够持续发展,就会有延续性。

（一）文化找魂

在陶溪川,我们始终坚持陶瓷这个国际IP,如果没有景德镇这个陶瓷IP,陶溪川将失去它的灵魂。来自全球各国和国内各地的外来游客,都是因为陶瓷的吸引来到陶溪川。来了之后,他们不仅要看瓷器,更会沉醉于瓷器之外的"道",也就是陶溪川的生活模式,让他们流连忘返。

（二）产业找根

在陶溪川我们致力于构建一种生活方式,打造一种生活产业链,将外来人口留在陶溪川，让陶溪川能够可持续的充满活力。我们围绕陶瓷文化开发代表景德镇文化底蕴的产品，针对产品开展营销，就会有销售额，就会有收益，就会有就业，就会有税收。陶溪川每季度有设计发布会，每个月有设计发布会，每年有设计新品发布会。2019 年，销售额和商铺租金收入 2.7 个亿，2020 年新冠疫情，我们加大了线上销售产品的力度，也同样获得了 4 个亿的销售额。

（三）社群找人

在陶溪川不是游客主导，而是创客主导。陶溪川不让游客主导，但也欢迎游客，游客是我们梦寐以求的。如果游客在陶溪川待三个月，他是艺术家；如果待一个月，他是驻场设计师；只待一周，他是一个商人；他过一个晚上，纯粹是游客。这些游客我们都欢迎，他们能在陶溪川过夜，能在陶溪川消费。当我们的产业，社群聚拢后，这些年轻的手艺人、设计师、艺术家他们在这里扎根持续发展的时候，陶溪川的产业就得以立足。旅游的人好奇我们这里的生活空间，就愿意来到我们这个城市来，去探究我们的生活状态，也为陶溪川导入了外来的人流。

（四）陪伴式成长

国内很多园区是对 1.0 版的改造，把一些老工厂改造完后或者卖掉或者收租金，这种艺术产业园区是不可持续的，最后必然走向商业一条街。在陶溪川，我们坚持对园区进行可控的管理，对每间店铺的控制都有绝对管控权，能够决定每间店铺所从事的经营业态，一切空间都是井然有序的，有序就是可持续。

对于店铺的管理，我们也有过模式的思考。直接租给商户园区收取租金的租赁模式，即不收租金只拿返点的扣点模式，全部由园区自营的自营模式，不收取费用的免费模式。园区针对业态的需求，灵活选取合适的管理模式，对于商户经营更多的是自营或扣点的模式，对于创业的"景漂"更多的是免费模式，在经营创业过程中提供全过程、全方位的服务配套，实现了商业的可持续化。

2023 年我们创新设立了合伙模式，从陶溪川 1.85 万的景漂中选取 200 名优质的创业青年，对他们的创业进行投资孵化。集团设立担保公司、保险公司、基金公司，为这些优质的创客提供创业帮扶，与他们一起陪伴式成长，最终实现创业成功。

（五）数字化融合

1. 数字园区

在园区的发展过程，我们始终坚持产业的数字化融合。在陶溪川运用 5G 技术，与京东方合作对园区进行智慧化管理，实施后台大数据监控，2021 年接待游客 283.25 万人次。通过运用平台大数据分析，精准设计产品、投放流量，实现销售收入 1.7 亿元。

2. 直播销售

与抖音新媒体平台合作，共建陶溪川陶瓷产业带直播基地，2021 年新增入驻企业商户 2 150 家（总计 3 257 家），培育孵化主播 2 170 余名，2021 年销售带货成交额 30.167 亿元。

3. 数字版权

以陶溪川邑空间双创基地为平台，与江西省版权中心合作授权，全面实现园区版权登记数字化，2021 年新增版权登记 4 150 件（总计 10 651 件），实现版权交易 110 件。

4. 电商新零售

2023 年，集团与京东签订全面战略合作协议，在京东商城共同打造景德镇城市专区、京东到家、京造等陶瓷新零售合作，提供文旅生活服务，2022 年争取实现 7 亿元营收。

未来的陶溪川，要实现线上有影响力，线下有颜值力。所以我们始终要创建一个不断生长而且一直孕育的陶溪川的无边空间、无墙空间。这个无边空间，无墙空间不是一个地方，其实是一种新的生活方式，是基于景德镇传统陶瓷 IP 迭代为生活方式 IP 的陶溪川。

结语
景德镇：中华民族现代文明建设的先行者

以今天的城市现状和发展需要为中轴,研究总结历史经验,规划设计未来目标,是一件既令人激动又有几分忐忑的事情。同时,规划涉及空间、政治、经济、交通、人口、社会、历史、人文等方方面面,也是一般的阅读、旅行、采风等无法相比的。因此,通过规划的途径去认识一座城市,也是打开一座城市最真实和最全面的方式。

一、昌南自昔号瓷都：缘何而生与从何而来

地理和历史是了解一个城市的简便法门。前者告诉我们城市缘何而生,后者告诉我们城市从何而来,不仅可以了解一个城市的前生今世,甚至还可以预见到她的未来模样。

从地理环境看,景德镇天生就有成为伟大的陶瓷城市的禀赋:一是"水土宜陶"。今天的景德镇在汉代叫昌南镇,周边的麻仓山、高岭、祁门的瓷石、釉泥、石灰石藏量丰富,尤以高岭土(kaolin)闻名天下;二是交通便利。母亲河昌江穿城而过,与南河、小南河、小北河、东河、西河等形成了四通八达的水运体系;三是地理单元相对封闭,深藏于黄山、怀玉山余脉中的景德镇,一次又一次躲过了古代战争的魔爪和毒焰。依托这样的先天优势,在充满激流险滩的历史中,景德镇乘风破浪,韧性十足,不仅被李约瑟誉为"全世界最早的工业城市",也依靠单一手工业把城市繁荣维持至今。同时也独树一帜,全面发展,对内,"集天下窑器之大成,汇各地良工之精华",成为举世闻名的千年瓷都,对外,"行于九域,施及外洋",在相对封闭的古代中国打造了一座真正与世界对话的全球城市。

从历史的演化看,一部纷繁的景德镇城市史可以用五个关键词来定位和呈现:一是史书记载的"新平冶陶,始于汉世";二是传为宋徽宗御批的"雨过天晴

云破处,这般颜色做将来";三是明代的"御器厂";四是新中国的"国家用瓷办公室";五是新时代的"景德镇陶瓷文化传承创新试验区",它们以陶瓷为载体,以陶瓷文化为灵魂,一脉相承,薪尽火传,世袭罔替,演绎出 2 000 年冶陶史、1 000 年官窑史、600 年御窑史、70 年国瓷史和 3 年国家试验区史的交响乐章和宏伟史诗。这在中国和世界上都是绝无仅有的。与中华文明是世界上唯一的连续性文明一致,景德镇的窑火从汉代点燃之后就再也没有熄灭过。从古代文献记载"天下咸称景德镇",到今人郭沫若盛赞"瓷业高峰是此都",从《天工开物》从技术角度总结的"七十二道工序",到今天覆盖景德镇市域的"国家试验区",景德镇不仅是名副其实的"中国文化重要精神标识",也正在成为中国式现代化进程中的"对外文化交流新平台"。

二、人生若只如初见:工作关系与个人情怀

我们和景德镇的结缘,始于 2018 年 11 月。经国家有关部门推荐和景德镇市委托,交大城研院承担了《实施方案》的研究和编制任务,对于我们深入和全面了解这个城市,可以说是不可多得的天赐良机。

我至今清楚记得,那个月的 18 到 20 日,我们开始了景德镇的第一次调研。此后,是连续 50 多天紧张的研究和编制工作,四下景德镇,三上北京,到 19 年的 1 月 10 日,终于完成了向江西省委的汇报稿。再经过多轮的交流、讨论和反复修改,2 月 18 日这一天,终于完成了上报国务院稿。此后再经过向国家有关部委征求意见和会签流程,到 7 月 26 日,实施方案由国务院正式批复(国函〔2019〕71 号)。一个月后,国家发改委、文化和旅游部联合印发了实施方案(发改社会〔2019〕1416 号)。这是我国首个,也是目前唯——个文化型国家试验区,我们团队不辱使命,又一次圆满完成了一项具有"急难险重"性质的研究任务。初步统计,我们关于实施方案起草文件总数近 60 个,其中的艰难不易,正可谓不足为外人道也。但在这个过程中,我们也没有白白浪费光阴,其中最大的收获是熟悉了这个城市,从高岭矿山公园到陶溪川集市,从兰田窑址到先进陶瓷产业园,从《闪闪的红星》的取景地东埠码头到三宝陶瓷艺术家工作室,还有丰富的窑址古迹、精湛的制瓷工艺、独特的瓷业习俗、精致的瓷灯瓷柱、优美的瓷歌瓷舞、多彩的瓷会瓷展,饱览了"一江三河六山"的绿水青山,陶醉于"美景厚德镇生活"的小城风情。最初在景德镇听人说,中国的英文拼写"China"和陶瓷的拼写"china"同源,

就源自昌南的读音，我们基本上是抱着不相信的态度，但几年之后，我们已经很愿意向其他朋友讲述这个情节。而且相信，任何一个人，如果在景德镇待的时间足够长，走的地方足够多，那就一定会相信这个说法。

我对景德镇情有独钟，还有个人的原因。我出生的河北曲阳县是定瓷的故乡。五代时期，五胡入华，华北大地，民不聊生，我家乡的优秀工匠，携带先进的制瓷技术，长途跋涉，颠沛流离，其中一些人最后来到这片水土宜陶的地方，是景德镇"匠从八方来"的重要组成部分。千年以后，我这个河北人再次来到景德镇，研究和推动"千年瓷都"向"国际瓷都"转型发展，好像也是冥冥中的一种定数和因果。几年下来，其中感人的细节还有很多，在 2020 年 7 月 15 日的朋友圈中，我曾发过几张大水围城的照片，并写下一段文字：此次调研，不期突遇景德镇母亲河昌江"五路来水"和鄱阳湖水域面积超 4 000 平方公里的防洪抢险紧急关头。衷心感谢景德镇市领导和各级部门的精心安排和大力支持，他们晚上值守，白天组织调研，使课题组得以按照原计划完成相关工作。感人画面和情景，历历在目，久久不去。同时，我们团队也备受感动，深受教育，必将以更好和更负责任的工作，回报这座伟大的千年瓷都和前途更加光明的现代化国际瓷都。在此谨以毛泽东的词句，再次表达感谢、祝福并共勉：当年鏖战急，弹洞前村壁。装点此关山，今朝更好看。

三、把握千载难逢的历史机遇，开启国际瓷都的全新篇章

在国家试验区实施方案中，为景德镇确立了两个发展目标：新型人文城市和世界陶瓷文化中心城市。前者基于景德镇的深厚积淀和发展优势。景德镇是中国乃至世界上保留手工陶瓷技艺最完备的地区，拥有以陶瓷工业体系、艺术瓷发展体系、创意瓷体系构成的完备瓷业产业链，目前陶瓷从业人员占到城区人口 36%，陶瓷产业占到城市经济的半壁江山，大师辈出，良匠云集，每年活跃的"景漂"超过 3 万人，其中包括 5 000 多人的"洋景漂"。在此之前，尽管一些城市提出建设"人文之城""艺术之城"等，但真正以国家的名义赋予的"人文城市"，只有景德镇一座城市。后者主要基于三方面的考虑：一是在陶瓷产业和外贸上，景德镇目前均约占我国的 10%，落后于佛山、潮州等；二是景德镇的优势在于艺术瓷和高档日用瓷，所以只能是陶瓷文化中心城市，而不是建陶瓷中心城市。三是和"打造对外文化交流新平台"高度一致，即景德镇在今天主要不是像过去那样

为国家赚多少外汇,而是要以景德镇陶瓷的传承保护发展为核心,讲好中华陶瓷的历史文化故事,成为展示中华文明的重要窗口。

在国家试验区的建设中,按照"一年见成效、三年上台阶、五年树标杆"的时间表,2022年,景德镇迎来了首个中期考。通过确立人文城市的发展目标,进一步擦亮了千年瓷都的文化品牌,在国家试验区建设的第一个三年中,景德镇交出了一份实属不易的成绩单。三年来,景德镇市委、市政府和人民克服疫情带来的不利影响,不断厚植文化底蕴、壮大产业实力、深化文旅融合、促进人才集聚、繁荣交流交易,共实施了总投资1 226亿元的68个重点项目,全市陶瓷工业产值达665亿元、三年增长155%,陶瓷行业税收由3.5亿元增长到7.6亿元、规上陶瓷企业数由103家增长到203家,均实现翻番的目标,实现了"三年上台阶"。当然,在这个艰难的爬坡过关阶段,景德镇也得到了国家的大力支持,如国家发改委对珠山区(陶溪川)双创示范基地和"两业融合"区域试点和六安景铁路项目、商务部对中国跨境电商综试区和市场采购贸易方式试点、文旅部对国家文物保护利用示范区申报和御窑厂创建国家5A级旅游景区、住建部对中国人居环境奖申报、国家市场监督局对中国(景德镇)知识产权保护中心申报、人社部对景德镇承办国家职业一类赛等的支持,这些都是因为有了国家试验区的金字招牌而获得的,不管是城市的影响力和软实力,还是城市的硬指标和刚性发展,都实现了巨大的突破和跨越。它们都可以看作是文化引领城市高质量发展的生动证明。

随着各项试验区的政策红利不断释放,景德镇正在走出一条具有世界意义、中国价值、江西元素、景德镇特点的优秀传统文化传承创新发展的新路子。

2023年6月2日,习近平总书记在文化传承发展座谈会上指出,"在新的起点上继续推动文化繁荣、建设文化强国、建设中华民族现代文明,是我们在新时代新的文化使命。"中华民族现代文明必然是在传统和现代之间实现了水乳交融,在静态保护和动态发展之间实现了有机平衡,既传承着中国优秀传统文化基因和精神,也展示着当代中华民族的文化创造和创新。展望未来,拥有千年瓷都光辉历史,正在全力建设社会主义现代化国际瓷都的景德镇,必将成为展示中国文化的名片、讲述中国故事的平台、传递中国声音的窗口,在中国式现代化和中华民族现代文明建设中不断创造出新的更大的辉煌。

附录一
建设"新型人文城市"和"世界陶瓷文化中心城市"——专访上海交通大学刘士林教授①

一、"把'千年瓷都'这张亮丽的名片擦得更亮",是习近平总书记给景德镇提出的新的重要要求。历史上,景德镇有 2 000 多年的冶陶史、1 000 多年的官窑史、600 多年的御窑史。您认为,站在新的历史起点上,景德镇该如何做好传承创新和对外文化交流,用陶瓷名片讲好城市故事、讲好中国故事?

景德镇国家陶瓷文化传承创新试验区是我国首个和目前唯一的国家级文化旅游类试验区,是习近平总书记亲自关怀推动、党中央和国务院赋予江西省的一项重大政治任务,承担着推进新型人文城市建设、引领形成文化引领城市和区域发展新模式、打造对外文化交流新平台、建设中华民族现代文明等重要使命任务。

自试验区设立以来,景德镇得到前所未有的支持,在国家发改委帮助下,快速推进了珠山区(陶溪川)双创示范基地和"两业融合"区域试点项目建设;在商务部的支持下,成功获批中国跨境电商综试区和市场采购贸易方式试点;在文旅部的指导下,加大了申报国家文物保护利用示范区和御窑厂创建国家 5A 级景区的力度等,有力支持了"两地一中心"建设⋯⋯总体上看,经过三年来的建设,景德镇进一步夯实了经济基础,做优了文化传承,擦亮了城市名片,坚定了文化自信,新时代的景德镇奏响了精彩的序章。

站在新的历史起点上,我觉得景德镇应该把重点转移到"两个城市"——"新型人文城市"和"世界陶瓷文化中心城市"——上来。要深刻认识到开展文化保护、发展陶瓷旅游等局部推进,不能取代人文城市这个总体目标,而加强文化交

① 记者李梦玉:《建设"新型人文城市"和"世界陶瓷文化中心城市":专访上海交通大学刘士林教授》,《当代江西》2023 年第 11 期,第 27 页。

流传播、推动陶瓷贸易等具体举措,其简单的相加也不等于世界文化中心城市。这就需要加强人文城市的基础理论和战略深化研究,加快形成一套具有示范性和引领性的指标体系,加快走出一条具有世界意义、中国价值、江西元素、景德镇特点的优秀传统文化传承创新发展的新路子。

二、作为全国唯一的文化类试验区,景德镇国家陶瓷文化传承创新试验区的建设情况一直备受各界关注。今年 4 月 12 日,国家发改委在景德镇召开了试验区建设现场交流会。您作为《景德镇国家陶瓷文化传承创新试验区实施方案》课题组负责人,在学习了习近平总书记考察江西重要讲话精神后,对试验区建设有何新的思考?

习近平总书记指出,要集聚各方面人才,加强创意设计和研发创新,进一步把陶瓷产业做大做强,把"千年瓷都"这张亮丽的名片擦得更亮。这既是对景德镇发展的把脉问诊,同时也提出了更高的要求。这个脉切得很准,人才、创意创新和产业发展,目前依然是试验区建设的难点和堵点。以人才为例,尽管目前有 3 万景漂,总体素质和专业水平也不错,但在人才结构上,依然缺乏高级商务专门人才,高精尖人才在各领域则普遍不足,不同程度制约着试验区的发展。

如何把这张金名片擦得更亮? 我想简单谈三点思考:一是努力提高政治站位,要把试验区作为率先实践习近平文化思想的重要载体,把陶瓷文化传承保护利用作为中华民族现代文明建设的重要组成部分,不断提升思想意识,持续注入新的动能。二是确立人文经济学的指导地位。习近平总书记指出:"文化发达的地方,经济照样走在前面,可以研究一下这里面的人文经济学。"景德镇大师辈出、良匠云集,陶瓷从业人员占到城区人口 36%,陶瓷产业占到城市经济的半壁江山,拥有以陶瓷工业体系、艺术瓷发展体系、创意瓷体系构成的完备瓷业产业链,可以说是人文经济学的最佳实践地。人文经济学统筹文化和经济、物质文明和精神文明,是推进景德镇高质量发展最适合不过的科学理论。三是加快布局人文经济体系建设。结合试验区的建设实际,大力开展人文经济的理论研究、政策研究、规划设计、建设实施、品牌示范等,引领陶瓷产业与陶瓷文化协同发展,推进动力变革、效率变革和模式变革,把短板做长、长板做强、强板做优、优板做韧,在奋力谱写中国式现代化江西篇章中走在前列。

三、2015 年 3 月,景德镇正式启动以御窑厂遗址为核心的申报世界文化遗产工作。2023 年 3 月,景德镇市委书记刘锋主持召开景德镇窑址申报世界文化遗产调度会,提出"确保 2026 年申遗成功"。作为深度参与申遗工作的专家学者,请谈谈您的思考和建议。

景德镇因瓷而兴、因瓷而盛、因瓷而荣。御窑厂是千年瓷都最光辉的历史地标,也是试验区赓续弘扬的文化主脉。推动景德镇成功申报世界文化遗产,不仅是试验区建设的龙头工程与核心目标之一,也是新型人文城市和国际陶瓷文化中心城市的重要内容和精神标识。

目前,御窑厂申遗已取得诸多阶段性成果,同时正处在吃劲、爬坡的紧要关头,要重点做好以下工作:一是强化担当意识。把成功申遗作为试验区建设提质增效的第一要务,作为更好保护陶瓷文化、持续壮大陶瓷产业、引领陶瓷文化旅游深度融合、提升国际交流水平的枢纽工程,力争快速突破,避免长期疲劳作战;二是厘清关键程序。对标国家方案,强化倒逼机制。把握试验区建设节奏、理清申遗时间节点,细化工作任务,扎实推进工作。同时,厘清各部门间关系,分清主次,优化分工,明确职责,强化关键程序,责任到人。三是明晰重点任务。明确研究阐释、环境整治、保护展示、遗产监测、国际交流等申遗重点任务,加大邀请申遗专家和"世遗"评审专家莅临指导、把脉问诊的频次和质量,不断破解申遗痛点和难点,做好申遗工作的宣传推广,形成普遍共识和强大合力。

四、景德镇成为"旅游黑马",双节期间景德镇陶瓷博物馆"无语菩萨"火爆全网,"进货式"消费吸引众多游客前来打卡……您认为下一步还可以怎样在文旅融合上下功夫?

打造世界陶瓷文化旅游目的地,是试验区的三大战略定位之一。近年来景德镇坚持以文塑旅,以旅彰文,在世界陶瓷文化旅游目取得不少成绩,如推出了一批具有良好口碑的影视剧、纪录片、演艺节目等,提升了吸引力和体验感,如打造了中国陶瓷博物馆、陶溪川文创街区、高岭瑶里风景名胜区、御窑厂考古遗址公园等,有了更多更好的载体,如持续举办瓷博会,一届更比一届好,旅游名片越来越亮丽。

如何加强文旅融合,我觉得可以提出一个"两合"思路:一是加强内部融合,形成协同格局。如推动跨界配置文旅与文化创意产业、影视游戏 IP、交通运输业、食品零售业、化妆品产业、银行金融业等现代产业要素,营造更好的营商环境。如鼓励把各种文物和文化遗产的展示、活化融入机场、购物中心、酒店等不同消费场景,为文化旅游目的地引流增势。如推动品质化夜间文旅产品进景区,加快构建全天候的文旅消费业态等。二是推动区域合作。国办最新出台的《关于释放旅游消费潜力推动旅游业高质量发展的若干措施》明确提出依托区域重大战略、重点城市群、文化旅游带建设等，促进和加强区域合作联动。还有国家文物局、文化和旅游部、国家发改委联合开展的中国文物主题游径建设，文化和旅游部、自然资源部、住房和城乡建设部联合启动的国家文化产业和旅游产业融合发展示范区建设等，主旨都是要进一步打破行政壁垒和市场割据，推动文旅消费潜力有效释放和产业高质量发展，我国有众多的陶瓷城市，景德镇是唯一的国家级试验区，要在区域合作商有更大的作为。

五、随着景德镇"千年瓷都"的名片越擦越亮、城市化进程的步伐逐渐加快，您认为景德镇如何在抓好人文城市建设的同时做好产城融合，打造"智慧瓷都"？

从产城融合的角度看，目前景德镇的主要问题是"好看有余，实惠不足"。一是城市环境漂亮有余，产业发展动力不足；二是试验区建设热情有余，有效手段不足；三是陶瓷产业发展有余，人文城市内涵建设不足；四是大型活动和传播推广热闹有余，破解的难题和体制机制障碍不足；五是城市的帽子和荣誉称号增加有余，但在如何用好用足方面相对不足。未来应朝着"既好看又实惠"的方向努力，"好看"是一定要有形象、风度、气质、境界，"实惠"是要给城市和市民带来实实在在的利益和获得感。

智慧城市是新型城镇化的一个重要目标。智慧瓷都是景德镇结合自身实际和发展需要提出的一个新概念，它的具体内涵、功能和形态还不是很清晰，需要好好研究。习近平总书记说"文化是城市的灵魂"，强调"打造宜居、韧性、智慧城市"。人文城市和智慧城市同为我国确立的"新型城市"，人文城市侧重于价值和意义，是形而上之道，智慧城市侧重于技术和产品，是形而下之器，它们互为体用、相互依存。而两者密切结合起来，就是人文型智慧城市。新型人文城市是实验区建设的核心目标，人文型智慧城市也必定要成为智慧瓷都的基本模式。结合新型人文城市的发展目标，景德镇应尽快研究和确立建设人文型智慧城市的新目标，进一步集成和优化提升试验区的信息化、数字化、智能化水平，为建设社会主义现代化国际瓷都提供强大支撑和有力保障。

附录二
鄱阳湖看白鹤

在星分翼轸、地接衡庐的江西，具有标志性的山水、人物可谓数不胜数。但江西的朋友却说，他们只有两张名片：一张是景德镇陶瓷，另一张是鄱阳湖白鹤。关于前者，由于我们编制过《景德镇国家陶瓷文化传承创新试验区实施方案》，对此自然了然于心。关于后者，他们说：白鹤来自遥远的西伯利亚，每年冬天在鄱阳湖越冬，被称为鸟类的"活化石"，也是江西省的"省鸟"，不信就来看看吧。2020年11月20日，在江西赣鄱书院苏淼院长的安排下，我们一行来到南昌高新区五星白鹤小镇，这是鄱阳湖自然保护区的一部分，在俭朴的观鸟棚中坐定，刚才因我们到来而被惊走的白鹤，又一只只返归我们伸手可及的藕田中，或低头觅食，或引吭高歌，或展翅直击苍穹，或结对翩翩起舞。袁枚曾说："世间好物，利在孤行。"在中国士大夫文化中，鹤一直是孤独和高傲的象征。所以当我们初次看到那首传唱遍江西的《藕遇白鹤》中描述的场景——"飞时遮尽云和月，落时不见湖边草"，可以说每个人都被深深地震撼了。就在狭小的观鸟棚中，我忍不住发了两次朋友圈，一个附言：你好，来自西伯利亚的贵宾；另一个附言：十步之内，可观天籁。贵宾和天籁，就是我对鄱阳湖白鹤的第一印象。

把白鹤称为"来自西伯利亚的贵宾"，主要有三方面的原因。首先，是白鹤又名西伯利亚鹤，每年的6至8月间在俄罗斯西伯利亚雅库特繁殖，9月开始南迁，要飞越5 000多公里才能来到鄱阳湖。其次，是白鹤华贵的形式之美，从由头、颈和身体构成的美轮美奂的曲线，到红色脸颊、黄褐色喙和全身洁白羽毛组成的色彩，既像是俄罗斯的贵妇人东渐华土，也有些像魏晋名士们故地重游。再次，是物种的珍稀。白鹤是全世界第三稀少的鹤和国家一级保护动物，也是世界自然保护联盟的极危动物名录成员。据有关研究，白鹤本有三个种群，并相应形成三条迁徙路线，其中，西部种群原本在伊朗境内越冬，但2006年起就剩下一只白鹤。中部种群原本在印度西部越冬，但自2002年起就再也不见踪影。而唯一成规模存活的就是从西伯利亚到鄱阳湖来的东部种群,但在数量上也仅有300多只。与曾经熙熙攘攘、声闻天下的历史壮观场景相比,把这些鄱阳湖的白鹤称为"最后的贵族"是十分合适的。

鄱阳湖与白鹤的故事,就是从这仅存的300多只开始的。研究表明,1980年冬,在鄱阳湖过冬的白鹤为91只,不到全部白鹤的三分之一。到三年后的1983年,白鹤数量增加到409只,一年后再翻一番达到840只。2020年这个数量突破4 000只,在全球白鹤总数中占比为98%。而就在我写这篇文章的时候,央视报出的最新数字为5 616只。这既要归功于大自然的恩赐和厚爱,也要感谢湖区人民的牺牲和奉献。天性高冷的白鹤,对生存环境要求极高。首先是丰富可口的食物。鄱阳湖生存着42种软体动物和770种淡水鱼类,浅水区盛产苦草、马来眼子草、野荸荠、水蓼等,其中的蚌肉、小鱼、小螺和水生植物的茎和根,都是白鹤喜食的美味,足以支撑其半年之久的栖息生活。其次是良好的生物多样性环境。鄱阳湖是中国最大淡水湖和国际重要湿地,生态功能良好。保护区位于鄱阳湖西北角,在赣江和修河的交汇处,包括九个湖泊和数以百计的子湖泊和草洲,总面积达到50万亩,形成了包括5 000种植物和3 200种动物的生态圈。除了白鹤,其他远道而来的候鸟多达381种,其中包括十分珍惜且数量庞大的东方白鹳、鸿雁和白枕鹤等。因此,鄱阳湖不仅只是提供食物,同时也是一个鸟类们相互交流的空间,白鹤在这里绝不会感到孤独。再次是湖区人民的精心守护和养育。早在1983年,江西省就设立了"江西省鄱阳湖候鸟保护区",1988年保护区进阶为国家级,为保护白鹤搭建了更高平台。自1996年以来,江西省人大、省政府陆续出台《江西省鄱阳湖自然保护区候鸟保护规定》等,使鄱阳湖湿地及候鸟保护的法律法规体系日益完善。在2010年,成立了省级政府主导,地方政府主责,林业部门牵头指导,公安、渔政、市场监督等参与的鄱阳湖区越冬候鸟和湿地联合保护委员会,沿湖各级政府还将候鸟保护列入社会综治考核评比,并每年开展联合执法专项行动,重拳出击各种猎捕候鸟的违法行为,力保已为国际社会公认的这片"候鸟天堂"一方平安。其他还有一些感人的故事,如高新区投入5 000多万元,将五星白鹤保护小区由原来的300亩扩大到1 050亩,并广泛种植莲藕、芦苇、水草等植物。如因为了解到磁场会对鄱阳湖越冬候鸟产生不利影响,省第一人口大县、国家级贫困县鄱阳县坚决拒绝建设风力发电站等。正是由于这些天时、地利与人和结合在一起,才使得"鄱阳湖白鹤保护的探索与实践",在2019年成功入选了"生物多样性100＋全球典型案例"

名单。

风景这边独好。今天的江西,已拥有了两张享誉全球的名片。一个是以景德镇陶瓷为代表的历史文化名片。作为我国首个、也是目前唯一一个国家文化类试验区,景德镇正在加快打造对外文化交流新平台,努力闯出一条具有世界意义、中国价值、江西元素、景德镇特点的优秀文化传承创新发展新路子。另一个是以鄱阳湖白鹤为代表的生态文明名片。作为我国首批四个国家生态文明试验区之一,肩负着建设高标准生态文明、为中华民族永续发展探路的光荣使命,就此而言,鄱阳湖白鹤不仅是生态文明试验区建设的重要标识,同时也是向世界生动讲述中国生态故事的友好使节。

(原载于《世界环境》2022 年第 2 期。)

参考文献

著作

1. 司马光编著：《资治通鉴》，中华书局 2013 年版。

2. 宋应星著，潘吉星译注：《天工开物译注》，上海古籍出版社 2008 年版。

3. 孙中山著：《建国方略》，辽宁人民出版社 1994 年版。

4. 亚里士多德著：《政治学》，吴寿彭译，商务印书馆 1995 年版。

5. 刘易斯·芒福德著：《城市发展史：起源、演变和前景》，宋俊岭、倪文彦译，中国建筑工业出版社 2005 年版。

6. 道格拉斯·霍尔特、道格拉斯·卡梅隆著：《文化战略：以创新的意识形态构建独特的文化品牌》，汪凯译，商务印书馆 2013 年版。

7. 戴维·莫利著：《电视、受众与文化研究》，史安斌译，新华出版社 2005 年版。

8. 史蒂夫·佩珀马斯特著：《融合时代：推动社会变革的互联与创意》，刘积仁译，中信出版社 2013 年版。

9. 傅衣凌著：《明清时代经济变迁论》，人民出版社 1989 年版。

10. 左大康主编：《现代地理学辞典》，商务印书馆 1990 年版。

11. 刘士林著：《中国都市化及文化审美问题研究》，上海交通大学出版社 2018 年版。

12. 刘士林主编：《人文城市的中国话语和思想历程：上海交通大学城市科学研究院十周年纪念文集》，上海交通大学出版社 2021 年版。

13. 刘士林著：《城市中国之道：新中国成立 70 年来中国共产党的城市化理论与模式研究》，上海交通大学出版社 2020 年版。

14. 张国洪编著：《中国文化旅游：理论、战略、实践》，南开大学出版社 2001 年版。

15. 江西省轻工业厅陶瓷研究所编：《景德镇陶瓷史稿》，生活·读书·新知三联书店 1959 年版。

16. 中国硅酸盐学会编：《中国陶瓷史》，文物出版社 1982 年版。

17. 武斌著：《文明的力量：中华文明的世界影响力》，广东人民出版社 2019 年版。

18. 中国轻工业陶瓷研究所编：《中国日用陶瓷年鉴》，江西高校出版社 2017 年版。

19. 钱贵成主编：《江西艺术史》，文化艺术出版社 2008 年版。

20. 黄志繁、杨福林、李爱兵主编：《赣文化通典宋明经济卷》，江西人民出版社 2013 年版。

期刊报纸文章

1. 刘士林：《河为线 城为珠 线串珠 珠带面：刘士林教授在"交通大学运河讲坛"的演讲》，《解放日报》，2020 年 12 月 29 日。

2. 刘士林：《关于人文城市的几个基本问题》，《学术界》2014 年第 5 期。

3. 刘士林：《千年瓷话：景德镇的历史变迁》，《光明日报》，2021 年 10 月 11 日。

4. 苏丹丹、于帆：《从新思想中寻策 做好文旅融合大文章：文化和旅游部认真贯彻落实习近平总书记关于文化和旅游工作重要论述精神》，《中国文化报》，2019 年 3 月 4 日。

5. 陈柳钦：《文化与旅游的必然耦合》，《中国社会科学报》，2011 年 12 月 5 日。

6. 施涛：《文化消费的特点和规律探析》，《广西社会科学》1993 年第 3 期。

7. 曹俊文：《精神文化消费统计指标体系的探讨》，《上海统计》2002 年第 4 期。

8. 程贤达、张德山、叶水英：《唐英与御窑厂的管理》，《中国陶瓷》2008 年第 2 期。

9. 郭建晖、李海东：《陶瓷文化产业视野下国际瓷都复兴研究》，《江西社会科学》2022 年第 4 期。

10. 杨帅：《工业遗产保护与利用发展模式分析》，《遗产与保护研究》2019 年第 2 期。

11. 李淼、卢蔚：《组织生态学视角下的景德镇城市更新模式探讨》，《城市发展研究》2022 年第 2 期。

12. 陈宁：《督陶官唐英文献编撰特点考析》，《景德镇陶瓷》2010 年第 4 期。

13. 米舒：《唐英之瓷》，《文摘报》，2022 年 12 月 28 日。

14. 涂彦珣：《试论景德镇御窑厂的文化价值及申遗意义》，《中国文化报》，

2022 年 7 月 15 日。

15. 甘牧、吴哲慧:《陶溪川:留存景德镇陶瓷文化集体记忆》,《景德镇日报》,2022 年 12 月 17 日。

16. 陈鼎:《景德风骨》,《中国青年报》,2020 年 5 月 19 日。

17. 温春华:《古老的景德镇在历史上被称做"十八省码头"》,《景德镇日报》,2013 年 3 月 12 日。

18. 江小娟:《数字时代的技术与文化》,《中国社会科学》2021 年第 8 期。

19. 秦大树:《中国古代陶瓷外销的第一个高峰:9—10 世纪陶瓷外销的规模和特点》,《故宫博物院院刊》2013 年第 5 期。

20. 马斌:《明清瓷器出口的阶段和数量》,《收藏·拍卖》2005 年第 10 期。

21. 冯先铭、冯小琦:《荷兰东印度公司与中国明清瓷器》,《江西文物》1990 年第 2 期。

22. 郑少忠:《景德镇对世界意味着什么》,《人民日报(海外版)》,2020 年 6 月 22 日。

网络文献

1. 习近平:《高举中国特色社会主义伟大旗帜 为全面建设社会主义现代化国家而团结奋斗——在中国共产党第二十次全国代表大会上的报告》,https://www. gov. cn/xinwen/2022-10/25/content_5721685. htm,2022 年 10 月 25 日。

2. 中央广播电视总台央视新闻:《习近平心中的"城"》,http://www. qstheory. cn/zdwz/2019 - 08/28/c_1124930241. htm,2019 年 8 月 28 日。

3. 《景德镇国家陶瓷文化传承创新试验区实施方案》,http://www. jdz. gov. cn/zwzx/ztbd/jdzgjtcwhcccxsyq/zcwj_3800/t447316. shtml,2019 年 10 月 11 日。

4. 新华社:《不熄的窑火,不朽的匠心》,https://www. gov. cn/xinwen/2019 - 01/13/content_5357504. htm,2019 年 1 月 13 日。

5. 吴晓燕:《景德镇打造"博物馆之城",博物馆融入美好生活》,https://jxjdz. jxnews. com. cn/system/2023/06/13/020106003. shtml,2023 年 6 月 23 日。

6. 澎湃网:《美景厚德镇生活:景德镇发展模式对全国特色小镇的有益启示》,

https：//www. thepaper. cn/newsDetail_forward_10756552,2012 年 1 月 12 日。

7. 中国国家人文地理网：《景德镇|景德镇陶瓷之路》,http://rwdl. people. cn/ n1/2018/0711/c419506 - 30140864. html,2018 年 7 月 11 日。

8. 宁钢：《建设景德镇国家陶瓷文化 传承创新试验区的"文化样板"》,https：// m. gmw. cn/baijia/2021 - 03/08/1302153004. html,2021 年 3 月 8 日。

9. 余乐金：《未来 5 年,景德镇在塑造人文城市上要这么干!》,https：//page. om. qq. com/page/OMt46TbTo-oRqXjsGHwiOTzw0,2021 年 10 月 5 日。

10. 帅筠、毛思远：《建好景德镇国家陶瓷文化传承创新试验区 打造对外文化交流新平台》,https://www. sohu. com/a/346156923_114731,2019 年 10 月 11 日。

11. 魏星：《举全省之力高标准高质量推进试验区建设 让千年瓷都续写新的荣光焕发新的活力》,http：//www. jiangxi. gov. cn/art/2021/7/3/art_393_ 3463222. html? xxgkhide=1,2021 年 7 月 3 日。

12. 澎湃网：《舆情课|2021 城市形象出圈与出新的八大经验盘点》,https：// www. thepaper. cn/newsDetail_forward_16094098,2021 年 12 月 31 日。

13. 央广网：《窑神童宾,让窑烧之魂永不灭》,http：//jx. cnr. cn/2011jxfw/ dxwx/20160115/t20160115_521149322. shtml,2016 年 1 月 15 日。

14. 搜狐网：《陶瓷鼻祖：景德镇三圣》,https：//www. sohu. com/a/279981909_ 488411,2018 年 12 月 6 日。

15. 石锡：《专家学者为"壮族三月三"文旅融合发展"把脉开方"》,https：// www. ddgx. cn/ show/24409. html, 2019 年 4 月 2 日。

16. 搜狐网：《景德镇凭借这 3 点成为"瓷都"》,https：//www. sohu. com/a/ 676744512_120382958,2023 年 5 月 21 日。

索　引

后　记

　　每个故事都有一个时间上的开端。我们和景德镇的结缘始于 2018 年 11 月。经国家有关部门推荐和景德镇市委托，18 日至 20 日，围绕《景德镇国家陶瓷文化传承创新试验区实施方案》的编制，我们团队开始了第一次调研，这也是我个人第一次踏上自小就知道的景德镇的土地。此后，我们四下景德镇、两抵南昌、三上北京，经与国家有关部委、省、市相关部门的多次汇报、研讨与交流，于 2019 年 1 月 10 日完成了向江西省委汇报稿。再数易其稿，于 2 月 18 日完成了上报国务院稿。成如容易却艰辛。据初步统计，课题组关于《实施方案》起草文件总数近 60 个。此后，再经过向有关部委征求意见和会签流程，至 7 月 26 日，《实施方案》由国务院正式批复（国函〔2019〕71 号）。8 月 26 日，国家发改委、文化和旅游部联合印发了《实施方案》（发改社会〔2019〕1416 号），这是我国首个，也是目前唯一一个文化型国家试验区。我们团队不负所托、不辱使命，又一次圆满完成了一项具有"急难险重"性质的研究任务，同时，景德镇试验区也成为我们建设中国人文城市学派的一张新名片。

　　本来，要是按照以往的惯例，我们和景德镇的故事就到此为止了，但这次有些破例了。2019 年 7 月 3 日上午，在得知《实施方案》即将获批后，时任江西省委书记刘奇在景德镇主持召开了推进国家试验区建设座谈会，并邀请我在会上作汇报。大功即将告成，会议热烈兴奋，我也未能免俗。会后，我发了一个信息给团队："今天刘奇书记讲到我们的地方很多，其中最重要的有三句话：一是我们对试验区作出了重大贡献，二是下面编制发展规划时请我们继续支持，三是希望我个人爱上景德镇。之所以提出希望我们继续跟踪服务几年，是因为他们觉得江西普遍存在着重申报、轻建设的问题。"他们称之为"扶上马，送一程"，我则喜欢说"做完规划，陪伴一程"。由于这个原因，在时任市委书记钟志生的支持下，我们又接着做了国家试验区中长期发展规划、景德镇"十四五"规划等，同时还共建了国家试验区发展智库，并选定了市内莲花塘旁边的一座楼作为办公地点,我还去看过。但由于疫情的影响,这个办公楼最后没有正式启用,智库只是做了一些研究和服务工作。

在这个客观过程的背后,其实还有两方面的特殊原因。一个和集体有关。我们团队的学科基础是人文科学,承担了国家"十三五""十四五"文化规划前期研究,从文化型城市群一直做到文化特色小镇,也被称作中国人文城市学派的创建团队。这也是当初有关部门认为我们最适合担当此任的原因之一。我们自认为的一个贡献是,自从《国家新型城镇化规划(2014—2020 年)》提出人文城市建设目标后,由于各种原因一直没有破题,景德镇是第一个被国家赋予建设新型人文城市的试点,而且还是我们亲自把这项桂冠献给这座伟大城市的,所以在做完规划以后,继续陪伴成长,自然是甘之如饴的。二是个人的原因。我出生的河北曲阳县是定瓷的故乡。五代时期,五胡入华,华北大地,民不聊生,我家乡的优秀工匠,携带先进的制瓷技术,长途跋涉,颠沛流离,其中一些人最后来到这片水土宜陶的地方,是景德镇"匠从八方来""汇各地良工之精华"的重要组成部分。千年以后,我这个河北人再次来到景德镇,研究和编制推动"千年瓷都"向"国际瓷都"转型发展的战略规划,好像也是冥冥中的一种定数和因果,这也是我特别看重这个规划、全流程参与并主笔的原因之一。

今天,国家试验区已走过了三年不平凡的发展历程,初步实现了《实施方案》和《中长期规划》的主要目标任务,如今的景德镇,名气越来越大,发展越来越喜人,和鄱阳湖的白鹤一起,成为江西省与世界交流对话的两大名片之一。我们有幸参与其中,也时常有一种特殊的喜悦和满足。

关于本书的编写,主要有三个原因:一是历史文献记录,为后人了解和研究景德镇国家试验区的诞生发展提供一些第一手的基础资料;二是研究成果集成,主要包括了景德镇陶瓷大学特聘教授刘士林团队、景德镇国家陶瓷文化传承创新试验区发展智库等部门的部分研究成果;三是为未来在更大范围内推进新型人文城市规划建设提供一个参考样本。

本书的篇章结构与作者情况如下:

序一 (刘明)

序二 (刘锋)

绪论 千年瓷都的历史主脉(刘士林)

上篇 新型人文城市理论研究

第一章 人文城市的理论逻辑与现实发展(刘士林 何睿敏)

21 日)

《规划建设文化引领经济高质量发展的国标城市》(刘士林,2019 年 7 月 3 日)

《景德镇坚持优化双创生态环境　以提升创业活力　带动稳就业强动能成效显著》(景德镇发展改革委,2021 年 6 月 17 日)

《从宇宙瓷厂到陶溪川:新型人文城市的一个范例》(陶文旅集团,2023 年 6 月 12 日)

结语　景德镇:中华民族现代文明建设的先行者(刘士林)

附录一　建设"新型人文城市"和"世界陶瓷文化中心城市"——专访上海交通大学刘士林教授(记者李梦玉)

附录二　鄱阳湖看白鹤(刘士林)

后记(刘士林)

每一个研究成果的出版,我个人都会非常感慨感动。首先,要感恩这个伟大的城市时代,给我们深入参与中国城乡建设创造了诸多机遇,使我们能把自己"头脑中的东西"落实在"现实的世界"之中;其次,就《实施方案》的编制而言,要感谢的人们非常之多,除了前文已提及的,尤其要感谢时任景德镇常务副市长黄金龙、市政府副秘书长程念革,时任景德镇市发展改革委主任徐辉、副主任李传昆、沈昆及科长吴斌等,时任市政研室副主任汤武辉及汪翼,还有很多在我们调研和编写中给予多方关怀帮助的各级领导和工作人员;就本书而言,我要特别感谢国家发改委社会发展司司长刘明、景德镇市委书记刘锋慨允为本书作序,感谢景德镇陶瓷大学及管经学院的大力支持,感谢参与景德镇国家陶瓷文化传承创新试验区发展智库建设的江西省社会科学院、南昌大学等机构的精诚合作。

凡是过往,皆为序章。展望未来,砥砺前行。在此,我们衷心祝愿景德镇国家试验区在打造对外文化交流新平台的探索中取得更多的宝贵经验和示范成果,祝愿参与本书的部门、团队与个人在弘扬优秀传统文化、建设中华民族现代文明上取得更多的研究和应用成果,为实现中华民族伟大复兴集聚智慧、贡献力量。

刘士林

2024 年 4 月 13 日于海上寓所